21世纪高等院校国际经济与贸易专业精品

国家级特色专业
省级重点学科

A Survey of World Economy

(第四版)

世界经济概论

时雨田 主编

东北财经大学出版社
Dongbei University of Finance & Economics Press
大连

图书在版编目（CIP）数据

世界经济概论 / 时雨田主编. —4版. —大连：东北财经大学出版社，2020.6
（21世纪高等院校国际经济与贸易专业精品教材）
ISBN 978-7-5654-3844-8

Ⅰ.世… Ⅱ.时… Ⅲ. 世界经济-高等学校-教材 Ⅳ. F112

中国版本图书馆CIP数据核字（2020）第059399号

东北财经大学出版社出版
（大连市黑石礁尖山街217号 邮政编码 116025）
网 址：http：//www.dufep.cn
读者信箱：dufep@dufe.edu.cn
大连东泰彩印技术开发有限公司印刷 东北财经大学出版社发行

幅面尺寸：185mm×260mm 字数：313千字 印张：15
2020年6月第4版 2020年6月第1次印刷

责任编辑：孙 平 责任校对：行 者
封面设计：冀贵收 版式设计：钟福建

定价：32.00元

教学支持 售后服务 联系电话：（0411）84710309

如有印装质量问题，请联系营销部：（0411）84710711

第四版前言

“世界经济概论”课程是为国际经济与贸易专业本科生开设的专业基础课程，也是财经类各专业世界经济学研究的入门课程。根据这一定位，本书主要以概论的形式向学生介绍世界经济学的基本理论、基本知识和世界经济学研究的基本技能。介绍的重点主要集中在以下三个方面：一是介绍世界经济产生与发展的基本状况、运动规律以及发展趋势；二是介绍世界经济的基本运行机制，即世界经济通过商品、货币和生产要素的国际转移，达到资源在世界范围内实现最优配置的渠道与传递过程；三是考察发达国家、发展中国家和转型国家的经济特点，分析第二次世界大战后世界经济发展中的一系列重要问题。

一、世界经济的内涵

世界经济是世界各国与各地区经济在国际分工和世界市场的基础上，通过商品流通、劳务交换、资本流动、技术转让等多种形式和渠道形成的复合型的市场经济，是不同发展水平的国家与国家集团所组成的相互联系、相互依赖、共同运动的全球经济体系。世界经济的产生和发展是一个漫长的历史过程，它是商品经济发展的必然结果，是社会生产力不断发展、提高的产物。随着社会生产的不断发展和科技进步，世界经济经历着由商品国际化、资本国际化、生产国际化直至全球经济一体化的动态演进过程。正确理解世界经济的内涵，必须把握如下几个要点：

1.世界经济是建立在各国、各地区经济之上的经济体系，但它不是各国和各地区经济的简单相加，而是在各国国民经济基础上，通过生产要素的国际流动而密切联系起来的超越国民经济的整体。世界经济的主体除了各民族国家和国家集团之外，还包括世界各国消费者、各国企业和跨国公司以及各区域性和国际性经济组织。世界经济的各个主体相互依赖、相互影响、相互竞争、相互制约，形成了世界经济的微观运行机制和宏观经济关系。随着世界经济的不断发展，民族国家的权力和地位在下降，跨国公司和国际经济组织的重要性在不断上升，使得当代世界经济体系具有了全球规模和整体性质。

2.世界经济既是一个经济范畴，也是一个历史范畴。世界经济是人类社会发展到一定阶段的产物，它经历了一个从无到有不断发展变化的过程。在原始社会、奴隶社会和封建社会，由于社会生产力水平低下，自然经济占统治地位，还没有形成真正意义上的国际分工和世界市场，世界经济自然也就不存在。19世纪中叶资本主义生产方式建立以后，才形成了资本主义性质的世界经济体系。世界经济现在仍处于不断发展变化的过程中，其整体性正在不断提高。

3.世界经济不等同于国际经济。国际经济是各国间发生的国际经济关系。国际经济的存在是以民族国家的存在为前提的，体现了国与国之间的国际分工、国际贸易、国际投资等经济关系。世界经济是在国际经济关系基础上形成的、统一的世界经济体系，它不仅反映国际经济关系，还反映全球性经济问题。世界经济的运行规律不是各国、各地区经济运行规律的简单延伸，而是一个有其自身运行和发展规律的经济体系。

二、世界经济学的研究对象

世界经济学属于理论经济学科。迄今为止，国内外对世界经济学的研究对象还没有形成统一的看法。我国的世界经济研究正式起步于20世纪80年代。当时在学术界占主导地位的看法是，世界经济学应以马克思主义政治经济学理论为基础，是政治经济学在世界经济领域的应用和延伸。随着改革开放的不断深入和西方国际经济理论的引入，世界经济学研究获得了丰富的理论工具，为世界经济学的发展奠定了坚实的基础。因此，世界经济学是以马克思主义政治经济学理论为指导，借鉴现代国际经济学研究的理论成果，研究世界经济运动、变化和发展规律的科学。

三、世界经济学的学习与研究方法

对一门学科的研究可以从多个角度加以定位。作为一门专业基础课，在学习过程中应注意把握以下几点：

1.坚持以马克思主义政治经济学理论为基础。世界经济学研究在我国起步时就是以马克思主义政治经济学理论为基础的，尽管目前我国学术界对世界经济学的理论体系仍存在争议，但对世界经济的学习与研究，必须坚持辩证唯物主义和历史唯物主义这一马克思主义政治经济学的基本方法论。历史和逻辑的统一是研究世界经济的历史、现状与未来发展趋势的方法论基础。

2.借鉴西方经济学的研究成果和分析方法，把专业基础阶段所学的西方经济学理论与国际经济学的有关知识有意识地应用于对世界经济问题的研究中，不断提高运用经济学方法跟踪与分析世界经济热点问题的能力。

3.抓住世界经济一体化这一主线。世界经济的发展进程就是世界经济从国际化、全球化最终走向一体化的由浅入深的渐进过程。抓住这一主线，有益于对世界经济诸多问题的理解。

四、本书的基本结构

本书共十章，分为三篇。

第一篇，世界经济的演进与发展趋势，纵向揭示世界经济发展的历史、现状与发展趋势，主要包括世界经济的演进、经济全球化趋势和区域经济一体化等三章。

第二篇，世界经济运行机制，横向揭示世界经济的运行机制及其相互关系，主要包括国际贸易机制、国际货币金融机制、国际资本流动机制和世界经济传导机制等四章。

第三篇，不同类别国家经济，介绍不同类别国家的经济发展模式与特点，主要包括发达国家经济、发展中国家经济和转型国家经济等三章。

五、本书的修订

在本书的修订过程中，我们力求将近三年的国内外世界经济研究的最新成果纳入，关注世界经济领域出现的新问题，力求做到传统理论体系与新知识、新问题的有机结合。同时，我们对“案例分析”、“世界经济之窗”以及“相关数据资料”进行了更新，这种动态性加强了课堂教学与现实世界的联系。

本书修订由时雨田教授统纂全稿。编写和修订分工如下：前言和第一章，时雨田教授；第三章和第四章，杨云母教授和李铭宇老师；第二章和第七章，刘丽娟教授；第五章和第六章，洪宇老师；第八章和第九章，李铭宇老师；第十章，张向忠老师。

本书的修订得到了许多同行专家的帮助，同时参考了国内很多专家、学者的著作和相关研究成果以及有关政府部门公布的数据和相关媒体的报道，在此谨致以衷心的感谢！由于水平和时间有限，书中肯定还存在许多不足之处，敬请读者不吝赐教，以期不断修订完善。

编　者

2020年2月

目 录

第一篇 世界经济的演进与发展趋势

第一章 世界经济的演进 …… 2
学习目标 …… 2
第一节 国际分工与世界市场 …… 2
第二节 世界经济的形成与发展 …… 7
第三节 科技革命与世界经济的发展 …… 18
本章小结 …… 24
关键术语 …… 24
复习思考题 …… 24
相关数据资料 …… 25
第二章 经济全球化趋势 …… 26
学习目标 …… 26
第一节 经济全球化概述 …… 26
第二节 经济全球化的表现 …… 30
第三节 经济全球化的影响与带来的问题 …… 36
第四节 反全球化运动 …… 42
本章小结 …… 46
关键术语 …… 47
复习思考题 …… 47
第三章 区域经济一体化 …… 48
学习目标 …… 48
第一节 区域经济一体化的含义及特点 …… 48
第二节 区域经济一体化的形式 …… 50
第三节 区域经济一体化组织简介 …… 53
第四节 区域经济一体化的影响 …… 60
第五节 区域经济一体化理论 …… 61
本章小结 …… 66

关键术语 …… 66
复习思考题 …… 66
相关数据资料 …… 67

第二篇 世界经济运行机制

第四章 国际贸易机制 …… 69
学习目标 …… 69
第一节 国际贸易的产生与发展 …… 69
第二节 第二次世界大战后国际贸易发展与变化的主要特征 …… 74
第三节 国际贸易体制的形成及其演进 …… 81
本章小结 …… 88
关键术语 …… 88
复习思考题 …… 88
相关数据资料 …… 89
第五章 国际货币金融机制 …… 91
学习目标 …… 91
第一节 国际货币制度与运行机制的演进 …… 91
第二节 国际货币金融体系的改革与发展趋势 …… 102
第三节 区域货币协调机制 …… 109
本章小结 …… 116
关键术语 …… 116
复习思考题 …… 116
第六章 国际资本流动机制 …… 117
学习目标 …… 117
第一节 国际间接投资 …… 117
第二节 国际直接投资与跨国公司 …… 120
第三节 国际资本流动的经验与启示 …… 129
本章小结 …… 136
关键术语 …… 137
复习思考题 …… 137
相关数据资料 …… 137
第七章 世界经济传导机制 …… 139
学习目标 …… 139
第一节 世界经济传导渠道 …… 139
第二节 国际贸易传导机制 …… 140

第三节　国际直接投资传导机制……144
第四节　国际金融投资传导机制……147
第五节　宏观经济政策传导机制……152
本章小结……155
关键术语……156
复习思考题……156

第三篇　不同类别国家经济

第八章　发达国家经济 ……158
学习目标……158
第一节　第二次世界大战后发达国家经济发展的回顾……158
第二节　当前发达国家经济发展的制约因素……165
第三节　发达国家的宏观经济调节……167
第四节　发达国家的市场经济运行模式……171
本章小结……177
关键术语……177
复习思考题……177
相关数据资料……178
第九章　发展中国家经济 ……179
学习目标……179
第一节　发展中国家的类型和经济特征……179
第二节　发展中国家的经济发展战略……184
第三节　第二次世界大战后发展中国家的经济发展与改革……187
第四节　新兴工业化经济体的发展模式……192
本章小结……196
关键术语……196
复习思考题……196
相关数据资料……197
第十章　转型国家经济 ……198
学习目标……198
第一节　转型经济概述……198
第二节　俄罗斯的经济转型与发展……201
第三节　中东欧国家的经济转型与发展……210
第四节　中国的经济转型与发展……216
本章小结……223

关键术语……………………………………………………………………………224
复习思考题……………………………………………………………………………224
相关数据资料…………………………………………………………………………224
主要参考文献 ……………………………………………………………………226
世界经济研究常用网站 …………………………………………………………229

第一篇
世界经济的演进与发展趋势

第一章

世界经济的演进

学习目标

了解和掌握国际分工的含义、类型、作用及影响国际分工的主要因素，世界市场与世界经济的发展脉络，世界经济格局的变迁及其内在规律以及科技革命在世界经济形成与发展进程中的重要作用。

第一节　国际分工与世界市场

一、国际分工

分工是人们在经济活动过程中技术上的联合方式，即劳动的联合方式，简称劳动方式，马克思称之为生产方式或生产技术方式，它属于生产力范畴。劳动分工是指人们社会经济活动的划分和独立化、专门化。1776年3月，亚当·斯密在《国富论》中第一次提出了劳动分工的观点，并系统全面地阐述了劳动分工对提高劳动生产率和增进国民财富的巨大作用，同时也奠定了国际分工理论的坚实基础。

1.国际分工的含义

国际分工（International Division of Labor）是指世界上各国之间超越国民经济疆界的劳动分工，它是社会分工发展到一定阶段，国民经济内部分工超越国家界限的结果。分工与交换，是经济中同时存在的两个基本范畴，没有分工就无须交换。一国国内的社会分工所引起的商品交换表现为国内贸易。当社会生产力发展到一定阶段，社会分工便冲破国家界限具有了国际性，成为国际分工。国际分工所引发的国与国之间的商品交换即为国际贸易。因此，国际分工是国际贸易和世界市场的基础。

2.国际分工的类型

按照参与国际分工国家或地区间的社会经济发展水平及在分工产业链条中所处的地位，国际分工可以分为垂直型国际分工、水平型国际分工和混合型国际分工。

（1）垂直型国际分工

垂直型国际分工是指经济技术发展水平相差较大的国家之间的国际分工。生产的各阶段存在着前向与后向的密切联系。从原材料采集、储存到加工生产，从零部件的提供到最终产品的生产，是一种递进的关系，形成一个垂直的产业链。经济发展水平较低的国家主要从事产业链上游的初级原料、零部件的生产，而用这些原材料进行工业制成品生产的过程则在经济技术发展水平较高的国家完成，初级产品与制成品的生产过程构成垂直联系，从而形成了国与国之间的垂直分工。垂直型国际分工是工业发达国家与发展中国家之间的一种主要的分工形式。垂直分工不仅仅只限于狭义的生产领域，产业链条向前可延伸至产品的研究与开发，向后可延伸至产品的销售与售后服务等。

（2）水平型国际分工

所谓水平型国际分工，是指经济发展水平大体相同或接近的国家之间的分工，特别是发达国家之间的分工。水平分工可分为产业内与产业间水平分工。产业内分工可以是同一产品在某一生产环节的专业化协作，也可以是同一产业内异质产品的生产与交换。产业间分工则是指不同产业所生产的制成品之间的分工生产与交换。此种类型的国际分工是在产业链条中同一生产水平的平等合作，参与分工的各主体之间几乎没有不对称的相互依赖关系。发达国家之间的贸易关系主要是以这种分工为基础的。

（3）混合型国际分工

混合型国际分工是把“垂直型”和“水平型”结合起来的国际分工形式。混合型分工是指参与国际分工的国家既参加垂直型分工又参加水平型分工。这种分工一般发生在发达国家。发达国家与发达国家之间是工业品的水平分工。同时，发达国家也参与同发展中国家之间的制成品与初级产品生产的垂直分工。

3.影响国际分工的主要因素

（1）生产力发展水平是国际分工形成与发展的决定性因素

一切分工都是社会生产力发展的产物与结果。国际分工是随着生产力的发展而逐步发展起来的，没有生产力的发展就没有国际分工。随着生产力的发展，在原始社会末期出现了最早的社会分工，社会分工随着生产力的发展而不断深化，当社会生产力发展到一定阶段时，社会分工便冲破国家界限成为国际分工。各国在国际分工中的地位也是由它们的生产力发展水平决定的。

（2）比较优势是国际分工的基本依据

根据大卫·李嘉图的比较优势理论，比较优势就是“最大的优势或最小的劣势”。如果各国都按照自己所拥有的比较优势参与国际分工和商品交换，就能使世界总体福利水平得到提高，各国都能获得相应的贸易利益。从历史和逻辑的过程来看，国际分工首先产生于各国先天的、自然的比较优势和在社会生产力、生产关系的发展过程中所形成的后天的比较优势，这是国际交换的基础和产生的原因，是国际分工的起点。

（3）科技革命使国际分工不断深化

科技革命是指科学知识或理论加速转化为技术变革，进而引起生产力的飞速发展的过程。18世纪中叶至19世纪中叶，第一次科技革命用蒸汽机代替了人力、畜力和水力等自然力，大机器工业代替了工场手工业，使社会生产力出现质的飞跃，商品经济高度发展，并进而促进了国际分工的形成。19世纪末到20世纪初的第二次科技革命，促进了资本主义生产力的迅速增长和资本的聚集，形成了资本主义国际分工体系。20世纪40年代末和50年代初开始了以电子计算机、原子能、空间技术的发展为主要标志的第三次科技革命，从第二次世界大战前的电气化、自动化进入了电子、核子时代，引起了一系列新兴工业的相继建立，大大促进了生产力的发展，使国际分工进入国际生产领域的专业化协作阶段。

（4）自然条件是影响国际分工的重要因素

自然条件主要包括自然资源、气候、地理位置、国土面积等。自然条件是人类进行经济活动的基础。自然条件的好坏，往往是决定一个国家或地区先天比较优势或比较劣势的主要因素，从而对早期萌芽状态的国际分工和经济发展水平比较低的国家参与国际分工的程度、形式和内容产生较大影响。随着科学技术的不断发展和自然资源的逐渐消耗，国际分工中自然条件的作用和影响有逐渐弱化的趋势。

4.国际分工的作用

国际分工是社会生产力发展的产物，而国际分工的不断深化与发展又会在全世界范围内转化为更巨大的生产力，促进世界经济的加速发展。

（1）国际分工有利于提高劳动生产率，优化资源在世界范围内的配置效率

劳动分工的首要作用就是提高劳动生产率。国际分工作为国家间的劳动分工，使各国都按照自己的比较优势进行分工和专业化生产，使各国的资源、劳动力和技术得到最有效的利用，从而在更大的范围内实现了机会成本的最小化，在世界范围内实现了社会劳动的节约、资源的优化配置和劳动生产率的提高。同时，参与国际分工可以使各国面对更广大的国际市场，获得规模经济效益，有效降低生产成本，提高资源的使用效率。

（2）合理的国际分工有利于提高各国的经济效益，促进各参加国的经济发展

国际分工打破了落后国家闭关自守、自给自足的自然状态，把广大的农业国家引向工业文明。尽管每个国家所具备的资源、劳动力、科学技术水平以及历史条件各不相同，但它们都在某一经济领域拥有自己的比较优势。因此，在正常的情况下，参加国际分工不仅能充分利用本国资源，发挥本国劳动力和技术优势，还能利用外国资源和力量，达到节约社会劳动、增加收益的目的。

（3）国际分工的不断深化促进了国际生产关系的调整

生产力与生产关系相互作用的规律，在世界范围内原理相同、内容不同。相同原理指的是作用与反作用原理，而内容不同则表现在：科学技术的发展作为生产力的特定内容，而生产关系则是不同类型生产方式和不同发展水平的国家群之间的相互关系。在人类近代

史上的三次科技革命，都极大地促进了科技革命源国家的生产力水平的发展，并促进了与新的生产力水平相适应的新的生产关系的形成，而这种变革又会通过国际分工扩展到整个世界，并形成与科技革命源国家新的生产关系相适应的国际生产与交换关系。第一次科技革命后世界形成了以英国为核心的国际分工，这种国际分工的结果是英国对世界贸易的垄断，世界市场中所体现的生产的国际关系主要是商品交换关系。第二次科技革命后所形成的生产的国际关系主要是资本的输出和输入关系，所谓资本的国际化，实质上就是资本主义生产关系的国际化，这一阶段的生产的国际关系还表现为垄断同盟对世界市场的瓜分。第三次科技革命使世界经济进入生产国际化的新阶段，这个生产国际化表现为新的国际分工的形成和跨国公司这一世界性的生产组织形式的出现。

（4）国际分工推动了生产的国际化和世界经济的一体化

因为国际分工使生产国际专业化程度不断提高，生产的国际联系和协作日益密切，生产和经营国际化不断发展，各国经济的相互依赖进一步加深，各国政府对本国经济的控制能力正在减弱，各种国际经济组织得到空前的发展，运行机制不断完善，对世界经济乃至各国经济的影响程度和协调能力日益增强，使世界经济逐步走向一体化。

国际分工的作用也有消极的一面。资本主义国际分工体系从一开始就具有剥削、掠夺和不平等的性质。发达资本主义国家利用它们在国际分工中的优势地位，使未开化和半开化的国家从属于文明的国家，使农业的民族从属于资产阶级的民族，使东方从属于西方，强化了落后国家在经济上的脆弱性和依附性。即使在当代，如果发展中国家参加国际分工只单方面强调相对优势产业的发展，忽视发展相对劣势产业，殖民地时代遗留下来的畸形分工就会继续维持下去，对发达国家的经济依附地位就难以改变，国民经济现代化也难以实现。

二、世界市场

1.世界市场的含义

世界市场是在世界范围内通过国际分工联系起来的世界各国和地区间进行商品及各种生产要素交换的场所或领域，是国际流通领域包括商品、资本、技术、劳务等交换关系的总和。纵向考察，世界市场是一个历史的范畴，它是社会分工发展为国际分工的产物，是商品交换关系突破国家和地区界限而扩展到整个世界的结果，因此，是一个从无到有，且内涵不断扩大的过程，它的发达程度取决于参加国际交换国家的数目，商品交换的数量、规模，运销信息网络的机制等。横向考察，世界市场是在各国国内市场的基础上形成的，只有当国内市场发展到一定程度，交换关系才会突破国家的界限，扩大到世界范围，它是由国际分工联系起来的各个国家内部以及各国之间的市场综合组成的，其流通的内容包括有形商品、资金、科技、服务等。

2.世界市场的特点

（1）统一性

世界市场是一个相对统一的整体，统一性是世界市场发展的一个基本趋势。尽管世界上存在着各种社会制度和经济集团，并曾试图在世界市场上划分自己的势力范围，“冷战”时期甚至分割成两个平行的市场，但这都无法改变世界市场日趋统一这一基本趋势。世界市场的统一性有三个主要标志：一是商品和资本在世界范围内的自由流动；二是各国经济周期呈现同步性；三是“一价定律”（The Law of One Price）的经常性存在。其中“一价定律”的存在是世界市场统一性最重要的标志。“一价定律”是指在完全竞争的世界市场条件下，以自由贸易为前提，同一种商品在不同的国家，经过汇率的调整，价格应该是相同的。因为如果流通渠道没有障碍，商品就会从价格低的地方向价格高的地方流动，从而使整个世界市场的价格一致起来，其差价只等于运费的差价。价格的统一性取决于商品和资本的可流动性。商品和资本的可流动性越大，价格的统一程度也就越高。由于世界市场还不是一个完全竞争的市场，商品和资本还不能完全自由流动，价格的统一性受到一定程度的破坏。但是，随着第二次世界大战后贸易与投资自由化趋势的不断加强，商品与资本的流动性在不断提高，价值规律已经在世界范围内发挥作用，使世界市场成为一个相对统一的整体。

（2）竞争性

世界市场的竞争性主要体现为商品交换中的价格竞争和非价格竞争。世界市场的容量远远大于各国的国内市场，市场的参与者数量更加庞大，受各国政府的影响也相对较少，因此与各国的国内市场相比，其竞争性也相对更强。各国为了在世界市场上赢得商品的价格优势，必然不断地进行制度和技术创新，在提高劳动生产率、降低生产成本上展开激烈的竞争。除了价格竞争之外，诸如改进商品的品质、性能、样式、包装装潢，推出名牌商标，加强售后服务等非价格竞争，也成为价格竞争的重要辅助手段。由于产品和要素市场本身的缺陷、规模经济、各国政府的贸易管制（包括关税和非关税壁垒等），现实的世界市场是一个不完全竞争的市场。随着世界经济一体化和贸易投资自由化趋势的发展，世界市场的竞争性会不断增强。

（3）扩展性

世界市场的扩展性包括地理范围的扩大和市场内容的增加。世界市场自产生以来，它的地理范围就不断延伸，从中世纪以地中海贸易区为代表的区域性国际市场，到16世纪以欧洲为中心的早期世界市场，进一步发展到19世纪初统一的世界市场，从而把世界上越来越多的国家和地区囊括其中。从内容上说，既包括卷入世界市场的商品数量的增多、商品种类的翻新、商品结构的变化，同时也包括贸易组织的完善、交易手段的多样化和市场功能的扩大。尽管世界市场的扩展还经常受到国家壁垒的阻碍，但其扩展趋势是不可逆转的，世界经济一体化的趋势必将把世界市场推向更高的发展阶段。

3.世界市场的构成

世界市场由以下三种市场构成：国际商品市场，包括以商品交易所为代表的有固定组织形式的市场和没有固定组织形式的市场，例如，经面谈或电函的形式达成协议而进行的国际商品交易；国际资本市场，包括以股票与证券交易所为代表的长期信贷市场和以国际货币市场为代表的短期信贷市场；外汇市场，由一批从事外汇买卖的银行等金融组织、外汇经纪人和外汇的供求者构成。

【世界经济之窗】

全球主要商品交易所及证券交易所

纽约商品交易所成立于1872年，是目前世界上最大的商品期货交易所，地处纽约曼哈顿金融中心。它涉及的产品主要是能源和稀有金属两大类，交易方式主要是期货和期权交易。

芝加哥期货交易所成立于1848年，是世界上最古老的期货交易所。2006年10月17日，与美国芝加哥商业交易所合并为全球最大的衍生品交易所——芝加哥交易所集团，以上市大豆、玉米、小麦等农产品期货品种为主。

伦敦金属交易所成立于1876年，是世界上最大的有色金属交易所，也是世界上最大的铜期货交易市场。从20世纪初起，伦敦金属交易所开始公开发布其成交价格并被广泛作为世界金属贸易的基准价格。世界上全部铜产量的约70%是按照伦敦金属交易所公布的正式牌价为基准进行贸易的。

按照2010年上市公司总市值排名，世界三大证券交易所分别是纽约-泛欧交易所（美国）、纳斯达克交易所和东京交易所。

根据世界交易所联合会（WFE）的统计数据，2017年上海期货交易所在世界十大商品交易所中成交量排名第一，大连商品交易所排名第三，郑州商品交易所排名第四。

2019年世界十大证券交易所排名依次为：纽约证券交易所、纳斯达克证券交易所、东京证券交易所、上海证券交易所、香港交易所、泛欧交易所、伦敦证券交易所、深圳证券交易所、多伦多证券交易所、孟买证券交易所。

第二节　世界经济的形成与发展

一、世界经济的形成

世界经济是一个历史的范畴，是人类社会发展到一定历史阶段的产物。在资本主义生产方式确立以前，由于生产力水平低下，社会分工不够发达，自然经济占统治地位，运输工具无法达到长途运输的迅捷性和安全性要求，商品交换的内容和范围极其有限，国内贸易和国际贸易都不发达，还不存在真正意义的国际分工和世界市场，世界经济也没有形成。到14—15世纪，围绕地中海进行的东西方贸易发展起来，但商品交换只限于那些具有资源优势或生产成本差别很大的少数商品，贸易的地理范围也十分有限，国际分工和商品交换带有很强的区域性，也还没有形成把各国经济连接在一起的世界经济。到15世纪末16世纪初，世界经济才逐步开始形成。世界经济的形成大体经历了三个历史阶段：

1.世界经济的萌芽时期（15世纪末—18世纪中后期）

（1）15世纪末16世纪初的“地理大发现”为世界市场的形成准备好了地理上的条件

随着新航路和新大陆相继被发现，国际贸易中心由地中海转向大西洋，国际贸易领域开始扩大到世界各地。

（2）社会分工开始具有国际性质

从16世纪开始，西欧的封建专制国家大力推行重商主义政策，积极鼓励发展航海业和对外贸易。16—18世纪，西欧各国的工场手工业得到了迅速的发展，农村中的庄园经济制度瓦解，促进了为出口而生产的国际分工。与此同时，西欧商业强国纷纷在亚洲、非洲、拉丁美洲地区争夺殖民地和市场，实行以国际分工为特征的早期的资本主义专业化生产，把原来只具有地域色彩的国际分工逐渐扩展到世界各地。西欧许多国家先后推行了殖民政策，通过运用其先进的武器，在亚非拉地区进行掠夺，出现了宗主国与殖民地之间的最初分工形式。

（3）最初的世界市场开始形成

国际贸易在地域上的扩大和商品种类的增加，引起了西欧商业的革命性变化，促进了以分工为特征的工场手工业的发展，美洲的金银、非洲的奴隶、亚洲的香料、欧洲的工业品纷纷卷入国际商品流转之中，随着市场的扩大，贸易量日益增多，商人的地位随之提高，商业完全脱离手工业，成为独立的行业，世界各国、各地区的市场逐渐联结成为一个有机体，形成了一个世界性的市场雏形。

但是，这时的国际分工还不是真正意义上的国际分工，不过是宗主国与殖民地之间强制性的特殊分工。这一时期的国际贸易对各国的再生产过程也并不起决定性作用，各国间的经济联系是局部的和松散的。因此，这一时期出现的国际分工和世界市场只是一种早期的原始形式。这种早期的国际分工和世界市场的出现标志着世界经济尚处于萌芽阶段。

2.世界经济的初步形成时期（18世纪60年代—19世纪70年代）

这一时期世界经济的形成，是在机器大工业的基础上以国际分工体系的建立和世界市场的形成为主要标志的。

（1）国际分工体系的建立

18世纪中叶出现的以蒸汽机的发明和应用为主要标志的第一次科技革命促成了工场手工业向机器大工业的过渡，使社会生产力出现了质的飞跃。机器的广泛采用使工业内部的分工得到进一步的发展，分离出许多独立的工业部门。由于生产规模的扩大，对原料产地和商品市场的需求使社会分工迅速向国际领域扩展，把越来越多的国家吸引到国际分工体系中来。欧美发达国家和地区逐渐把亚洲、非洲、拉丁美洲国家的经济改造成依赖于国际分工的单一经济，形成为欧美发达国家和地区服务的主要从事农业的生产地区。到19世纪中期，欧美发达国家和地区与亚、非、拉落后地区间的垂直型国际分工体系基本形成。

（2）世界市场的形成

国际分工体系的建立，标志着世界市场进入一个新的历史发展阶段。在19世纪，交通工具出现重大变革，1825年英国建成世界上第一条铁路，远洋帆船的吨位也不断增加，速度越来越快，使商品的运载量不断增加，运输时间大大缩短，运输费用大幅度降低，为国际分工领域的扩大、世界市场和世界经济的形成提供了物质条件，极大地促进了商品在国际市场上的频繁流转，并把各大洲的地方性、区域性市场同世界贸易中心联结起来。在此期间，出现了商品交易所和为国际贸易服务的保险公司、租船公司和转运公司等正规的大型专业化贸易组织形式，为国际贸易的大发展和世界市场的形成提供了组织保证。

（3）国际金本位制度的出现

1816年英国最早从黄金白银并用的复本位制过渡到单一金本位制。从19世纪50年代到70年代，除美国之外的各主要资本主义国家相继过渡到金本位制，黄金演变为单一的世界货币，并逐渐形成一个以英镑为中心、以黄金为基础的国际金本位制度，使国际支付和国际结算更加便利，世界市场机制更加完善，国际经济联系更加密切。

（4）经济危机开始具有世界性和同步性

随着各国经济联系的不断加强，到1873年，经济危机的世界性已经十分明显，几乎同时打击了所有资本主义国家和殖民地半殖民地国家。经济危机的世界性和同步性标志着世界市场已高度统一，世界经济已初步形成。

但在这一时期世界上还有相当多的国家和地区仍处在闭关自守甚至是与世隔绝的状态，世界经济覆盖的人口还仅占全球人口的10%左右，世界经济联系的纽带还主要是国际贸易，国与国之间的经济联系局限于流通领域，生产和资本的国际流动还十分有限，因此，世界经济只能说是初步形成。

3.世界经济的最终形成时期（19世纪70年代—20世纪初）

从19世纪70年代开始的第二次科技革命促成了世界经济的最终形成。以电的发明和应用为主要标志、以内燃机和电动机为核心、以重化工业为经济发展中心的第二次科技革命不仅为自由竞争资本主义过渡到垄断资本主义奠定了物质基础，同时也为世界经济的最终形成提供了强大的动力。

（1）国际分工进一步深化

第二次科技革命产生了一系列新产品、新部门，带动了重工业部门的发展，一些资本主义国家从农业国转变为工业国，经济不发达国家也开始发展自己的民族工业。生产力的发展促进了垄断资本和金融寡头的产生，垄断使大垄断组织迅速聚敛起巨额资本，当大量资本在国内找不到有利可图的投资场所，形成大量的过剩资本后，资本输出便迅速增长起来。各工业国的资本纷纷跨出国界，在世界范围内寻觅最佳的投资场所，使资本输出开始成为这一时期的主要经济特征，各国国民经济之间的相互联系更加紧密。在发达工业国与初级产品生产国之间垂直型国际分工进一步深化的同时，出现了以资本为媒介的国际分工，发达国家之间形成了以不同部门为主的水平型国际分工体系。

（2）世界市场的范围进一步扩大

第二次科技革命使交通运输和通信业发生了真正的革命，火车、轮船、电报得以普及和发展。交通运输和通信业变革将世界连成一个整体，使越来越多不同经济发展水平的国家融入世界经济体系之中。

(3) 世界市场的内涵更为广泛

资本输出导致国际资本市场的出现，使世界市场的内涵更为广泛，不仅包括国际商品市场，而且还包括国际资本市场，世界市场的机制也更加完善了。由于资本主义国家的生产能力和生产规模越来越大，生产与消费之间的矛盾日益尖锐，各发达国家加快了对世界市场的瓜分，到20世纪初，世界市场被瓜分完毕，这时的世界市场已基本覆盖全球。

科技革命及其引起的生产力发展，不断推动国际分工的深化和世界市场的扩大，世界经济于20世纪初最终形成。

【世界经济之窗】

工业革命与早期海洋运输的发展

1800年本身并没有其内在的重要性。在新世纪开始的时候，帆船作为海洋运输方式正处于其发展的顶峰时期。黑球（Black Ball）班船公司所提供的跨越大西洋的客运服务从纽约到利物浦只需33天，而返程旅行需要花费40天。当时冶金工业仍然非常弱小，还不足以允许人们设想建造铁船。进入新世纪，随着蒸汽动力的采用，汽船开始被引入海上运输。1819年，排水量为300吨的萨凡那（Savannah）号在25天之内从美国航行到了英国的利物浦，但它有7天还需依靠风帆航行，因为它只带了80吨的煤炭和木材。在1830年以前，风帆的优势在海洋运输中仍然是无可争议的。1840—1869年，由螺旋桨推动的铁制蒸汽船确立了自己在海洋运输中的地位。到1869年，汽船已开始完全用铁建造了。这种船更加坚固，在炎热的季节不会遭到昆虫的袭击，不容易着火，有更大的运载能力，并且运输成本较之帆船要少10%～15%。1840年，塞缪尔·冈纳德（Samuel Gunard）公司的不列颠号用14天的时间跨越了大西洋。1862年，该公司的苏格兰号汽船用8天的时间越过了大西洋。螺旋桨和复合发动机的使用进一步增加了汽船的吨位。1873年，世界所有船只的平均吨位是841吨，到1898年即达到1 587吨。1873—1898年，世界20艘最大的汽船的平均长度从119米增加到165米，轮船吨位从4 413吨增加到10 717吨。1884年，排水量为8 000吨的英国船只昂布里亚（Umbria）号以6天的时间横穿北大西洋。1873—1896年，世界海洋年货运总量从2 700万吨增加到6 300万吨。海运费用不断下降，海洋邮递公司（Messagerie Maritime）的船只每吨货物的运费率在1873年是260法郎，1883年为143法郎，1893年降至81法郎。随着海洋运输的发展，围绕大西洋兴起的新工业文明使大西洋缩小成为像古代世界的地中海那样的"内海"，极大地促进了世界经济与贸易的发展。

资料来源　波斯坦，等. 剑桥欧洲经济史：第六卷 [M]. 王春法，等，译. 北京：经济科学出版社，2002.

二、世界经济的发展

世界经济随着生产力的发展而形成和发展，世界经济形成和发展的过程就是世界各国经济逐渐融为一体的过程。沿着世界经济一体化这条主线，世界经济的发展表现出明显的从商品的国际化到资本的国际化，再到生产的国际化的阶段性特征。随着生产力的发展，国际生产关系也在不断做出调整。

1.商品国际化时期

18世纪60年代至19世纪末，随着资本主义生产方式的演变和机器大工业的发展，借助国际贸易这一手段，实现了主要商品在国家间的广泛流通，世界范围的商品市场基本形成，世界市场上的商品交换成为资本主义社会再生产过程的必要环节。事实上，早期的世界市场在16—18世纪就已经初步出现，但在早期世界市场上起主导作用的是商业资本，工业资本尚未处于支配地位。18世纪60年代以后，英国产业革命所建立起的大机器工业，引发了资本主义生产的根本性变革，工业资本成为推动世界经济发展的强劲动力。大机器工业本身具有扩大再生产的趋势，需要充足的劳动力、广阔的销售市场和稳定的原料产地。于是，广大殖民地国家沦为西方国家的商品销售市场和原料产地，通过商品交换，把这些国家日益卷入世界经济体系之中，世界市场上的商品交换成为资本主义再生产必不可少的条件。商品的国际化成为这一时期世界经济发展的主要特征。

2.资本国际化时期

从19世纪70年代起，资本主义从自由竞争阶段开始向垄断阶段过渡，以卡特尔、托拉斯等形式出现的垄断组织在各主要资本主义国家的工业中成为占统治地位的经济力量。以工业生产集中为基础，各国银行资本的集中得到了迅速增长，银行业与工业中的垄断资本互相渗透和结合，形成金融资本。大垄断组织迅速聚敛起来的巨额资本由于在国内找不到投资场所，形成“过剩资本”。这些过剩资本必然要向海外寻找合适的投资场所。因此，资本输出成为这一时期国际经济关系中的最主要的经济现象。

通过资本输出，主要资本主义国家在全球范围内瓜分市场，建立起各自的殖民地，扩展各自的势力范围，形成各自的原料产地、投资场所和商品销售市场。到20世纪初，世界领土已基本瓜分完毕，绝大多数经济落后的国家都被纳入到资本主义经济体系中。但在这一时期，生产资本的输出所占比重很小，远不及借贷资本的输出，跨国生产尚未得到发展，生产的国际化还不明显。

3.生产国际化时期

20世纪50年代以来，在世界范围内发生了以原子能的开发利用、微电子技术、计算机和信息网络技术、空间技术、生物工程和新能源、新材料的应用为主要标志的第三次科技革命，使生产资料、生产工具、生产手段和劳动对象等都发生了重大变革，国际分工较第二次世界大战前发生了显著变化，世界经济发展进入到生产国际化的新阶段。这一时期的主要特点是：

（1）国际直接投资的迅猛增长

第二次世界大战后世界市场的最显著特征是国际金融市场的迅猛发展。由众多跨国银行、证券交易所和投资机构通过现代化通信设备构成覆盖全球的金融交易中心和发达的金融交易网络，大大便利了国际融资和国际投资，加速了资本的国际流动，使跨国直接投资迅速增长，带动了生产国际化的发展。

（2）国际分工进一步深化

在第三次科技革命的推动下，以国际直接投资为载体，传统的国际分工形式日益向现代国际分工形式过渡，国际分工从商品流通领域深入到各国生产领域，从不同经济部门之间的分工发展成为部门内部产品、零部件和工艺、工序专业化的分工，形成了工业制成品之间的水平型国际分工格局。国际分工的深化使资源在世界范围内得到更有效的配置，使各国的比较优势得到更好的发挥，为不同发展阶段的国家提供了各自的发展机遇，发达国家与发展中国家都能积极参与其中，进一步推动了世界经济的发展，加速了生产国际化的进程。

（3）跨国公司成为生产国际化的重要载体，成为推动当代世界经济发展的最重要的主体力量

迄今为止，跨国公司已发展到10万多家，跨国公司子公司的出口约占世界商品和劳务出口总额的1/3。跨国公司奉行全球化的经营战略，成为世界经济一体化的主要承担者和体现者。它通过对外直接投资，把资本、技术和管理合成为“一揽子资源”，把不同国家和地区禀赋各异的生产要素加以优化组合，形成一种倍加的新的生产能力，并把国家间生产的分工与协作在一定程度上转变为企业内部的分工与协作。总之，跨国公司的全球性经营活动使资本运动渗透到国际再生产的各个领域，在世界范围内有效地配置资源，从而引起世界各国生产、交换、分配等各方面经济联系的日益交织和紧密，使世界经济发展到生产国际化的新阶段。

4.生产的国际关系的调整

生产力的发展，特别是科技革命的推动，使世界经济得到不断发展，同时也使生产的国际关系不断做出调整。在世界经济的发展历程中，生产的国际关系的调整大致可以分为以下三个阶段：

第一个阶段：从19世纪中期到第一次世界大战。这一时期的世界经济是资本主义性质、殖民主义性质的世界经济。与垂直型的国际分工体系相适应，这个资本主义的世界经济体系由两部分组成：一个是处于主导地位的发达资本主义国家，它们是世界经济的主宰，是世界经济的操控者；另一个是处于依附地位的殖民地和附属国，它们受到发达国家的掠夺和剥削。世界经济这两个组成部分是相互依赖、紧密结合的，但这种结合明显有利于居于主导地位的发达资本主义国家，是一种极不平等的国际关系。

第二个阶段：1914年第一次世界大战爆发到20世纪80年代。这一时期是资本主义经济与社会主义经济对立、并存的时期。1917年“十月革命”之后，占世界领土1/6的苏联

实行了与传统资本主义不同的经济制度，即社会主义经济制度。社会主义经济制度的出现，打破了发达资本主义国家在世界经济中一统天下的局面，形成了资本主义经济与社会主义经济的对立。由于帝国主义各国之间政治经济发展的不平衡，从1914年到1945年的30多年里，两次世界大战共持续12年，经济混乱和恢复期3年，三次经济危机和萧条持续11年，世界经济的增长几乎处于停滞状态。在第二次世界大战后，1949年1月，以苏联为首的一些社会主义国家建立了自己的经济合作组织——经济互助委员会（Council for Mutual Economic Assistance），简称“经互会”。1949年11月在美国的提议下，17个发达资本主义国家秘密成立了“巴黎统筹委员会”（Coordinating Committee for Export Control），简称“巴统”，专门负责协调对社会主义国家的封锁和禁运。这样，在世界经济中事实上形成了两个对立的平行市场，一个是以市场机制为特征的由发达资本主义国家控制的世界市场，另一个是以计划经济为特征的社会主义国家市场。

第三个阶段：20世纪80年代至今。这个时期形成三类国家的经济相互融合，既统一又斗争的世界经济。三类国家指的是资本主义国家、社会主义国家和发展中国家。20世纪80年代末“冷战”结束。1991年6月28日，经互会第四十六次会议宣布经互会解散。1994年4月1日，巴统也正式宣告解散。国际货币基金组织、世界贸易组织等国际经济机构的作用得到加强，和平与发展成为时代的主流，各种类型国家间的相互依赖不断加深，市场机制的作用开始深入到世界经济的各个角落，各国间在经济上的相互依赖与竞争成为世界经济的主要矛盾。经济全球化的发展、经济区域化的加强、各类国家市场经济体制的调整、世界经济协调机制的形成和发展、国际直接投资和跨国公司的大发展、知识经济的萌芽、可持续发展问题等成为世界经济发展的主要内容。世界经济进入了全新的历史阶段。

三、世界经济格局的变迁

世界经济格局是指在一定时期内世界经济领域各类国家依据实力对比关系而形成的一种结构或态势，其核心是大国或国家集团之间的利益制衡状态和支配世界的权力分配状况。世界经济格局主要是由各个国家或国家集团的社会生产力发展水平决定的。

在世界经济形成和发展的进程中，由于各国经济政治发展的不平衡性，各国的经济实力对比在不断发生变化，部分相对落后的国家借助与先进国家的经济联系或世界经济政治领域出现的重大机遇，实现了超越性的发展，从而使世界经济格局不断出现新的变化。

1.英国取代荷兰成为世界经济中心

在世界经济格局中，第一个称雄世界的是荷兰。在17世纪中叶，荷兰的海外势力已大大超过了先于它一个世纪进行海外扩张的西班牙和葡萄牙，成为当时欧洲最大的殖民强国。殖民掠夺为荷兰提供了大量原始资本，促进了荷兰的经济发展。在17世纪中叶，荷兰不仅商业繁荣，渔业、海运业和工场手工业也都超过任何其他国家，成为当时资本主义世界最发达的国家，其首都阿姆斯特丹成为当时的世界贸易与国际信贷中心。荷兰在早期世界市场的形成和发展过程中起了重要作用。

然而依靠商业资本建立起来的经济优势和世界霸权地位是不牢靠的，它很快让位于后起的工业资本强大的英国。英国取得世界经济中心的地位主要借助以下因素：

（1）生产力的发展与资产阶级革命的完成

英国在15世纪末16世纪初地理大发现以后，靠着有利的地理位置，依仗强有力的专制王权，对内加速“圈地运动”，大力发展养羊业和毛纺织业，对外进行殖民战争和海盗式掠夺，并于1642—1688年经历了资产阶级革命，建立了由资产阶级统治的君主立宪制政权。

（2）大规模的海外扩张

英国资产阶级革命后，依靠新的强有力的政权、优势的海上力量和发达的国内工商业，从1650年起，先后同葡萄牙、西班牙、荷兰和法国进行了争夺殖民地和海上霸权的战争，取得节节胜利。它通过商业战争、殖民掠夺和奴隶贸易，使国外的财富源源不断地流入国内，这笔财富成为英国原始资本积累的重要来源。

（3）产业革命的推动

到19世纪40年代，英国基本上完成了产业革命，成为工业强国和“世界工厂”，在世界工业生产和世界贸易中取得了垄断地位。1820年英国工业生产总额占了世界的50%，以后虽因美国、法国和德国的兴起而比重有所下降，但直到19世纪后半叶英国仍处于世界工业、贸易、金融和海运中心的地位。在此期间，英国成为世界各国机器设备的供应者、先进技术的传播者和建设资金的提供者，对世界经济的发展起到了积极的推动作用。英国的世界经济中心地位从18世纪到19世纪末20世纪初，维持了两个世纪之久。

2.美国取代英国成为新的世界经济中心

从19世纪末至20世纪中叶的半个多世纪里，美国在世界经济中的地位不断上升，在群雄中崛起并独占鳌头，全面代替了英国当年的地位，成为新的世界经济中心。美国取得世界经济中心的地位主要借助以下因素：

（1）产业革命推动了美国经济的跳跃式发展

19世纪上半期，在英国产业革命的推动下，其他一些先进国家也相继开始了产业革命。19世纪70年代以后，在德国和美国等国家出现了技术革命和革新的浪潮，其中最为重要的是电的发明和电力的应用。这次科技革命不仅提供了可以远距离传输的强大动力，引起了动力革命，带动和促进了一系列工业部门的发展，还使信息传递的速度日益加快，缩短了世界各地区的时间和空间距离，把整个世界经济联成一体。这次技术革命的特点之一就是技术领先地位从英国转移到德国和美国，使德国和美国经济得到了跳跃性的发展，落后的日本和俄国在19世纪90年代后也迅速发展起来，从而在世界上出现了群雄崛起的局面。19世纪末20世纪初，世界经济中心已开始从英国向美国和德国转移。

（2）第一次世界大战使美国的国际地位进一步上升

19世纪末20世纪初，没有一个国家在世界经济中占据绝对优势地位。英、法虽在工业上已被美、德超过，但它们在世界贸易、殖民地占领和资本输出方面仍居第一位和第二位；美国和德国虽已在工业生产方面占据世界第一位和第二位，但其在世界经济中的影响和作用远不如英、法。这种经济发展的不平衡和在世界经济中的地位的不平衡，使资本主义列强之间的矛盾加剧，导致了1914—1919年重新瓜分世界的第一次世界大战。第一次世界大战的结果，一方面，使占世界1/6面积的俄国摆脱了资本主义体系，建立了与资本主义制度对立的社会主义制度；另一方面，使资本主义列强的力量对比发生了新的变化。美国和日本大发战争横财，世界经济地位空前上升，特别是美国，长期推行中立主义政策，既未受到战争的破坏，又借世界大战对商品和资金的巨大需求，主要欧洲国家如英、德、法等国暂时退出世界贸易和投资市场竞争的良机，获得了百年难逢的进行经济扩张的机遇。而英、法、德的经济实力却因为战争而遭到了严重削弱，世界经济中心加速向美国转移。

（3）第二次世界大战确立了美国的霸主地位

资本主义国家经济政治不平衡的发展，又导致了1938—1945年的第二次世界大战。美国在第二次世界大战中仍长期执行中立政策，大做战争双方的生意，从而使经济又一次获得了大发展，而其他国家的经济却都遭到了严重打击。第二次世界大战后初期，美国的工业生产达到世界工业生产总额的55%，同时，美国还独占世界贸易总额的33%，拥有世界黄金外汇储备的75%。美国是当时世界最大的商品提供者、最大的市场，也是最大的投资国和债权国。经过第二次世界大战，英、法两国的经济实力已相对削弱，德、日两国更是一败涂地，只有美国大大提高了自己的国际经济地位，成为西方国家的债主和整个世界的霸主。

（4）布雷顿森林体系确立了美国在国际金融领域的绝对优势地位

1944年7月，美国以联合国名义在美国布雷顿森林召开了“联合国货币金融会议”，建立了以美元为中心的国际货币体系，通过美元与黄金挂钩，其他国家货币与美元挂钩，使美元取得了等同于黄金的特权，并成为各国货币定值的标准，树立了美国在国际货币金融领域的绝对优势地位，逐步形成了以美国为霸主的资本主义经济集团。同时，苏联虽然赢得了反法西斯战争的胜利，但其经济实力遭到了削弱，1945年的国民收入仅及第二次世界大战前的83%，因而美国在整个世界经济中的统治地位也得到了加强。当然，美国所建立的有利于自己对外扩张的国际经济秩序，为资本主义世界创造了一个相对统一和稳定的国际经济框架，客观上也为各国经济发展提供了较为良好的国际环境。

3.20世纪70年代以来世界经济多极化发展

所谓极，就是指在世界经济、政治中具有举足轻重作用的国家或国家集团。所谓多极化，就是指世界从以一两个国家为中心的世界走向多中心的世界。事实上，第二次世界大战后世界经济就一直在朝着多极化的方向发展。具体地说，就是从第二次世界大战后初期美国的单极走向美、苏两极，20世纪70年代后又从两极走向多极，主要表现在：

（1）第二次世界大战后至20世纪80年代末的两极世界

第二次世界大战后初期，美国经济在世界经济各个领域几乎都处于绝对优势的地位。

1948年美国国内生产总值占世界国内生产总值的1/2，贸易额占世界贸易总额的1/3，黄金储备占世界黄金储备的3/4。这时的世界可以说是美国的单极世界。

美国在世界经济中的统治地位，首先遇到了苏联的挑战。第二次世界大战后，苏联的经济实力上升很快，与美国的经济差距明显缩小。到1960年，苏联国民生产总值为美国的45.1%，工业产值为美国的55%，农业产值为美国的70%，成为仅次于美国的经济大国，并在政治上和军事上与以美国为核心的资本主义制度相抗衡，形成了美、苏的两极世界，并在世界上形成了两个平行市场。这种状况在20世纪80年代末90年代初随着苏联的解体和俄罗斯经济的迅速下滑而告结束。

（2）欧盟的扩大与经济地位的迅速提升

苏联与经互会的解体与其说是“一极”的消失，还不如说是世界市场的统一更为合适。而在原有的世界自由市场体系中，美国是独一无二的火车头，包括欧洲和日本在内的发达国家和地区对美国经济都有很强的依赖性。当时有一种形象的说法，“美国打个喷嚏，全世界都得跟着感冒”。“冷战”的结束使世界市场得以统一，但以美国为中心的单极经济与贸易格局却没能延续。东欧的巨变为欧盟的崛起提供了机会。

首先，通过内部统一大市场的建立和欧盟的东扩，欧盟对包括美国在内的外部经济的依赖性明显下降。截至2013年7月，欧盟成员国已从20世纪90年代初的12个扩大到28个，欧盟经济的内部回旋余地进一步扩大，并显示出更强的独立性。2016年6月23日英国举行全民公投，就英国应该继续留在欧盟还是脱离欧盟进行抉择，脱欧派胜出，英国成为首个脱离欧盟的国家。虽然英国“脱欧”对欧盟的影响尚待评估，但欧盟经济“大家庭”的基础依然牢固。

其次，欧盟的整体经济实力已经与美国不相上下。随着欧盟的不断扩大，从20世纪90年代起，欧盟的国内生产总值已开始接近美国的水平。1997年欧盟与美国的国内生产总值已基本持平，美国为80 830亿美元，欧盟为80 960亿美元。1998年，美国的国内生产总值为82 310亿美元，而欧盟15国为83 460亿美元。同年，在世界商品贸易中，欧盟的出口总额（不包括欧盟内部贸易）已达8 132亿美元，占世界出口总额的20.1%，居世界第一位，而美国的出口总额为6 825亿美元，占世界出口总额的16.8%，这表明欧盟在经济总量上已经与美国旗鼓相当。2018年，美国GDP为205 803亿美元，欧盟为187 369亿美元。2018年，欧盟28国的出口总额（不包括欧盟内部贸易）为23 087亿美元，占世界出口总额的15.1%，而美国的出口总额为16 640亿美元，占世界出口总额的比重已降至10.9%。

再次，欧元诞生已经开始对欧盟的深化与扩展及世界政治、经济新格局的形成产生影响，并对美国在国际金融领域的霸主地位提出挑战，从而使国际货币格局由第二次世界大战后以美元为主导的“单极”格局演变为美元、欧元争霸的“两极”格局。

最后，欧盟的政治影响力也在不断提升。政治影响力在很大程度上是由经济实力决定的。在第二次世界大战后的两极格局中，欧盟作为西方阵营的组成部分，面对强邻苏联，必须依靠美国的保护，在经济上也有求于美国，使美国成为西方世界的龙头老大，西欧的政治影响力相形见绌。但“冷战”结束后，苏联的威胁已不复存在，欧盟对美国的依赖无论从军事角度还是经济角度，都大幅度下降。欧盟在经济上已经取得与美国平起平坐的地位，那么它在政治上也不会总是看着美国去当霸主。欧共体对世界市场的争夺从20世纪70年代就已经开始了。20世纪70年代以来，欧共体通过《洛美协定》和其他各种优惠贸易安排，与近百个国家建立了超越关贸总协定和世界贸易组织贸易自由化进程的特殊贸易关系。至20世纪90年代末，欧盟通过《欧洲协定》和对俄罗斯的共同战略，已基本完成了其在欧洲大陆的国际分工体系。欧盟在世界经济与贸易领域的影响力已经不亚于美国，且远远高过日本，成为当之无愧的一极。

（3）东亚经济的崛起

美国在世界经济中的统治地位，还受到日本和东亚发展中国家的挑战。在20世纪五六十年代，日本经济持续了长达20余年的高速增长，出现了所谓“日本奇迹”。1955—1968年，日本的国民生产总值增长3.5倍，而美国只增长1.6倍，日本在资本主义工业生产中所占的比重，从1950年的1.6%上升到1970年的9.5%，出口在资本主义国家出口总额中所占的比重，也从1.5%上升为6.9%，成为仅次于美国的经济大国。1970—1990年，美国国民生产总值占世界国民生产总值的比重，由38%下降为24.5%；日本从7.7%上升为14.1%，已接近美国国民生产总值的2/3。20世纪70年代以后，亚洲“四小龙”（中国香港、中国台湾、韩国、新加坡）与东盟国家迅速崛起，20世纪80年代以后，随着中国的改革开放，其经济发展更是举世瞩目。在世界经济总体低速增长的状态下，中国经济一直以9%左右的高速度增长，其国内生产总值、对外贸易、黄金外汇储备等，在世界上的地位不断攀升。2000年前后，中国还是世界第七大经济体，2007年超越德国成为世界第三大经济体，2010年超越日本成为世界第二大经济体，已成为世界经济发展新的一极。由此可见，世界经济增长的动力重心正在从环大西洋地区移向以东亚为主的环太平洋地区，这是世界经济格局最大和具有深远意义的变化，它使欧美经济真正受到来自亚洲的挑战。

（4）区域经济一体化的趋势不断加强

在当前的多极世界中，还有一个值得关注的趋势就是区域经济一体化的发展。除了欧盟已成功完成经济与货币联盟的构建，北美自由贸易区、东南亚国家联盟及其与中、日、韩自由贸易区谈判的全面展开以及世界各地区数以百计的一体化组织的建立，使世界经济格局变得更为复杂。这就意味着，由某一个国家主宰世界经济的时代已经一去不复返了，区域经济集团之间的竞争地位会不断上升，同时各国、各地区在经济上的相互依赖进一步加强。在当前阶段，区域经济集团化推动了世界经济的多极化，而随着经济一体化趋势的进一步发展和各国经济相互依赖程度的进一步加深，世界经济最终将从多极走向全球经济一体化。

第三节 科技革命与世界经济的发展

世界经济的发展从本质上来讲就是生产力的发展和生产关系的变革。科学技术作为第一生产力，是世界经济形成与发展的内在动力。资本主义生产关系建立以来的三次重大的科学技术革命都对世界经济的发展起到巨大的推动作用，同时也促进国际生产关系的不断变革。

一、科学革命与技术革命

1.科学与科学革命

科学是人类对客观世界的认识，是人类通过认识自然现象和社会现象，探索物质运动和社会运动客观规律所形成的基本理论和知识体系。

科学革命是人们认识客观世界的质的飞跃，是对科学基础理论的重大突破和对自然界客观规律的重要发现，它表现为新的科学理论体系的诞生。

2.技术与技术革命

技术是以科学原理为基础，通过实践经验所形成的用于解决实际问题的系统知识，是人类改造客观世界的具体方法、手段和规则体系。它是物化了的科学，是现实的生产力。

技术革命是指人类改造客观世界的手段与能力的新飞跃，它表现为生产工具和工艺过程方面的重大变革，是改造自然界的手段和方法的重大发明与突破。

3.科学革命与技术革命的关系

科学革命和技术革命都是人类实践的成果，两者关系非常紧密，主要表现为科学革命和技术革命相互促进，即科学指导下的技术革命，技术革命基础上的科学发展。认识世界是改造世界的重要条件，而在改造世界的同时又会进一步认识世界。科学革命是技术革命的基础和出发点，科学革命引起了技术的进步；而技术革命是科学革命的结果，先进的技术及其应用成果反过来又为科学研究提供了有力的工具。科技革命既包括科学革命，也包括技术革命，它是上述两者的高度概括。

综上所述，科技革命是指科学理论知识加速转化为技术，进而引起生产力飞速发展的过程。

二、科技革命对世界经济的影响

科学技术对世界经济发展的巨大推动作用已被现代世界科学技术和世界经济发展的实践所证明。从前面的分析中我们不难看出，世界经济发展进程的每一次重大变化都与科技革命的推动密不可分。

1.科技革命促进了世界生产力的发展

马克思认为“生产力也包括科学技术”，邓小平提出“科学技术是第一生产力”。科学技术直接或间接地作用于生产力系统，促使生产力诸要素发生质的变革，进而引起社会经济生活中的历次工业革命和产业革命。

（1）科技革命带动产业革命，释放出巨大的生产力

以蒸汽机的发明和使用为标志的第一次科技革命使人类开始用机械力代替人力，使社会经济从工场手工业过渡到机器大工业，机器大工业的建立反过来又促进了生产力水平的大幅度提高。19世纪三四十年代，机器制造业在英国基本形成，标志着英国工业革命的基本完成，它使每个工人日平均生产率提高了将近20倍。1850—1870年，英国国民生产总值增幅超过78%，工业总产值增幅翻了近一番，使英国成为世界上第一个工业化强国。

（2）科技革命促进了生产的社会化，为世界经济的形成提供了生产力基础

19世纪六七十年代，以电力、电动机、内燃机的发明应用为特征的第二次科技革命，在西欧、北美同时兴起，美国和德国成为这次科技革命的两个发源地和中心。第二次科技革命以电力、电动机、内燃机、钢铁冶炼技术和化学工业技术为代表，在能源和动力、材料、交通运输、通信工具等方面取得突破性的进展，技术革命的重心从纺织业和采掘业转移到重工业，使生产的社会化程度空前提高。铁路、汽车和海运业的长足进步，电报和电话的发明和推广，大大缩短了世界各地的时空距离，把越来越多的国家纳入世界经济体系之中，也为世界经济的最终形成提供了生产力基础。

（3）科技革命加快了世界各国产业结构的调整，从而推动了生产力的发展

始于20世纪50年代的第三次科技革命，无论是在规模上还是在所涉及的领域上都远远超过了前两次科技革命。它以原子能的开发利用为先导，以微电子技术开创为核心，以空间技术、新材料、新能源、光纤通信、生物工程、海洋工程等一系列高新技术的发明和应用为标志，使世界经济发展的领域得到空前的拓展，世界各国正在经历一个由主要偏向物质生产的第一、第二产业向偏向服务产品生产的第三产业的产业结构的转变过程，世界各国物质生产部门结构的变动正在朝着技术尖端化、生产集约化、经济高效化的方向发展，使世界生产力的总体水平继续得到迅猛发展。

2.科技革命促进了国际分工的深化

科技革命通过提高生产社会化和国际化水平来发展生产，从而影响国际分工格局。在科技革命的作用下，生产社会化不仅表现为一国的生产部门内部实现专业化，而且也要求实现国家间的分工协作。

第一次科技革命后世界形成了以英国为核心的国际分工，这种国际分工的结果是英国对世界贸易的垄断。科技革命在欧美完成后，便形成了以欧美为一方，以亚、非、拉为一方的国际分工格局，使后者成为前者的原料来源和商品市场。

第二次科技革命引起的产业结构的变化带来了国际分工的深化。第二次科技革命产生了一系列新产品、新部门，带动了重工业部门的发展。工业产量首次超过农业，一些资本主义国家从农业国转变为工业国，经济不发达国家也开始发展自己的民族工业。发达工业国与初级产品生产国之间形成了垂直分工的国际分工体系，发达国家之间也形成了以不同部门为主的国际分工体系。

第三次科技革命带动了一大批新兴产业，发达国家应用高新技术成果的产业不断涌现，传统产业逐步向外转移，一批发展战略比较成功的发展中国家也融入传统产业甚至新兴产业的国际分工，各国在产品零部件生产乃至工艺上的分工合作不断加强，科技成果国际扩散和商业化的速度不断加快，国际科技合作成为国际分工的重要内容。

3.科技革命促进了世界经济格局的变迁

从世界经济的发展进程和世界经济格局的变迁轨迹中我们不难发现，世界经济强国得以振兴的共同经验之一就是依靠科技革命的促进。科技革命是一个促进新技术群和主导产业不断更迭的过程。在这一过程中，能够率先掌握代表未来发展方向的先进科学技术的国家，由于产业革命促进了经济的跳跃式发展，成为世界经济中的新兴主导国家和经济中心。而一些老牌经济强国，则因没有抢先利用先进科学技术成果或者脱离了世界技术创新的未来方向而走向相对衰落，从而引发世界经济格局的变动。第一次科技革命促进了英国产业革命的发展，到19世纪40年代，英国基本上完成了产业革命，并取代荷兰成为世界第一工业强国；19世纪70年代在德国和美国等国家出现的第二次科技革命浪潮促进了德国和美国经济的跳跃式发展，到20世纪初，世界经济中心已开始从英国转向美国；第二次世界大战后世界经济多极化的发展也与第三次科技革命的作用密不可分，日本通过大力引进国外先进技术并发展先进的制造业，迅速成为世界经济强国。

4.科技革命促进各国经济更加国际化

第二次世界大战后，在科技革命的推动下，现代交通和通信技术迅速发展，缩短了时空，降低了交易成本，使全球商品、资金、技术和劳动力的交换更加便利，规模日益扩大，跨国公司可以在世界范围内组织生产和经营，全世界各种不同类型的国家都被纳入到世界经济体系当中。商品的国际化、资本的国际化和生产的国际化已成为世界各国经济的主流。

5.科技革命加剧了世界经济发展的不平衡性

虽然科技革命是推动世界经济增长的主导力量，但不同国家从中受益的程度是不同的，有的国家甚至会受到伤害，这就导致世界经济发展不平衡的加剧。

（1）发达国家是科技革命的主要受益者

由于科研资金和研发人才主要掌握在发达国家手中，科技革命的成果及其应用也主要集中于发达国家，使发达国家成为科技创新的最大受益者。

（2）后进国家利用科技革命的机会赶超先进国家的难度越来越大

世界经济发展史证明，确实有一些后进国家能够抓住科技革命的机遇跳跃前进，一跃成为新的世界强国，如第一次科技革命后的英国、第二次科技革命进程中的美国和德国以及在第三次科技革命中脱颖而出的日本等。但对于具体国家来说这只是一种可能性，能否跳跃前进还取决于一系列条件。在当代经济全球化、新技术日益复杂化和世界经济竞争白热化的背景下，发展中国家后来居上的难度越来越大，发达国家大力发展信息技术和高技术产品，发展中国家即使走上工业化的传统道路，也仍落后于发达国家。

(3) 新技术革命可能给发展中国家带来新的更严重的问题

一方面，发达国家会把一部分制造业转向发展中国家，自身运用新技术发展高技术产业，从而获得更高的技术优势，使发展中国家对发达国家的技术依赖更加严重；另一方面，新技术革命使新材料、新能源和新工艺大量出现，从而减少了发达国家对发展中国家的初级产品和廉价劳动力的传统依赖，使发展中国家传统初级产品的出口变得更加困难。出口的减少和对进口技术的依赖有可能导致发展中国家资金缺口的扩大，阻碍经济的发展。

此外，科技革命还会带来资源短缺、环境破坏、核威胁等负面的经济与社会问题，也值得关注。

三、科技革命与知识经济

从20世纪70年代开始，科技革命进入了一个新的更高的发展阶段。社会科学、自然科学和思维科学相互交融，形成了以系统论、控制论和信息论为代表的新兴学科。随着信息技术和微电子技术的迅猛发展和电子计算机的广泛使用，带来了信息技术革命，科技进步日渐成为经济发展的决定性因素。信息技术革命导致知识在全世界范围内高度共享，并以更高的效率不断产生新的知识，预示着人类社会继农业经济、工业经济之后，开始进入一种新的经济时代。自20世纪70年代初以来，对这种"新经济"出现了多种说法，如"电子技术时代""后工业社会""后工业经济""信息经济""高技术经济"等。1990年，联合国研究机构提出了"知识经济"的说法，1996年经合组织首次定义了"以知识为基础的经济"，明确了这种新型经济的性质。

1.知识经济的含义

知识经济即"以知识为基础的经济"(Knowledge Based Economy)，也称"新经济"。它是指以现代技术为核心，建立在知识和信息的生产、存储、使用和消费之上的经济。

所谓以知识为基础的经济，是相对于现行的"以物质为基础的经济"而言的。现行的农业经济和工业经济，虽然也离不开知识，但总的说来，经济的增长取决于能源、原材料和劳动力的投入，即以物质为基础。而知识经济的发展不是直接取决于资源、资本、硬件技术的数量、规模和增量，而是直接依赖于知识或有效信息的积累和利用。知识在成为主导性生产要素的同时，深化了各生产要素间的关系。知识和各生产要素密切结合，使其价值得以体现并扩大。正如现代管理学之父彼得·德鲁克(Peter F. Drucker)所言：知识经济时代不仅仅是知识地位、知识影响力、影响方式以及影响规模的变化，它尤其是知识观、知识功能以及知识生产、传播、消费的方式，进而社会组织形态和价值观念的变化。

知识经济是工业经济高度发达时代的产物，它不仅仅是一个新兴的产业，而且是一个经济时代的标志。

2.知识经济的基本特征

知识经济具有如下基本特征：

（1）经济要素知识化

知识经济条件下的经济增长是以知识为基础的。知识（或信息）取代物质成为生产、分配和消费的主要内容，成为诸生产要素中的决定因素。它导致资本要素组合无形化，知识和拥有知识的劳动力成为最重要的生产要素，知识阶层成为劳动的主体，劳动具有极高的知识含量，离开知识的力量，劳动力和资本的作用都会下降。产品和服务中的知识或信息含量明显提高，服务经济在国民经济结构中的比重不断提高，产品满足精神需要的因素增大，消费手段网络化、虚拟化。分配方式已由工业经济时代的按资本分配转为按知识分配。每个人的知识水准及其所做出的贡献将是决定其所获报酬和社会地位的首要条件。

（2）经济活动信息化

知识经济是信息化、网络化的经济。在知识经济中，信息技术和信息产业成为经济与社会发展的主导力量。经济主体获取经济信息、进行预测和经济决策及交易活动都可以在信息网络上进行，使得全球经济活动的时间缩短，空间缩小，频率加快，协同性增强。

（3）经济生活全球化

在信息和网络高度发达的基础上，地球缩小为“地球村”，世界经济全球化已经形成。高新技术的发展，缩小了空间、时间的距离，为世界经济全球化创造了物质条件。经济全球化不仅指有形商品和资本流通的全球化，更重要的是知识和信息流通的全球化。国际互联网为世界经济发展提供了全新的动力源，极大地提高了经济全球化下国际分工和专业化的效率，减少了世界供给与需求之间的非增值性环节，降低了交易成本，各国企业以更充分的信息为依据，在全球范围内进行资源配置，实现成本最小化和收益最大化的目标。

（4）经济发展持续化

知识经济是促进人与自然协调、持续发展的经济。知识经济时代最重要的生产要素是知识，而知识是可以再生、反复使用的，所以人们对自然资源的消耗和依赖相对降低，人与自然更加协调，从而有利于经济的可持续发展。

3.知识经济对世界经济的影响

新经济的形成对世界经济很多方面都会产生重大影响。

（1）知识经济具有明显的扩散效应

知识经济首先在美国形成，由于其自身的特点，很快就扩散到其他具备条件的国家或地区。20世纪90年代，欧盟各国和日本在进行经济结构调整的过程中，都把发展信息技术和高科技产业作为一项主要目标，经济活力均有所增强。许多发展中国家也已充分认识到新工业革命是至关重要的发展机遇。金砖国家正在推动新工业革命伙伴关系全面运作的决定并取得进展。2019年9月在巴西举行的第二次金砖国家新工业革命伙伴关系咨询组会议通过的工作计划已确定在6个合作领域开展互利合作项目，包括建立金砖国家工业园和科技园、创新中心、技术企业孵化器和企业网络等。很多发展中国家也在努力实现工业化的进程中，加速信息化，通过信息化加速工业化，从而利用“后发优势”实现跳跃式发展。

(2) 知识经济会带来世界范围内生产成本的下降和生产效率总体上升

由于网络的发展，知识与信息在使用过程中具有很强的共享性和非排他性，使企业生产的边际收益有可能在一个很长的期限内发生递增现象，从而降低生产成本。电子商务的兴起使得商店、仓库等固定成本不同程度地被节省，使得“按需定产”成为现实，这又使商业运行中的交易成本大大降低。生产成本和交易成本的下降都会使经济效率得以提高。

(3) 知识经济使国际市场上的竞争与垄断都有所加强

知识经济通过网络为各国的企业搭建了一个参与全球市场竞争的平台，竞争的制度性障碍、区域性障碍都将完全消失，企业的竞争对手、企业产品的用户不再局限于区域性的市场，企业的优胜劣汰会表现得更加残酷。知识经济为各国企业增加了新的发展机遇和新的风险。能抓住新机遇并有效控制风险，就能加速发展；反之，就会受到这种“新经济”的无情冲击。

由于竞争环境的变化，具有科技优势、信息优势和品牌优势的企业会在竞争中脱颖而出，随着生产规模的扩大，财富更加集中，使大公司的垄断性进一步加强。科技的进步还引发了一种新型的垄断，即创新者垄断。创新者不仅聚敛了大量财富，而且往往阻碍甚至威胁到科技的进步。这种情况在软件行业表现得尤其突出。

(4) 知识经济带来经济增长的动力，同时也增加了潜在的经济风险

知识经济以知识为基础，通过信息技术和通信技术方面的创新，使知识和技术的传播速度大大加快，代表着一种新的经济增长方式，为经济增长带来了新的活力，并带来较长时期的经济繁荣。1985年，美国从一个净债权国变成了世界上最大的债务国。正当人们兴致勃勃地热议美国的经济地位已相对衰落之时，美国却通过利用外资，进行大规模的固定资本更新而悄然进入知识经济时期，并在20世纪90年代实现了长达123个月的持续经济增长，使整个世界看到了“新经济”的魔力。但是，知识经济并不能改变市场经济发展的基本规律，周期性经济波动仍不可避免，而且，由于网络经济所带来的虚拟经济成分的扩大，加之经济传递速度越来越快，世界经济波动所带来的风险也会加大。新世纪开局，美国及世界经济增长开始放缓，特别是“9·11”事件的发生使美国经济进入到阶段性调整时期。2008年下半年，由美国的次贷危机所引发的金融海啸，很快把整个世界带入第二次世界大战后最为严重的经济衰退。

知识经济在其发展的过程当中，会不断给我们提出新的问题。其积极的作用和消极的影响都值得我们时刻关注。

【案例分析】

新经济是否存在

美国经济从1991年3月走出衰退直至2001年3月又陷入衰退，经济持续增长整整10年，创下了第二次世界大战后美国经济持续增长时间最长的纪录。鉴于美国经济在20世纪90年代的突出表现，尤其是该国经济能在通胀与失业“两低”的情况下保持如此长期的持续增长，许多人将这一时期的美国经济作为典型代表，提出了“新经济”理论。某些

“新经济”论者认为：传统的经济周期规律在美国“新经济”中已经不复存在，传统经济学理论已经无法解释美国“新经济”。

然而，美国经济在经历了第二次世界大战后持续时间最长的繁荣后，开始逐步进入新的周期性经济危机，经济增长率从2000年第二季度5.6%的增长率高峰，跌至第三季度的2.2%，第四季度的1%，2001年第一季度的1.2%，第二季度的0.2%。这次美国周期性经济危机的重要特点之一，就是高新科技产业率先陷入危机，并对整体经济走向危机起了推波助澜作用。这就使人们对新经济是否存在提出了疑问，并提出了不同的看法。

有学者认为：新的周期性经济危机首先降临在宣称不再有危机的美国，而且首先在美国的高新技术产业爆发，这是对美国“新经济”神话的绝好嘲弄，也宣告了这一神话的破产。也有人认为，从经济发展规律来看，2001年的这次衰退是美国“新经济”一个正常的调整阶段，其本身并不意味着“新经济”的失败。无论“新经济”还是“旧经济”，经济总归还是经济，其发展都必然遵循由增长、衰退、复苏、再增长交替循环所构成的经济周期规律，美国“新经济”也不例外。2008年，美国的“次贷危机”引发金融海啸，进而导致世界性经济危机，“新经济”能否似曾相识燕归来，值得世人关注。

资料来源　詹武. 美国“新经济”神话的破产［J］. 当代思潮，2002（3）；庄芮.试论美国新经济的衰退［J］. 亚太经济，2002（2）.

案例思考题：

1.2001年和2008年发生在美国的两次经济衰退是否意味着“新经济”已经不复存在？

2.你是否同意“新经济”是世界经济发展的一个必然趋势？

本章小结

世界经济是一个历史的范畴。它随着生产力的发展、世界市场的形成和国际分工的深化而形成与发展。其发展进程经历了商品的国际化、资本的国际化和生产的国际化等三个时期。科技革命在世界经济形成与发展的进程中起着关键性的主导作用，并把世界带入知识经济时代。世界经济格局从第一次世界大战前的以英国为中心和第二次世界大战前后的美国独霸向多极化转变。经济一体化将成为未来世界经济发展的一条主线。

关键术语

国际分工　世界市场　垂直型国际分工　水平型国际分工　世界经济格局　科技革命　知识经济

复习思考题

1.简述国际分工的含义与类型。

2.试述影响国际分工的主要因素。

3.简述世界市场及其特点。

4.科技革命对世界经济有何影响？

5.什么是知识经济？它对世界经济有何影响？

相关数据资料

2018年世界最大经济体

单位：亿美元

按官方汇率折算（OER）			按购买力平价折算（PPP）		
排序	国家/地区	GDP	排序	国家/地区	GDP
1	美国	205 803	1	中国	252 788
2	中国	133 681	2	美国	205 803
3	日本	49 718	3	印度	104 852
4	德国	39 513	4	日本	55 970
5	英国	28 288	5	德国	43 430
6	法国	27 802	6	俄罗斯	42 274
7	印度	27 187	7	印度尼西亚	34 959
8	意大利	20 759	8	巴西	33 664
9	巴西	18 678	9	英国	30 388
10	韩国	17 205	10	法国	29 704
11	加拿大	17 125	11	墨西哥	25 716
12	俄罗斯	16 573	12	意大利	23 997
13	西班牙	14 275	13	土耳其	22 998
14	澳大利亚	14 200	14	韩国	22 353
15	墨西哥	12 221	15	西班牙	18 660
16	印度尼西亚	10 225	16	沙特阿拉伯	18 621
17	荷兰	9 145	17	加拿大	18 383
18	沙特阿拉伯	7 865	18	泰国	13 209
19	土耳其	7 713	19	澳大利亚	13 183
20	瑞士	7 055	20	中国台湾	12 520

注：按购买力平价（PPP）折算后的数值单位也称“国际元”（International Dollar）。

资料来源　IMF World Economic Outlook 数据库（2019年12月）。

第二章

经济全球化趋势

学习目标

本章需要掌握经济全球化的含义、进程加快的影响因素以及经济全球化的表现，了解经济全球化的影响及其带来的问题。重点在于对经济全球化含义的理解，难点在于对经济全球化表现的认识。

第一节　经济全球化概述

随着“冷战”的结束，东西方相互隔绝的两个平行市场已不复存在，各种不同类型国家都被融入到统一的世界市场之中，国际贸易、国际金融和国际投资迅速发展，经济全球化已经成为当今世界经济发展的主要趋势之一。

一、经济全球化的概念

1.经济全球化的含义

迄今为止，对“经济全球化”（Economic Globalization）一词尚未形成一个普遍接受的权威性定义。各国学者和相关机构都从各自的立场和角度对这一概念进行诠释。

一般认为，“全球化”（Globalization）一词最初是由美国经济学家提奥多尔·莱维在1985年发表的《谈市场的全球化》一文中提出。莱维用“全球化”来形容此前20年间国际经济发生的巨大变化，即“商品、服务、资本和技术在世界性生产、消费和投资领域中的扩散”。所以，他所说的“全球化”完全是指经济全球化。经济合作与发展组织（Organization for Economic Co-operation and Development，OECD，简称经合组织）在1990年也使用了“全球化”这一概念，认为“经济全球化可以被看作一种过程，在这个过程中，经济、市场、技术与通信形式都越来越具有全球特征，民族性和地方性在减少”。经济全球化主要是指生产要素以空前的速度和规模在全球范围内流动，以寻找适当的位置进行最佳的配置。它意味着跨越民族国家政治疆界的经济活动的扩展，以及世界经济中各国的经济开放度增加，相互依存关系加深，强调生产要素在世界范围内的自由流动和合理配置，逐步以至最终完全消除国家之间的各种壁垒，从而实现经济上的世界一体化。因此，“全球化”主要是指经济上的全球化，其他领域的全球化都是在经济全球化基础上的延伸。

根据国际货币基金组织（International Monetary Fund，IMF）在1997年的《世界经济展望》中的定义，经济全球化是指“通过正在日益增长的大量与多样的商品和劳务的广泛跨国运动，通过国际资本的大量而多样的流动，通过技术更快捷而广泛的传播所形成的世界各国经济相互依赖增强的现象”。欧盟委员会的“经典的”说法是：经济全球化“可以界定为由于商品和服务的流动，也由于资本和技术的流动，而导致的各国市场和生产相互依赖程度日益提高的过程”。

总括来说，经济全球化是以当代科技革命、市场经济和跨国公司的大发展为推动，在国际贸易、国际金融、国际投资、国际信息交流大发展的基础上所形成的生产要素在全球范围内优化组合和优化配置，从而使世界各国经济相互依存与融合的速度和程度不断加速和深化的状态和过程，是在现代高科技的条件下经济社会化和国际化的历史新阶段。经济全球化是当代世界经济的重要特征之一，是第二次世界大战以来特别是20世纪90年代以来世界经济发展的重要趋势，是贸易、投资、金融、生产等活动的全球化，从根源上说是生产力和国际分工的高度发展，要求进一步跨越民族和国家疆界的产物。

2.如何正确理解经济全球化的内涵

根据上面的定义，经济全球化的内涵可以从以下几个方面来理解：

第一，经济全球化是一个历史的过程，是现代经济发展的一种趋势，而不是目标。这种趋势是以多个因素为推动，并在多个条件的基础上形成和发展的，在这一过程中，任何国家都不能因无视经济全球化而阻碍本国经济的发展，也不能将其作为目标去追求。作为历史范畴，它是世界经济由初级到高级发展进程中的一个历史阶段。

第二，经济全球化是一个以经济的微观活动为作用基础的过程。经济全球化是由各国或地区通过微观经济主体跨越国界在全球范围内开展经济活动的，是以在全球实现资源优化配置为目的，按照经济发展的规律和要求开展经济活动的过程。

第三，经济全球化实际上是市场经济体系的全球化。经济全球化是世界经济形成一个整体的自然发展过程，市场经济是推动经济全球化的基础，是推动经济全球化的原动力。可以预见，未来的全球化的世界经济秩序将以市场经济的体系、规则和机制为基础。

第四，经济全球化是由发达国家主导的，是非中性的。由于在全球化经济中的主导产业都来自发达国家，发达国家是全球化规则的制定者，发展中国家在很大程度上只是规则的被动接受者，所以，经济全球化的果实多被发达国家享有，而其带来的消极影响主要由发展中国家来承受。

第五，经济全球化促进了生产要素、货物、服务和技术在全球范围内的自由流动。在经济全球化过程中，生产要素、货物、服务和技术在全球范围内的自由流动在速度、广度、深度和密度等方面进行了全方位的发展。

第六，经济全球化的实质是资本及其载体扩张的全球化。在经济全球化过程中，是资本的扩张本性和增值需要而使世界各国和地区的经济相互融合日益密切，逐渐形成全球性的经济关系。这不仅使国家的经济边界弱化，同时也意味着国家经济主权不同程度地削弱、让渡和延伸。

3.经济全球化与经济国际化、经济一体化的联系与区别

经济国际化、经济全球化与经济一体化是对世界经济发展的不同时期、不同程度的界定和区分。

（1）经济全球化与经济国际化

经济国际化是一国经济发展超越国界，与别国经济的相互联系、相互渗透不断扩大和深入的经济发展过程。经济国际化经历了从商品国际化，到资本国际化，再到生产国际化的发展过程。虽然经济全球化和经济国际化都以市场经济为起点，但从本质上说，全球经济与国际经济是两个概念。国际经济强调国家主权，在此前提下，各个国家以交换、投资和信贷为纽带联系起来，这种联系是互补关系。各个国家的市场仍然受到主权国家的保护和调节，它们是资本积累的基础，而进一步的资本积累是经济全球化的准备。因此，经济国际化是经济全球化的前奏。两者相互促进、共同发展，都反映了生产要素跨国流动的过程，二者均是世界经济运行的一种客观状态。

（2）经济全球化与经济一体化

经济一体化的含义有广义和狭义之分。广义的经济一体化，即世界经济一体化，是指各国国民经济之间彼此相互开放，取消歧视，形成一个相互联系、相互依赖的有机整体。狭义的经济一体化，即地区经济一体化，或称区域经济一体化、区域经济集团化，是指两个或两个以上的国家或地区间不断消除或降低彼此间经济政策与体制的差异，相互依存、共同发展经济的过程。世界经济一体化是经济全球化的最高阶段，要达到经济一体化，需要消除生产要素流动的一切障碍，使劳动力、资本、商品等在全球自由流动；需要有超国家的权威性协调机构来协调一体化下的国家间关系；需要各国间做必要的主权让渡，这样才能实现经济一体化。因此，经济全球化只是世界经济一体化过程中必不可少的一个阶段，而世界经济一体化是经济全球化发展的最高形式和最后阶段。

二、经济全球化进程加快的主要原因

经济全球化是不可抗拒的历史发展趋势，第二次世界大战以来，经济全球化进程已经成为世界经济发展的主流，引起经济全球化进程加快的因素是多方面的。

1.科技革命的推动

科学技术的发展促进了生产技术不断更新，生产力迅速提高，为经济全球化提供了坚实的物质基础和根本的推动力。历次科技革命不仅推动了社会生产力的发展，也改变了人类的经济生活和经济关系，成为世界经济全球化强有力的“引擎”。第二次世界大战后兴起的第三次科技革命，是经济全球化的助推器。

（1）第三次科技革命推动了生产的国际化分工，加速了经济全球化的进程

科技革命产生的新的技术水平，很少能够使一个企业、一个国家或地区独立地全面开

发生产某种产品，因此有必要进行产品研发和生产的国际合作。在这种国际合作中，各国之间的分工越来越细，专业化程度越来越高，各国之间同一生产过程的相互联系达到了前所未有的高度。

（2）第三次科技革命为经济全球化提供了必要的手段和物质保证

交通运输和通信手段的不断更新，特别是20世纪80年代以来新的信息革命和网络技术革命为信息的共享性和流动性在全球范围的实现提供了可能。借助于现代信息技术，国际范围内的资本流动越来越简单、便捷，金融市场事实上已经成为人们经常说的“地球村”，电子商务在提高商务效率、降低商务成本的同时，扩大了商家的经营范围，使企业在相当程度上成为无国界的国际性企业。

2.市场经济体制的扩展

市场经济是经济全球化迅速发展的重要条件。正是市场竞争和市场逐利行为打破了经济的国家和地域限制，把世界各国的国民经济日益紧密地联结起来。但是，第二次世界大战后两大社会阵营并存，形成了两个独立运行、很少往来的“平行市场”，使经济全球化的发展受到了阻碍。随着20世纪80年代末“冷战”的结束，传统的计划经济国家纷纷踏上市场化改革之路。与世界市场接轨，按国际规制运行，已成为世界几乎所有国家的共同要求和发展趋势，市场经济成为联结各国经济的桥梁和纽带。市场经济体制基本成为世界各国的基本经济体制，这为经济全球化创造了体制条件。

3.跨国公司的发展

第二次世界大战结束以后，跨国公司迅速发展，不断在全球进行扩张和渗透，成为经济全球化的主要载体。经过几十年的发展，跨国公司无论在数量上还是在规模上都达到相当的程度。正是跨国公司的迅猛发展，客观上推动了经济全球化的发展。跨国公司依靠其经济实力和技术优势，从事跨国界或跨地区的生产和经营活动，可以灵活地在全球范围内配置资源，实现全球范围内的最佳资源配置和生产要素组合，以取得最佳效益，从而成为经济全球化的重要载体。例如，美国波音公司生产的波音747客机，所需的450万个零部件来自6个国家的1 500家大企业和15 000家中小型企业；日本马自达汽车在英国制造，主要零部件来自日本，组装在墨西哥，销售在美国。20世纪90年代以来，大约有70%的跨国公司已建立起战略联盟。这种现象在高新技术领域尤为突出。战略联盟模式的发展，使跨国公司的跨国经济活动呈现出决策全球化、经营多元化、交易内部化和母国区位分布分散化的特点，极大地推动了分工、生产、资本、交易、服务、技术和管理的全球化发展，使全球性的生产、交换、分配和消费进入一个崭新的发展阶段。

4.国际经济组织的建立与完善

第二次世界大战后期，美国及其他国家的政治家和经济学家认为，20世纪30年代的那种以邻为壑的政策带来了各国经济和政治的损失，两次世界大战期间的贸易保护主义不仅导致了经济灾难，也带来了国际性战争。为了从金融、投资、贸易三个方面重建国际经济秩序，国际货币基金组织、世界银行和关贸总协定先后成立，成为推动经济全球化进程的“三驾马车”。1995年，世界贸易组织（World Trade Organization，WTO）正式成立，标志着世界经济进入了制度化、机构化的新阶段，多边体制下的世界贸易向“有管理的自由贸易”发展。WTO所制定的贸易、投资、服务等方面的制度和规则，成为规范全球经济运行的统一制度和规则，保证了全球统一市场自由、公平、健康、有序发展。

5.世界市场的统一

第二次世界大战后世界市场的发展无论在规模上还是在内涵上都获得空前的发展，“冷战”的结束使世界市场更加统一、规模更大、内涵更加丰富，对世界各国的吸引力越来越大。它已经成为联结世界各国经济的纽带，成为由不同社会制度、不同经济发展水平的国家构成的整个世界经济的载体。尽管世界市场在不合理的国际经济秩序作用下往往难以体现出公正的原则，但无论从销售方面、投资方面，还是从购买方面，世界市场对所有国家都具有强烈的吸引力。这种吸引力也推动着经济全球化的进程。

6.新自由主义思潮的兴起

由于20世纪70年代的经济“滞胀”，凯恩斯的国家干预理论逐渐失势，新自由主义思潮泛起。西方国家以“里根经济学”和“撒切尔主义”的推行为契机，掀起了非管制化和市场化改革的浪潮，各国纷纷取消或放松政府管制。新自由主义思潮被广泛接受和认可，越来越多的政府和议会，签订一个又一个协定，颁布一部又一部法律，以消除妨碍资本和商品跨越国境流通的障碍。在新自由主义政策下，在贸易、投资和金融自由化方面采取的一系列措施，为经济全球化提供了有利的制度环境和制度保证。

第二节 经济全球化的表现

20世纪70年代以来，科学技术的进步和社会生产力的提高，特别是信息技术和国际互联网络的发展，为经济全球化开辟了广阔的前景。20世纪90年代以来，以世界市场的进一步统一为前提，经济全球化以锐不可当之势向前发展。具体而言，其表现主要有以下几个方面：

一、全球产业链的形成和生产网络的全球化

1.跨国公司全球产业链的发展

跨国公司的迅速发展是世界经济领域中最重要、最具活力的因素，它对经济全球化起着举足轻重的影响。联合国贸发会议数据显示，截至2017年，全球有10万多家跨国公司(约有86万家子公司)。从全球角度规划其发展并实施全球整体战略的这些跨国公司，控制着90%以上的国际直接投资、60%~70%的国际技术、50%~60%的国际贸易和40%以上的世界生产。全球跨国企业生产活动继续扩大，盈利处于历史较高水平。

为了参与竞争，许多跨国公司把全球化作为其中心战略，并展开了全球跨国兼并与收购。1988—1995年，跨国并购总额翻了一番，达2 290亿美元。1999年，全球企业跨国并购增长了35%，涉及金额7 200亿美元。2000年，全球跨国并购总价值达到1.1万亿美元，

单项交易值超过10亿美元的国际并购就有175起。2006年，仅全球银行业并购的总规模就高达9 026亿美元，其中跨境并购3 954亿美元，占39.8%。2015年全球企业并购异常活跃。根据美国金融数据公司迪罗基（Dealogic）的统计，这一年，全球并购交易总额达到4.9万亿美元，不仅较2014年猛增37%，而且超过了2007年的4.6万亿美元，创下全球企业并购新的年度纪录，其后出现下滑。

根据金融科技公司PitchBook的数据，2018年，全球已宣布并购交易总额约3.55万亿美元，同比增长6.3%。虽然全球并购交易总额有所反弹，但交易数量延续下滑势头。2018年，全球并购交易数量为19 501起，同比减少15.6%，连续4年负增长。由于政治、经济、监管等诸多因素的影响，各国企业进行并购的意愿下降，全球并购市场或将出现降温，但并购的整体规模仍然巨大。

跨国公司之间还通过组建战略联盟，在技术上相互取长补短来提高竞争实力。随着跨国公司的迅猛发展，传统的国与国之间的分工结构正在瓦解，代之以跨国公司的全球产业链的形成。全球价值链在世界经济中的主导地位日益明显，全球生产经营活动被日益纳入基于全球价值链的全球生产体系。这些全球价值链通常由跨国公司主导，而投入和产出品的跨境贸易在其海外分支机构、合作伙伴及市场交易对象之间进行。由跨国公司主导的全球价值链约占全球贸易的80%。

2.国际分工的深化与生产网络的全球化

在跨国公司的推动下，随着全球产业链的发展，传统的国际分工正在演变为世界性的分工，使世界性的生产网络逐渐形成。第二次世界大战以后，特别是近20年来，国际分工的内容在发生变化，从传统的以自然资源为基础的分工逐步发展为以现代工艺、技术为基础的分工；从沿着产品界限进行的分工发展到沿着生产要素界限进行的分工；从生产领域分工向服务部门分工发展。国际分工的形成机制也在变化，由市场自发力量决定的分工转向由跨国企业主导的分工和地区贸易集团成员内有组织的协议性分工。国际分工的形式也从以垂直分工为主向以水平分工为主发展。这种世界范围的相互交织的国际分工态势，使各国都成为世界性生产的一个组成部分，各国通过发挥各自的比较优势，逐步形成了全球化的生产网络。

3.全球生产体系的形成

在国际分工日益深化的基础上，随着发达国家高新技术产业的发展，产业结构进一步“软化”，新一轮全球性的产业重组和转移已经开始，处于不同发展水平和层次的国家和产业，在重组和转移中正在整合为一个统一互动的全球生产体系。在这个全球生产体系中，各种国际分工形式并存交织，每个国家不仅成为这个体系产业链的有机组成部分，成了全球商品价值链的一个环节，而且从中找到自己的分工定位，各国产业结构也在这个生产体系的循环中动态升级，从而形成了全球性的“增长命运共同体”和“结构进步共同体”。

【世界经济之窗】

生产与经营的全球化

生产的国际化是第二次世界大战后世界经济发展的一个突出特点。特别是20世纪90年代以来，全球政治、经济以及科学技术的发展改变了全球范围内企业的竞争环境，把生产的国际化推向一个新的阶段，全球化生产与全球化经营成为跨国企业发展战略的典型特征。例如：

日本丰田汽车公司在26个国家和地区建有52家工厂，在全球170多个国家和地区拓展汽车销售业务。索尼公司在全球120多个国家和地区建立了分公司、子公司和工厂，集团70%的销售来自于日本以外的其他市场，全球超过70%的员工是非日本籍员工，数以亿计的索尼用户遍布世界各地。总部位于日本东京的NEC集团在全球150多个国家和地区开展业务，拥有子公司230余家，员工超过15万人，其中在中国有企业61家，员工约2.5万人。富士胶片集团在全球200多个国家和地区拥有227家联结子公司，76 000多名员工。总部设在美国底特律的通用汽车公司在全球35个国家和地区建立了汽车生产基地，在200多个国家有汽车销售业务。宝洁公司在全球80多个国家和地区设有工厂或分公司，拥有雇员近14万人，所经营的300多个品牌的产品畅销160多个国家和地区。IBM 65%的员工和60%的收入来自美国以外，其全球采购总部在深圳，全球支付中心在上海，全球财务中心在吉隆坡，全球人力资源中心在马尼拉，全球援助中心和客户服务中心在澳大利亚的布里斯班。截至2007年11月，沃尔玛已在14个国家和地区设立海外店铺，拥有海外店铺3 010家，年均在海外开店188家，平均每不到两天就在海外设立一家店铺，拥有各种直接、间接供应商68 000家，其中有中国供应商20 000家。环境资源管理（ERM）集团公司在全球41个国家设有130多个办事处，拥有3 500多名专业人员，在全球为60%以上的世界500强企业提供高质量的咨询服务。世界化工行业的龙头企业巴斯夫总部设在德国的路德维希港，在40多个国家有生产基地，与170多个国家的客户有商务往来，全球雇员超过9万人。1876年在瑞典创立的爱立信公司2007年来自瑞典本土的收入只占总体销售收入的4%，96%的销售收入来自海外。中国远洋集团的全球网络现已覆盖五大洲，航线遍及世界160多个国家和地区的1 300多个港口，在50多个国家和地区设有公司和办事机构，并形成了中国香港、欧洲、美洲、新加坡、日本、澳洲、韩国、非洲和西亚等9个区域公司，海外资产、收入占集团总资产、总收入的约50%。

资料来源 王志乐. 静悄悄的革命［M］. 北京：中国经济出版社，2008.

二、贸易自由化的深度和广度不断拓展

由于1947年关税及贸易总协定（General Agreement on Tariffs and Trade，GATT）及其后的世界贸易组织（WTO）的努力，贸易自由化不仅在区域上覆盖了世界上大部分国家和地区，而且贸易的内容也已从传统的商品贸易扩大到服务贸易领域。1994年关贸总协定乌拉圭回合除进一步削减工业产品的关税和非关税壁垒之外，还将长期游离于关贸总协定框架之外的农产品贸易、纺织品与服装贸易纳入关贸总协定的管辖之下，并将贸易自由

化的范围拓展至服务贸易、与贸易有关的投资措施等领域。1997年，在世贸组织的支持下，有关国家和地区相继达成了《基础电信协议》、《信息技术协议》和《金融服务协议》，进一步推动了信息、银行、保险和证券领域的贸易自由化进程。贸易自由化的深化和覆盖范围的不断扩大有力地促进了全球贸易的发展。据世贸组织年度报告统计，2000年全球商品贸易总额为6.23万亿美元，2008年尽管受到全球性金融危机的影响，全球商品贸易总额仍达到15.78万亿美元，比2000年增加了150%。2000年全球服务贸易额达到1.42万亿美元，2008年达到3.73万亿美元，比2000年增加了163%。由于贸易品尤其是铁矿石和煤炭等大宗商品价格下跌，2012年全球商品总出口额仅增加0.2%，达18.3万亿美元；全球商业服务总出口额增长2%，达4.3万亿美元，分别比2008年增加了15.97%和15.28%。受世界经济低速增长拖累，2014年国际贸易增速依然低位徘徊。WTO报告显示，2014年国际贸易量增长率只有2.8%，连续3年增速低于3%，也低于同期世界GDP的增长水平。2018年全球贸易量较上年增加3.0%，增幅较2017年回落1.6个百分点。受中美贸易摩擦直接影响，全球贸易增速放缓。

在全球贸易量增大的同时，当代贸易结构的变化也呈现出全球化的特征，主要体现在：

1.贸易主体多元化

从市场的贸易主体上看，不仅有国与国之间的贸易，还有一体化区域内部、区域之间和跨国公司的内部贸易。

2.商品结构多样化

从市场的商品结构上看，不仅有形商品贸易继续增长，而且无形商品贸易增长势头更猛，信息、知识的产业化使技术、服务等软性产品成了国际贸易新的主力军。

3.贸易方向多极化

从市场的贸易流向上看，尽管发达国家间的相互贸易仍占主流，但发达国家同发展中国家之间的贸易也在不断增长，随着东亚、拉美等新兴市场的迅速崛起，发展中国家之间的贸易不断扩大。

贸易全球化的发展使对外贸易在各国经济生活中的地位和作用不断提高，各国之间经济相互依赖日益加深，外国自然资源、资本、技术和市场在各国再生产过程中的作用日益增大。

三、国际资本流动达到空前规模

1.跨国投资的总流量连续迅猛增长

扩大对外直接投资已经成为世界的普遍现象，成为各国之间加强经济联系和发展国际分工的重要渠道，成为经济活动和经济运行全球化的重要表现形式。联合国贸易与发展会议认为，全球在20世纪90年代的10年中，对外直接投资额年均增长率达到了30%，大大超过了同期世界生产和出口贸易额的增长率。2012年，跨国公司的国际生产继续稳步扩张。国际直接投资存量增长了9%，达到23万亿美元。跨国公司的外国子公司创造的销售额达26万亿美元（其中7.5万亿美元为出口额），较2011年增长了7.4%。2012年，子公司贡献的附加值达6.6万亿美元，增长了5.5%，高于全球国内生产总值2.3%的增幅。直接投资额的快速增长表明各国在经济上相互依赖不断加深。据联合国贸发会议统计，2014年，全球跨国直接投资（FDI）流量为1.26万亿美元，同比下降8%。其中，流入发达国家的直接投资下降14%，为5 110亿美元；流入发展中国家的直接投资增长4%，超过7 000亿美元，创历史新高；流入转型经济体的直接投资为450亿美元，下降超过一半。联合国贸发会议2019年6月12日发布的《2019年世界投资报告》指出，2018年全球外国直接投资（FDI）同比下降13%，降至1.3万亿美元，标志全球FDI连续第三年下降，但仍高于2014年水平。

2.对外直接投资和吸收直接投资的主体日趋多元化

20世纪80年代以后，随着新兴市场的兴起，对外直接投资已不再是发达国家的独占领域。1985—2006年，在对外直接投资的比重中，发达国家从93.2%下降到84.1%，发展中国家从6.7%上升到14.3%。同期在吸收对外直接投资的比重中发达国家从82.2%下降到65.7%，发展中国家从17.4%上升到29.0%。东亚地区继北美和西欧之后成为国际直接投资和吸收外国投资的又一热点地区。东亚地区在发展中国家总直接投资和吸收投资中的比重，分别是42.4%和33.1%。2012年，发展中国家吸收的直接外资有史以来首次超过发达国家，占全球直接外资流量的52%。发展中经济体的直接外资流入量实际上略有减少(4%)，但仍处于历史第二高位，达到7 030亿美元。在对外投资方面，发展中经济体也占了全球近1/3，继续稳步上升。全球外国直接投资吸收国的排名也反映了世界范围内投资流量的变化情况。2012年，全球前20大外国投资接受国中有9个是发展中经济体。其中，有4个发展中经济体跻身世界五大投资接受地行列。最大对外直接投资国的全球排名也显示发展中国家和转型经济体的重要性持续上升。2012年，全球20大对外投资来源国中有7个是发展中国家。中国有史以来首次成为全球第三大对外投资国，仅次于美国和日本。2018年全球前20大外资流入目的地中，半数为发展中国家及转型经济体，发展中经济体吸收全球FDI的比重升至54%，创历史新高。其中亚洲2018年吸收了全球39%的外国直接投资；2018年流入非洲的FDI增长了11%。报告显示，美国是2018年最大的外资流入经济体，流入量为2 520亿美元；其次是中国，流入量为1 390亿美元。对外投资方面，日本对外投资额全球居首，为1 430亿美元；第二位是中国，达1 300亿美元；法国为1 020亿美元，位居第三；中国香港以850亿美元列第四。美国跨国公司的大规模资金回流导致美国未能进入全球20大对外投资经济体名单。发达经济体对外投资大幅下降40%，发展中经济体对外投资下降了10%。

3.货币的国际交换和流动规模不断扩大

随着全球金融市场一体化的发展，各国外汇管制的放宽和“电子货币”的流行，货币的国际交换和流动已发展到空前规模。根据国际货币基金组织估计，单是伦敦的欧洲美元市场的交易额就至少是世界贸易额的25倍。风靡全球的信用卡进一步推动了货币流通的全球化。以Visa信用卡为例，其发行公司的总部设在美国，但实际为分散在全球178个国家的2.1万个金融机构所拥有。Visa卡持卡人可以在全球各地超过2 300万个特约商店使用Visa卡。在这种情况下，任何一个国家的中央银行都难以把握货币发行量和决定利率。

四、金融全球化的进程明显加快

20世纪80年代以来，金融自由化浪潮席卷全球，信息技术在金融领域中被广泛应用，全球金融市场连为一体的速度大大加快，各国（或地区）金融中心和金融市场形成了有机的整体。资本在全球范围内大规模流动的制度障碍、货币障碍和政策障碍越来越小，一国的经济发展不再受国内储蓄和资金积累的限制，一国的资金余缺能在世界范围内得到调配，闲置的资金能转化为赢利的资本。金融全球化的发展，加快了金融资本的国际流动，增强了金融市场的竞争性，降低了资金的交易成本，提高了资本的效率，带动了跨国公司的直接投资。金融创新使投资方式不断扩展，进一步扩大了国际资本流动的规模，使国际金融资本跨国界流动总量几乎达到天文数字。国际金融市场年交易额达500万亿美元，每年通过国际金融市场实现的融资安排在1万亿美元以上。1973年，全球每日外汇交易量为150亿美元，2015年已上升至每日5.3万亿美元。国际金融市场已成为真正意义的全球性市场。国际清算银行（BIS）2019年9月16日公布的数据显示，全球外汇市场的日交易额已经攀升至6.6万亿美元的历史最高水平。

五、国际经济组织的协调作用不断加强

国际经济协调是世界经济全球化、一体化的一个重要表现形式，主要用来协调各国间的经济矛盾。世界银行、世界贸易组织和国际货币基金组织等国际经济组织在全球范围内协调国际经济关系。20世纪80年代以来，国际经济协调的作用日趋加强，呈现出多样化和多层次的特点。同时，协调的范围也变得更加广泛，涉及宏观经济政策以及货币、金融、贸易、投资、科技和环保等领域。在每个领域内，合作与协调的内容比过去有了很大发展。现在，国际社会越来越认识到，有关的国际性经济组织应在全球范围内就有关问题加强磋商与协调，从而使国际经济协调具有更加广泛的普遍性和有效性。

随着世界经济政治形势的发展和格局的变化，世界经济的协调渠道、形式和手段也在不断调整和创新。国际经济组织的协调并不仅仅局限在国际贸易和国际金融两个层次上，在区域经济协调、发达国家经济协调以及发展中国家经济协调等方面都取得了重大的进展。逐渐形成和深化的多边国际协调机制，对世界经济的发展产生了多方面的影响，包括减少了国际经济交往中的不确定性，缓和了不同国家和国家集团的利益冲突，避免了世界经济和金融的剧烈波动，抑制了世界生态环境的恶化。当然，国际经济协调机制还存在着不全面、不广泛、不完善、不配套，发展中国家与发达国家之间利益不对称、权力不平等、规则不公正等问题，建立和形成完善的国际协调机制还任重道远。

第三节　经济全球化的影响与带来的问题

经济全球化是当今世界经济和科技发展的产物，在一定程度上适应了生产力进一步发展的要求，促进了各国经济的较快发展。但同时，经济全球化也使世界经济的发展蕴藏着巨大的风险。

一、经济全球化的影响

经济全球化是历史发展的必然趋势，也是人类社会进步的表现。但是，当今的经济全球化是在追求利润最大化的资本主义制度主宰下发展的，是在弱肉强食的竞争规律支配下前进的，是在缺乏国际权威组织引领下展开的，因而给不同国家、不同阶级和不同利益集团带来的机遇和利益是不同的。

1.经济全球化对发达国家的影响

（1）发达国家是经济全球化的最大受益者

全球分工格局是在发达国家的“霸权”下形成的。就当前的全球分工格局看，发达国家主要从事资本密集型、技术密集型产品的生产，而发展中国家则主要从事传统产业。虽然发达国家可能会把某些高技术产品的零部件放在发展中国家生产，但仍然控制着核心技术。例如，中国虽然是世界上最大的鼠标生产国，但计算机的CPU却仍然主要在美国和日本等发达国家进行生产。全球分工格局的形成决定了收益分配的不均衡。就发达国家和发展中国家工人的工资水平看，二者存在明显差距。在许多发展中国家，工人的日平均工资不到2美元，还不及发达国家的最低小时工资。

（2）发达国家成为全球规则的主要制定者

发达国家以其雄厚的经济军事实力在全球规则的形成和制定中发挥着主导作用，当前主要的国际组织，如联合国、世界银行、国际货币基金组织、世界贸易组织等都是在美国等西方大国的操纵之下。当发达国家能够从某个国际经济组织或国际规则中得到好处时，就大力扶持、积极倡导，而当它们可能面临不利影响时，它们要么退出，要么不执行。例如，美国不承认《京都议定书》，可以避开联合国而直接干预他国，就是明显的例证。但是发展中国家往往是某些国际规则的被动接受者，发达国家还可以通过其他贸易、投资等手段对发展中国家进行制裁。因此，发达国家在遵守国际规则和加入与退出国际组织方面，其地位显然高于发展中国家。

（3）经济全球化对发达国家的负面影响

对于发达国家来说，它们虽是经济全球化的主导者和最大受益者，但经济全球化也会给发达国家带来一些负面影响，部分人群的利益也会受到一些损害。①在贸易和资本自由化中，越来越多的发展中国家在工业化上取得了进展，其劳动密集型和资源密集型的工业产品，依仗劳动成本和土地成本低廉的优势，以较低的价格出口到发达国家，使发达国家相关产业受到冲击，不得不进行产业结构的调整，导致社会上结构性失业的增加。②发达国家的跨国公司，为了垄断国际市场，攫取高额垄断利润，将越来越多的生产环节转移到发展中国家，导致一些国内工人失去了工作岗位。③在经济全球化中，发达国家不同程度地增加了外籍工人的雇用，从而减少了本国工人的就业机会。所有这一切，引起了发达国家一部分民众的强烈不满，甚至出现了反全球化运动。

总的来说，发达国家是全球经济自由化的主要推动者，制定着经济全球化的“游戏规则”，掌握着经济全球化借以发展的最新信息技术，控制了全球主要的经济网络与金融网络。尽管经济全球化难免会对其就业以及工资和收入水平的差距产生一些冲击，发达国家还是经济全球化的最大受益者。

2.经济全球化对发展中国家的影响

实际上，经济全球化是一把“双刃剑”，主要是针对发展中国家来说的。经济全球化给发展中国家既带来机遇，又带来挑战。

（1）经济全球化为发展中国家提供了机遇

发展中国家参与全球分工有利于提高自身的技术水平。当前的全球分工格局虽然是在发达国家的主导下形成的，但是发展中国家不参与国际分工，就不会有向发达国家学习的机会，更加难以提高自身的技术水平。正是在同发达国家的贸易、引进其投资的过程中，发展中国家可以逐渐学习它们的先进技术、管理经验，逐渐改善自身的境遇。特别是在当前信息、通信、交通技术迅速发展的情况下，知识的传播非常迅速，发展中国家也可以从中获益。另外，来自发达国家的竞争将促使发展中国家的企业、政府提高效率，提高其全球竞争力。

（2）发展中国家在全球规则制定中的地位不断提高

经济全球化的一个重要特征是越来越多的国家参与到全球规则的制定中，发展中国家也不例外。它们虽然在全球规则的制定中不能发挥主导作用，可能还会受到发达国家的制约，但它们毕竟有了发表自己意见的机会。经济的全球化为发展中国家积极参与全球规则的制定和建立世界经济新秩序提供了重要的机遇。

（3）经济全球化给发展中国家带来了挑战

虽然发展中国家在经济全球化中得到了加速发展的机遇，但其国家民族利益也受到了不同程度的损害。①在发达国家操纵下形成的某些全球性协议保护了发达国家的利益，而损害了发展中国家的利益。例如，WTO规则下的《与贸易有关的知识产权协议》在保护发达国家知识产权的同时，减少了发展中国家获得相关知识的机会，使发展中国家与发达国家技术差距继续拉大。②发达国家时常以倾销、技术和卫生标准不合格等为借口，对发展中国家的产品进行进口限制或经济制裁，导致发展中国家出口下降，失业者增多。③一些发达国家的跨国公司为了最大限度和最快地采掘和利用发展中国家的自然资源，不顾后果地破坏自然环境和生态平衡，导致环境恶化。

【案例分析】

全球化下的“民族工业”

经济全球化的表现之一是生产要素的全球流动。外国直接投资、跨国公司以及国际资本市场的形成和发展使得企业的国家属性变得越来越模糊，以国家属性为基础的“民族工业”也变得越来越难以界定。

20世纪90年代初，美国经济出现了衰退，失业率增加。一些政治家为了得到选票试图将国内经济的不景气归咎于外国商品进口太多，进而掀起一场“买美国货”运动，从而达到保护国内产业和就业机会的目的。政治家希望破灭的原因不是美国人不爱国，最大的问题在于，究竟哪些才是“美国货”?

美国一家报纸就此问题进行了一项民意测验，列出了大约十种美国人比较熟悉的、购买较多的汽车，包括本田雅阁（Honda Accord）、丰田凯美瑞（Toyota Camry）、福特护卫者（Ford Escort）、通用雪佛兰（GM Chevrolet）等，要求读者指出哪些是美国车，哪些是进口的外国车。

读者根据经验，自然就把本田、丰田车归为外国车，而把通用、福特视为“国产车”。而报纸揭晓的答案令读者大为吃惊：在美国出售的本田雅阁是在美国俄亥俄州的Marysville生产的，丰田凯美瑞是在肯塔基州制造的，而通用雪佛兰则是在加拿大的Oshawa组装的，福特护卫者中许多是在墨西哥的Hermosillo生产的。如果出于保护“民族工业”的目的，按照产品品牌或人们的感觉来购买本国车抵制外国车的话，得益的可能是外国工人，而受到伤害的恰恰是本国工人和国内的企业。

资料来源　海闻，林德特，王新奎. 国际贸易［M］. 上海：上海人民出版社，2003.

案例思考题：

1.一汽大众生产的宝来（Bora）、高尔夫（Golf），一汽丰田生产的皇冠（Crown）、花冠（Carolla）是国产车还是外国车?

2.倡导购买中国自主品牌汽车对中国经济是否会产生积极影响?

3.经济全球化对世界的影响

首先，经济全球化开辟了和平共处的新时代。经济全球化构成了世界和平共处的经济基础，也是世界和平趋势不可逆转的基本条件。尽管今天大国霸权主义依然存在，单边主义和军事干涉主义尚未消失，局部战争和冲突时有发生，但经济全球化为对话交流、和睦相处、互利共赢和共同发展奠定了基础。经济全球化意味着生产要素的全球流动，意味着各国和各地区经济的相互渗透、依存与融合，意味着各国经济利益的相互交叉。世界各国通过相互贸易和相互投资形成了日益紧密的从产业到产品、从零部件到生产工艺的国际分工，形成了你中有我、我中有你的内在联结关系。这种关系的不断增强，必然促进国与国之间经济合作、政治协商、文化交流关系的发展，从而为世界和平奠定坚实的基础。

其次，经济全球化也会给整个世界带来一些负面影响。对整个世界来说，在经济全球化中，伴随着生产要素在国家间的加速转移和流动，全球性公害问题日益突出，如非法收入的国际转移，非法移民的增多，毒品越境走私的泛滥，非法武器的国际扩散，传染病的国际蔓延，全球性的环境污染和生态恶化等。

4.经济全球化对中国的影响

（1）有利于吸引和利用外商直接投资

据统计，流入中国的外商直接投资在改革开放之初（1979—1982年）累计为11.66亿美元，以后逐年上升，进入20世纪90年代迅速增加，到2002年年底，累计达到4 416亿美元，实际利用外国直接投资额自1993年以来一直居世界第二位，居发展中国家第一位。联合国贸发会议发布的《2018年世界投资报告》显示，中国继续位居世界第二大外资流入经济体的地位，流入量为1 390亿美元。2018年，外国投资者在中国新成立超过6万家公司，比2017年增加70%。由于经济全球化实现了商品和生产要素在全球范围内的流动，中国能够引进、吸收世界上的先进管理理论和经验，并根据中国的国情进行管理创新。

（2）有利于加速中国工业化进程

经济全球化使中国能更快地纳入到世界经济体系之中，充分利用发达国家进行产业结构调整的机会，将其技术相对先进的劳动密集型产业或生产环节转移过来，加速中国工业化进程。根据国内和国际市场的需要，不断调整和优化产业结构及出口商品结构，强化经济竞争力。2018年，中国出口商品结构更加优化，工业制成品出口占比94. 8%，其中，机电产品占出口比重58.8%，占据绝对主导地位。

（3）有利于发挥比较优势参与国际分工

经济全球化为中国企业提供了在更广泛的领域内积极参与国际竞争的机会，可以通过发挥比较优势实现资源配置效率的提高，拓展海外市场，提高企业的竞争力。中国海关统计数据显示，2018年中国货物贸易进出口总额达到4.62万亿美元，增长12.6%，再创历史新高。其中，出口商品总额为2.48万亿美元，增长9.9%；进口2.14万亿美元，增长15.8%，进出口总额连续多年位居世界第一位。

（4）可以发挥后发优势发展高新技术产业

经济全球化促进了各国科技人才、跨国公司、国家之间以及民间的全球性科技活动，如能加以有效利用和积极参与，就能有效地促进中国技术水平的提高。中国企业可以利用国外的技术或在外国产品的技术基础上进行创新，建立和发展高新技术产业，实现经济的跨越式发展。2018年中国高新技术产品在出口总额中占比已达到28.8%。

二、经济全球化给世界经济带来的新问题

经济全球化是当今时代的主流，是世界经济发展的主要趋势，也是人类社会有史以来经济领域中最深刻的变化之一。但是，经济全球化在促进经济增长和给人类带来利益的同时，也给世界经济发展带来许多问题。

1.经济全球化使世界经济波动风险加大

随着经济全球化，特别是金融全球化、自由化的深入发展，资本流动方式发生了巨大变化。金融工具不断创新，使国际资本流动规模增大，速度加快，投资色彩加重。新的金融衍生工具不断推出，网上交易等新手段层出不穷，使金融市场呈几何级数增长，金融活动相当程度上与生产、贸易等实际经济活动脱离，从而失去了相应的物质生产与产品的支撑，资本的虚拟成分加大。2007年9月，国际清算银行（BIS）公布的一项调查结果显示，2007年4月，包括即期、远期和外汇互换在内的传统外汇市场日均交易量达到3.2万亿美元，同期，包括货币掉期、外汇期权以及利率远期、掉期和期权等在内的场外衍生市场的日均交易量达2.1万亿美元。其中绝大部分是以投机为目的所进行的交易。全球资本流动加快和投机的加剧，对一些经济结构矛盾突出，宏观调控体系不健全，金融体制上有缺陷，监管力量不强，过早开放金融市场的国家或地区会造成严重冲击。

经济全球化下，经济危机的传染性和放大性也空前加强，使世界经济波动中不稳定因素的影响力和破坏力加大。因为经济全球化大大促进了生产、资金、技术在全球的扩散和发展，加强了各国之间在经济上、贸易上的相互依存性，任何一个国家内部的经济失衡都会很快影响到与其具有紧密贸易和投资联系的国家。例如，2008年下半年源于美国的次贷危机向全球的蔓延，很快演变成为一场空前的全球性金融危机，使世界绝大多数国家的经济都遭受到了严重的冲击而衰退。

2.经济全球化使全球范围内的两极分化越来越严重

经济全球化促进了世界经济的不断发展和世界经济总量的快速增长，但经济全球化的发展并没有使世界各国都普遍受益，世界发展中的不平衡现象更趋严重，南北差距不断拉大，全球财富分配不公更为严重。按照世界银行2015年的标准，人均GDP低于1 045美元为低收入国家，1 045美元至4 125美元之间为中等偏下收入国家，4 126美元至12 735美元之间为中等偏上收入国家，高于12 735美元为高收入国家。根据世界银行的数据，截止到2017年年底，全球总人口约为75.3亿，全球GDP总量约为80.7万亿美元，全球人均GDP约为10 717美元。按上述标准，2017年，高收入国家的人口总量约为12.49亿，占全球人口的比重为16.59%，但GDP总量高达51.475万亿美元，占世界GDP的63.79%，人均GDP也高达41 213美元。低收入国家人口总量为7.324亿，占世界的9.73%，GDP总量为0.549万亿美元，仅占世界的0.68%，人均GDP仅为750美元，约为高收入国家人均GDP的1.82%，可见全球贫富差距的严重性。世界银行报告指出，世界各国之间的贫富悬殊问题不断恶化，世界各国间的贫富差距正在进一步拉大，两极分化现象越来越严重。

3.经济全球化使国家安全受到了挑战

经济全球化使国家主权受到了冲击和削弱，国家经济安全受到了挑战，从而使国家的宏观调控出现了新的困难。经济全球化的开放性和渗透性与国家主权的排他性和经济安全性是相互矛盾甚至对立的。在经济全球化进程中，对国家主权构成挑战的力量主要来自三个方面。

（1）国际经济的力量

由于经济全球化条件下世界范围内市场力量的加强，以及跨国公司的不断扩张，国家在经济事务中的权力相对减弱，特别是由于生产结构越来越具有全球性，国家实际上已很难完全控制本国的生产结构，这种情况显然与国家主权观念相悖。不仅如此，金融全球化、投资全球化、企业国际化和贸易自由化也对国家主权进行无情侵蚀，造成国家经济的不安全。

（2）国内经济的力量

由于资本的本性要求把一切能够纳入世界市场的因素都纳入进来，以便为资本的增值创造最有利的条件，许多国内的生产要素也要求参与生产要素的全球配置过程，以获得相应的经济全球化收益。国内企业的跨国经营、本国人员的跨国流动、本国资本的跨国转移和本国技术的国际扩散等，都对国家主权构成挑战。

（3）国家权力和政府力量的分解

在经济全球化过程中，国家权力通过参与区域经济一体化而向上转移，而跨国公司对国家主权的渗透又使政府权力向下转移，这些都在不断地冲击着民族国家的根基和经济安全，从而要求赋予政府力量以新的形式和内容，对国家的宏观调控能力提出了更高的要求。经济全球化对宏观调控提出了更为严峻的挑战，主要表现在：

第一，如何在巨大的要素流量下实现宏观均衡。因为经济全球化带来的大规模要素流动提出了比商品流动更为复杂的新问题。商品与要素的巨大流动对传统宏观经济政策适用性提出了疑问。由于汇率变动与商品劳务和资本的不平衡影响，对内均衡与对外均衡相互制约，货币政策工具的使用已经受到了严重的制约。

第二，如何在对外依存度较高的情况下防止外来不利影响的问题。在高度开放的条件下，一国的外贸依存度越来越高，但是，外部市场变动复杂，竞争激烈。当一国的经济增长在较大程度上依赖于进出口贸易时，必须防止外部市场的变动对国内经济增长的过大冲击。

第三，如何在国际影响和约束下实现国际收支平衡。从宏观调节手段来看，在全球化条件下，不仅贸易干预受到约束，不到紧迫时刻政府不能为改善国际收支而干预外贸，而且外汇汇率的调节权力也受到约束。从微观基础来看，由于越来越多的贸易与投资活动是由外国企业决定的，政府的可控性也被日益削弱。这就使政府在对外经济活动的调节中难以发挥作用，不论国际收支是顺差还是逆差。

4.经济全球化使发展中国家对发达国家的依附性继续增大

由于发达国家是经济全球化的主导者和推动者，占有资金、技术和人才等优势，而发展中国家是以所谓的“比较优势”参与全球经济的分工体系，这种“比较优势”说到底其实就是发展中国家的廉价资源，包括低廉的劳动力资源和自然资源。利用这种“比较优势”开展生产和获取收益，就只能处在国际分工体系的最底层，长期生产附加值低的产品。由于产业发展空间趋于狭窄，加上过分依赖海外市场，致使发展中国家内部产业严重失衡，从而在经济全球化进程中始终处于与发达国家无法相比的不利地位。

同时，由于发展中国家本身经济基础不稳固，市场发育不完备，经济结构相对脆弱，资金匮乏，技术比较落后，很容易受到经济全球化的冲击而产生国内经济波动，受发达国家经济政策及经济状况的影响较大。

5.经济全球化使全球环境和资源受到破坏

随着经济全球化进程的加快，发达国家对发展中国家的自由贸易和投资迅猛增长，从而导致污染性产品在全球范围内的转移和扩散问题更加严重。由于经济发展的落后，发展中国家为了争取发达国家的投资，遂将引进外资的限制条件不断降低，发达国家在对外投资中将污染严重的生产方式转移到发展中国家。根据联合国环境署2001年的数据统计，日本60%以上的高污染产业已经转移到东南亚和拉丁美洲。美国39%的“肮脏产业”也已经转移到发展中国家。美国每年要向境外倾倒200万吨左右的有毒废料，是世界上最大的有毒废料输出国，德国每年也要运送60万吨以上的危险废物到国外。虽然发达国家可以把污染程度高的产业搬迁到发展中国家，把垃圾、化学废弃物廉价转移到发展中国家，但是大气圈、水圈、自然风向的飘移是不以人们的意志为转移的，更不能被国界人为限定。

同时，经济全球化引致的经济增长使经济活动增加，这种经济活动的增加是以经济系统消耗更多的原料和能源来实现投入与产出的平衡的，这将导致资源的枯竭和环境的恶化。伴随着经济全球化，环境问题也越来越引起世人的关注。

第四节　反全球化运动

随着经济全球化进程的不断加快，全球范围内的反全球化运动也应运而生。反全球化思潮始于20世纪90年代中期的美国与欧洲等发达国家和地区，随后逐渐发展成为一种影响广泛、声势浩大的群众性抗议示威运动，它就像影子一样跟随着国际会议，在会场外进行“搅局”活动，即所谓的“反全球化”运动。

【世界经济之窗】

风起云涌的反全球化运动

反全球化运动是一种有组织的、群众性的政治运动，它往往带有大规模街头示威的特点。世纪之交，示威者与当局发生冲突的消息时有所闻。

1999年6月，2 000多人在伦敦的游行示威演变为一场骚乱，冲突中42人受伤，财产损失估计达100万英镑。同年12月，世贸组织西雅图会议期间，会场外发生了大规模的游行示威活动，麦当劳快餐店被砸，许多示威者与警察受伤，警方宣布进入紧急状态并实行宵禁，WTO的会议无果而终。

2000年1月底，瑞士小镇达沃斯，世界经济论坛年会在此如期召开，来自世界各国的各界精英与反全球化的示威者同时抵达。2月14日，泰国首都曼谷，联合国贸易与发展会议在这里召开，反全球化的示威再次爆发，但示威者针对的并非贸发会议，因为贸发会议向来站在发展中国家一边说话，他们把示威的矛头指向国际货币基金组织。3月，国际货币基金组织在捷克首都布拉格召开年会时，1万多人示威游行，他们包围了会场，与警方发生激烈冲突，在冲突中约有100人受伤，交通被阻断，街道两旁的商店受到破坏。9月上旬，纽约联合国千年高峰会议，联合国总部前最重要的示威是反全球化运动，有的抗议者把他们的行动叫作“人民峰会”。9月中旬，澳大利亚墨尔本，悉尼奥运会开幕前夕，世界经济论坛亚太地区会议在此召开，一些非政府组织发动了大规模示威，导致与警察冲突。9月下旬，捷克首都布拉格，世界银行与国际货币基金组织年会在这里召开，来自世界各地的反全球化份子跟踪而来，这次示威是布拉格自1968年苏联入侵捷克以来发生的最重大国际事件。10月20日，韩国汉城（现首尔）第三次亚欧会议，爆发大规模反全球化示威，参加者达2万之众，除大批韩国人士外，他们代表着阿姆斯特丹跨国研究所、绿色和平国际、以法国为基地的“取消第三世界债务委员会”、以日本为基地的“食品安全与环境网络”、以菲律宾为基地的“反对走私妇女联盟”等非政府国际组织，针对官方的亚欧会议，示威者发起了亚欧会议人民论坛。12月，欧盟尼斯首脑会议期间，5万名左右的示威者在会场外游行，冲突中有24名警察受伤。

2001年6月中旬，欧盟在瑞典召开首脑会议时，也发生了大规模的骚乱活动。时隔十天，在西班牙巴塞罗那又爆发了大规模的反全球化运动，在与警方的冲突中，有几十人受伤，世界银行被迫取消了在那里举行年会的计划。7月，在意大利的热那亚举行八国首脑会议时，意大利部署了1.5万名警察，参加示威的人数多达15万人以上，结果1人死亡，300多人受伤。11月世贸组织多哈会议期间，虽然没有发生大规模的街头冲突，游行者只在市中心举行了“无声面对WTO”的抗议活动，会议举办者仍然如临大敌，美国“贝里流”号两栖攻击航母及另两艘军舰以及2 000多名海军陆战队员到达卡塔尔海域，为会议提供保护。

除了上述大规模的街头示威外，网络上的反全球化运动更加活跃。反全球化者通过网络空间研究与讨论全球化问题，在网络中广泛表达对社会公正与环境恶化的关心，协调全球反全球化行动。

资料来源　庞中英. 对“反全球化”现象的调查与思考［J］. 世界经济与政治，2001（2）；陈德照. 对“反全球化运动”的若干思考［J］. 国际问题研究，2002（5）.

一、反全球化的性质

反全球化运动是一种反对全球化的社会性运动，但它并不是反对所有意义上的全球化，而主要是反对资本主义的全球化、不平等的全球化、新自由主义倡导的经济自由发展的全球化和造成全球环境日益恶化的全球化。同时，反全球化人士反对的往往不是某个国家，而是反对全球化背景下不公正、不合理、不透明的国际权力结构。

反全球化人士主要来自富国，他们的构成非常复杂，只是因为反全球化而走到一起，有担心失业的工会活动份子，有认为全球化加剧了环境恶化的环保主义者，有对债务缠身的第三世界以及根本就参加不了全球化的最不发达国家的同情者，有反对各国政府与国际组织的无政府主义者，有发达国家的农产品保护主义者，有抵制新经济自由主义与资本主义世界体系的左翼力量，以及那些担心全球化将导致资本统治的民主派。他们的组织是形形色色的非政府组织与抗议联盟。

可以看出，反全球化运动是一种具有反抗性质的社会性运动，它与其他社会运动交叉重叠，是其中最包容、最庞杂的一种。当前几乎所有的社会运动都具有反全球化倾向。归根到底，反全球化运动的实质就是反对以资本主义为主导的全球化，反对全球化的弊端和不平等，是一种非政府的群众抗议运动。

二、反全球化运动对社会发展已经或可能产生的积极影响

1.反全球化运动引起了世界各国人民对全球化负面代价的理性思考

反全球化者揭露出来的世界性问题是严重的，如人类共同的生态与资源危机；资本高速、超大规模、自由无界的流动对世界生产体系构成的越来越大的负面影响；大量社会群体实在难以参与全球化，等等。从这个意义上看，反全球化并不是“庸人自扰”。一位意大利反全球化组织发言人声称，我们全都生活在全球化中，形容我们为反全球化，难免有些过分简化。既然全球化已成为难以逆转的世界潮流，解决全球化争论的关键是要在全球化的前提下，减轻或者消除该潮流所带来的负面代价。

2.反全球化不会阻碍全球化发展的客观趋势

从根本上看，经济全球化是由资本主导、科技促进、政府扶持的一种客观经济活动，有其发展的必然性。绝大多数反全球化势力均不否认这一趋势，并不试图阻挡或逆转全球化潮流。其根本目的在于争取自身利益。不管怎么样，全球化不是一个选择，而是一个不可逆转的趋势。由于全球化的日益发展，反全球化运动也具有全球性了，也成为全球化的一种表现。

3.反全球化提出了建构合理国际经济秩序的迫切性

在国内，各国首先要加强适应全球化的制度建设，以增强自身在全球化过程中的竞争力。在国际层面，现存国际经济组织要加速机构改革，对各国政府和人民更加负责，增加机构与工作的透明度并接受全球各地公众的监督。要在全球化的过程中建立公正合理的国际经济秩序，以保护经济上处于劣势的发展中国家的利益不受到进一步的损害。

4.反全球化提出了全球治理的紧迫性

漠视反全球化现象，对全球化的未来发展是不利的，应该建设性地思考如何拥有一个合理的全球经济与全球社会。所以，从长远看，当前反全球化运动最深刻的启示应该是：为了一个更均衡的、造福大多数人的全球化，民主、合理与公正的全球治理是必要与紧迫的，不能听任全球化进程只受野性的市场力量支配，而必须有驾驭全球化的相应制度安排。

5.反全球化为发展中国家加强南南合作奠定了新的基础

虽然各发展中国家面对全球化带来的机遇和挑战情况不同，但都反对由西方主导全球化的“游戏规则”和利益分配，对发达国家的大型跨国公司也普遍存在不信任感。近年来东亚、拉美和非洲的区域和跨区域合作再度焕发生机，其根本动因就是为迎接全球化的挑战。

6.反全球化会促进各种关系的调整

反全球化最现实、最直接的影响是使发达国家政府、企业和劳动者之间的关系出现调整。全球化还将继续，而且这是不可逆转的大趋势。但是，在未来的全球化进程中，公司利益与民众利益、全球化经济与全球化社会之间将不得不协调其关系。特别是各国政府、地区组织与全球机构，将不得不更多地关注社会与环境问题，制定与贯彻新的社会与环境政策，以缓解全球化进程中的各种尖锐矛盾。

三、反全球化运动对社会发展已经或可能产生的消极影响

1.目标和行动中有非理性和暴力因素

反全球化运动的参与者良莠不齐，人员庞杂，目的不一，思潮更是五花八门，发展方向尚不确定。有些极端组织和排外组织也借反全球化之机张扬旗帜，吸引舆论。近几年反全球化街头政治中的暴力倾向与这些组织有着千丝万缕的联系。国内外都有学者认为，反全球化运动与观点鱼龙混杂，有些行为与观点是错误的、过激的、非理性的，找错了对象。例如，攻击国际经济体系及其会议，诉诸暴力，完全“厌恶全球化”，追求轰动效应，等等。

反全球化的立场最近也有所改变。在受到压力时，反全球化力量就会重新定义他们的立场，说并不是真正地反对全球化本身，而是反对他们所认为的作为经济和文化的驱动者的新自由主义的自由贸易。然而，即使是自由贸易，也不像反全球化力量所认为的那样会加剧世界经济的恶化。相对于工业化国家来说，第三世界作为一个整体，其贸易条件是否存在不断恶化的趋势，目前还无定论。各种相互矛盾的理论和方法对各种结果之间的比较相当困难。一些组织明确表明它们支持以规则为基础的贸易制度的原则，不再攻击WTO机构本身。值得注意的是，一些重要的非政府组织正在谈论全球公平、公平贸易，而不是反全球化，抗议团体同政府、企业及投资机构对话趋多。

2.反全球化对全球化的认识具有片面性和非科学性

全球化的短期影响毫无疑问是矛盾的，长期影响更是不确定的。但反全球化组织的一些观点明显带有一定的片面性，是不科学的。全球化的反对者们显然夸大了全球化的负面影响。例如在失业问题上，到底有哪些是因为跨国公司的扩张造成的？哪些是技术进步和社会进步造成的？当跨国公司的投资对所在国利大于弊时，成功地吸收外资和技术，增加产出和出口的国家很可能会增加就业，提高工资，减少不平等。有很多问题不能简单地把它归结为是由全球化所造成的，全球化带来的问题也不能完全归之于那些政府间国际经济组织。

3.反全球化能提出问题但不能解决问题

有的反全球化行为虽然切中当今世界的要害，但没有得出可行的解决方案，找不到解决问题的科学途径。把已经全球化的经济与社会倒退到地方、民族的经济与社会几乎是不可能的，解决全球不平等与环境问题的唯一出路是全球方案与政策，靠街头抗议解决不了问题。反全球化戏剧性地说明，解铃还需系铃人，即解决全球化的负面影响，要依靠全球化，尤其要依靠发展中国家从自身利益出发，强调包括劳动力在内的所有要素在发展中国家和发达国家的双向流动；强调宏观政策的国际协调以分享全球化利益，而不是简单地、情绪化地反全球化。

4.反全球化容易对发展中国家产生误导

反全球化或者全球化的批评者提出的更尖锐问题是“谁的全球化”。正如有的学者所提出的，要注意反全球化的“主体”，即谁在反对全球化？反全球化的主流是由西方人构成的。对发展中国家来说，反全球化可能成为一个“新陷阱”，在全球化的性质、对全球化的态度等方面对发展中国家产生误导，使它们落入闭关自守、停滞和不发展的状态而无力自拔。

四、对反全球化运动的认识

从反全球化运动的影响可以看出，反全球化运动有一定的积极作用，但其缺陷、问题和消极影响也是相当明显的。我们应当理性地看待经济全球化的问题，应正确对待发展中国家在经济全球化过程中面临的挑战，但不能视经济全球化为发展中国家发展经济的“陷阱”。世界上没有因扩大开放而更加落后的国家，而只有闭关自守、游离于经济全球化进程之外而更加落后的国家。

人类拥有的资源是有限的，对资源的合理配置和利用是人类面对的最为根本的问题，决定资源合理配置和利用的根本因素是资源能在多大范围内自由流动。世界各国、各地区的资源禀赋千差万别，资源流动的范围越大，资源的配置就越合理，资源的利用也就越充分。中国加入WTO，就由以前有选择地开放变成全方位开放，真正参与国际竞争。中国既然历史地选择了社会主义市场经济发展道路，就必然要以极大的勇气融入到以市场经济为基础的统一的世界经济之中。中国只有深化改革、扩大开放，才能在经济全球化来临之际从容应战；只有选择市场经济方式，才能走进外部世界，参与国际经济大循环。

反全球化运动不代表历史的前进方向，这个运动的无政府主义倾向和没有建立世界经济与政治新秩序的旗帜表明，它不可能代表各国人民的根本利益，我们不能对反全球化运动寄予不切实际的希望。

本章小结

经济全球化已经成为当今世界经济发展的主要趋势之一。经济全球化是以当代科技革命、市场经济和跨国公司的大发展为推动，在国际贸易、国际金融、国际投资、国际信息交流大发展基础上形成的生产要素在全球范围内优化组合和优化配置，从而使世界各国经济相互依存和融合的速度和程度不断加快和深化的状态和过程。

第二次世界大战结束以来，在科技、市场经济体制、跨国公司、国际经济组织、世界市场以及新自由主义政策等因素的推动下，经济全球化进程加快，已经成为世界经济发展的主流，表现在全球产业链的形成和生产网络的全球化、贸易自由化的深度和广度不断拓展、国际资本流动达到空前规模、金融全球化的进程明显加快、国际经济组织的协调作用不断加强等几个方面。

经济全球化对发达国家和发展中国家的影响是不同的，它也给世界经济发展带来许多问题。如经济全球化使世界经济波动风险加大；经济全球化使全球范围内的两极分化越来越严重；经济全球化使国家安全受到了挑战；经济全球化使发展中国家对发达国家的依附性不断增强；经济全球化使全球环境和资源遭到破坏。正是基于全球化的弊端和负面影响，反全球化已发展为一种具有反抗性质的社会性运动，它的实质是反对以资本主义为主导的全球化，反对全球化的弊端和不平等，是一种非政府的群众抗议运动。反全球化运动给社会发展既带来了积极影响，也带来了消极影响，对反全球化运动应该有正确的认识。

关键术语

经济全球化　反全球化运动

复习思考题

1.怎样理解经济全球化的现象和本质?
2.第二次世界大战以来，经济全球化进程加快的因素有哪些?
3.经济全球化表现在哪些方面?
4.经济全球化对发达国家和发展中国家的影响有哪些不同?
5.经济全球化给世界经济发展带来了哪些问题?
6.经济全球化对宏观调控提出了哪些严峻的挑战?
7.反全球化运动对社会发展已经或可能产生的影响有哪些?
8.经济全球化对中国经济有何影响?

第三章

区域经济一体化

学习目标

了解区域经济一体化的含义及特点、区域经济一体化的形式和较有代表性的区域经济一体化组织；掌握区域一体化对世界经济的影响，以及区域一体化理论等相关知识。

第一节 区域经济一体化的含义及特点

一、区域经济一体化的含义

一体化的含义是把各个部分结合为一个整体。一体化概念在很多自然学科和社会学科领域中得以应用。自20世纪50年代初起，一体化被广泛应用于对国际经济活动的研究中，用来形容多个国家独立的经济活动融合为紧密相连的一个整体的经济活动。按照涉及的国家范围来划分，经济一体化可以分为区域性的经济一体化和世界性的经济一体化。就目前经济一体化的实践和理论来看，经济一体化主要是区域性的。

经济学家丁伯根（Tinbergen）在1954年最早提出了经济一体化的定义。他认为："经济一体化就是将有关阻碍经济最有效运行的人为因素加以消除，通过相互协调与统一，创造最适应的国际经济结构。"丁伯根还把经济一体化分为消极一体化和积极一体化。他认为，消除歧视和管制制度，引入经济交易自由化是消极的一体化；而运用强制的力量改造现状，建立新的自由化政策和制度是积极的一体化。

美国经济学家巴拉萨（Balassa）在1961年指出："我们建议把经济一体化定义为既是一个过程，又是一种状态。就过程而言，它包括旨在消除各国经济单位之间差别待遇的种种举措；就状态而言，则表现为各种形式的差别待遇的消失。"巴拉萨的定义是从行为或手段的角度来描述经济一体化的，但没有指出经济一体化的目的或效果是什么。为此，另外一位美国经济学家柯森（Curson）对巴拉萨所说的一体化是"过程"解释为"业已一体化的国家间生产要素最佳配置"。波兰经济学家查尔斯托斯基（Chelstowski）回避了"过程"或"状态"之分，指出经济一体化的本质是劳动分工，即"按国际劳动分工的要求来调整各国的经济结构”。

国内学者综合了众家之说，把经济一体化定义为：地理上邻近的国家，相互间通过契约或协定在区域内逐步消除成员国之间的贸易和非贸易壁垒，进而协调成员国之间的社会经济政策，形成一个超越国界的商品、资本、人员和劳动力自由流动的统一经济区域的过程；目的是通过区域经济组织，在成员国之间进行分工协作，更有效地利用成员国的资源，获取国际分工的利益，促进成员国经济的共同发展和繁荣。

经济一体化包括在不同层次上的经济联合的过程：①国家内部的一体化，指在一国国境内的各区域之间的一体化；②国际经济一体化，指在若干国家之间的经济一体化，亦即区域一体化；③全球一体化，指全球范围内的一体化现象。在每个层次上还可能有某一特定部门的一体化，例如农业、工业或能源等部门。通常意义的经济一体化指国际经济一体化，而非国家内部的、全球的或低层次部门一体化。

二、当前区域经济一体化的主要特点

区域经济一体化是第二次世界大战后伴随着经济全球化的发展而出现的新现象，也是对20世纪后半期的世界经济产生了重大影响并且对21世纪仍将产生重大影响的经济现象。“冷战”结束以来，区域经济一体化进入一个新的深入发展时期，并呈现如下特征：

1.区域经济一体化组织规模不断扩大

进入20世纪90年代以来，区域经济一体化组织不仅数目增长较快，而且规模不断扩大。1994年1月，美加自由贸易区吸收墨西哥，组建北美自由贸易区。在北美自由贸易协定中包含将西半球国家纳入的条款，智利是第一个候选国。1994年12月迈阿密高峰会上，时任美国总统克林顿提出了美洲自由贸易区计划的建议。欧洲一体化也在扩大之中。欧盟和欧洲自由贸易联盟两个欧洲经济一体化组织在存在着竞争的同时，也加深了经济联系。双方于1991年10月22日在卢森堡达成了建设“欧洲经济区”的协定。1994年1月1日，“欧洲经济区”正式启动。根据WTO区域贸易安排数据库，截至2019年12月1日，WTO收到的区域贸易安排（RTAs）通知有481个，其中，仍然生效的有302个。

2.区域经济一体化组织成员间的合作日益深化

目前，大多数区域经济一体化组织的合作内容，均从货物贸易领域扩展到了服务贸易、竞争政策、投资、知识产权和国家宏观经济政策等领域，有的甚至涉及环境保护与劳动权利标准等新问题。最典型的就是欧盟的区域合作，无论是在一体化的深度还是广度上都取得了重大的进展。从相互减免关税，建立关税同盟开始，又相继建立了共同市场和经济与货币联盟。

3.区域经济一体化突破了区域或地缘因素的限制

在区域经济一体化组织内部经济合作不断广化和深化的同时，全球区域经济一体化组织之间开始尝试经济合作，跨洋、跨洲的交叉重叠的经济合作不断出现。例如，美国在积极推动亚太经合组织贸易自由化进程的同时，又与拉美诸国筹划美洲自由贸易区。基于历史渊源和战略利益的考虑，欧盟与南美各国的关系日益密切，1994年10月，欧盟委员会推出了组建“欧盟-南方共同体市场地区联盟”的倡议。1996年3月召开了首届“亚欧首脑会议”，欧盟15国、东盟7国、中、日、韩等国一致同意建立全面的“亚欧新型伙伴关系”。另外，欧盟与美国也积极筹划建立由欧盟与北美自由贸易区组成的“大西洋共同体”，并试图将这一计划扩大至南方共同市场，形成由三大组织组成的“大西洋自由贸易区”。20世纪90年代以来，以自由贸易区为目标的区域经济一体化协议已遍及全球所有地区，具有了真正全球化的规模和声势。

4.“开放的地区主义”成为一种潮流

如何妥善处理成员国与非成员国之间的关系，是人们广泛关注的话题。过去，区域经济一体化通常被视为地区保护主义的象征，而现阶段则出现了不但重视内部合作，而且重视对外部开放的区域合作组织，亚太经合组织就是典型的例子。亚太经合组织并不是一个严格意义上的区域经济一体化组织，它是在承认该地区经济体制、经济发展水平、贸易和投资自由化差异较大的前提下，建立起来的松散的、论坛式的区域经济合作组织。它以开放地区主义的实践，取得了巨大的成功。它将从根本上消除人们对区域经济一体化与多边贸易自由化抗衡局面的普遍担忧。亚太经合组织这种新型的区域经济一体化模式必将影响其他区域经济一体化组织的未来发展道路。

第二节　区域经济一体化的形式

区域经济一体化是以一定的组织形式存在的。各参加国根据各自的具体情况和条件，以及各自的目标和要求而组成了不同形式的区域经济一体化组织。不同的组织形式反映了经济一体化的不同发展程度，反映了成员之间经济干预和联合的深度与广度。区域经济一体化可从贸易壁垒的撤销程度、一体化的范围以及参加国的经济发展水平等几个方面划分。

一、按贸易壁垒撤除的程度划分

按照贸易壁垒撤除的程度，区域经济一体化可分为以下形式：

1.自由贸易区（Free Trade Area，FTA）

根据世界贸易组织的有关解释，所谓自由贸易区，是指两个以上的主权国家或单独关税区通过签署协定，在世贸组织最惠国待遇基础上，相互进一步开放市场，分阶段取消绝大部分货物的关税和非关税壁垒，改善服务和投资的市场准入条件，从而形成的实现贸易和投资自由化的特定区域。自由贸易区所涵盖的范围是签署自由贸易协定的所有成员的全部关税领土，而非其中的某一部分。自由贸易区是较为松散、对成员约束力最少的一体化组织。在自由贸易区中，完全消除了成员之间的全部贸易壁垒，因此商品和服务可以在各成员之间自由交易，但是，成员仍保持各自对来自非成员进口商品的限制政策。自由贸易区是当今世界区域经济一体化过程中最常见的组织形式。

2.关税同盟（Customs Union）

关税同盟在经济上的一体化程度又前进了一步。与自由贸易区的成员一样，关税同盟的成员取消了各成员之间的商品和服务贸易壁垒，使之可以在成员之间自由流动。另外，成员之间采取共同的对外贸易政策。一般情况下，关税同盟采取统一外部关税的形式，在这种情况下，非成员向关税同盟的任何一个成员出口货物时，均使用相同的关税。税收收入按预先确定的方法在各成员之间进行分配。

3.共同市场（Common Market）

共同市场是更深层次的经济一体化形式。与关税同盟一样，共同市场在各成员之间不设置任何贸易壁垒，并采用共同的对外贸易政策。除此以外，共同市场还允许生产要素在各成员之间自由流动。这些生产要素包括劳动力、资本和技术。因此，在共同市场内部完全取消了对移民和跨国投资所设置的限制性措施。

4.经济联盟（Economic Union）

经济联盟是指成员之间除了商品与生产要素可以进行自由流动及建立共同对外关税之外，还要求成员实施更多的统一的经济政策和社会政策，如财政政策、货币政策、产业政策、区域发展政策等。经济联盟与货币联盟结合在一起即形成经济货币联盟，其最高形式要求发行统一的货币和实行统一的货币政策。

5.完全经济一体化（Complete Economic Integration）

完全经济一体化是经济一体化的最高级组织形式。区域内各成员在经济联盟的基础上，全面实行统一的经济和社会政策，使各成员在经济上形成单一的经济实体。而该经济实体的超国家机构拥有全部的经济政策制定和管理权。目前世界上尚无此类经济一体化组织，只有欧盟在为实现这一目标而努力。

上述五种形式的区域经济一体化组织是由低级到高级排列的。各种形式的一体化组织之所以可以分级排列是因为上一级形式的一体化组织包含下一级形式的一体化组织的特点。但是，必须指出的是，区域经济一体化组织形式的分级排列并不意味着一个区域性组织在向一体化深度发展时一定是由低级向高级逐级发展的。从区域经济一体化的实践来看，一体化的起点并非一定是自由贸易区；某个区域经济一体化组织也可能兼有两种组织形式的某些特点。区域经济一体化组织在实践中也许会产生出更多的形式。

二、按经济一体化的范围划分

按经济一体化的范围，经济一体化可分为以下形式：

1.部门一体化（Sectoral Integration）

它指区域内各成员对一种或几种产业（或商品）加以一体化，如欧洲煤钢联营（European Coal and Steel Community，ECSC）与欧洲原子能联营（European Atomic Energy Community，EAEC），均属此类。

2.全盘一体化（Overall Integration）

这是将区域内各成员的所有经济部门都加以一体化的形态，欧洲经济共同体和原经互会可属此类。

三、按参加国的经济发展水平划分

按参加国的经济发展水平，经济一体化可分为以下形式：

1.水平一体化（Horizontal Integration）

水平一体化又称为横向一体化。它是由经济发展阶段相同或接近的国家所形成的经济一体化形式。目前世界上存在的经济一体化，大多属于此种形式的一体化。

2.垂直一体化（Vertical Integration）

垂直一体化又称为纵向一体化。它是由经济发展阶段不同的国家所形成的一体化。

【世界经济之窗】

超级FTA时代

超级FTA（Mega-FTA）指自由贸易协定（FTA）签署伙伴国中至少有两个超级经济体。第二次世界大战后，以FTA为特征的区域化已经经历了两次发展浪潮，分别是20世纪50年代以欧盟的前身——欧共体引领的区域化，以及20世纪90年代以北美自由贸易区为代表的FTA形成高峰。近年来，以“区域全面经济伙伴关系协定”（RCEP）、“跨太平洋伙伴关系协定”（TPP）与“跨大西洋贸易与投资伙伴关系协定”（TTIP）为代表的超级FTA风潮席卷全球经济，被称为第三次区域化浪潮。与以往两次区域化浪潮不同，这次的超级FTA具有大规模、跨区域、跨南北等特征。

RCEP是东盟国家首次提出并以东盟为主导的区域经济一体化合作，在2012年11月举行的第21届东盟峰会上正式启动，其主要成员计划包括东盟10国和与东盟已经签署自由贸易协定的国家，即中国、日本、韩国、澳大利亚、新西兰、印度，将建成世界上涵盖人口最多、成员构成最多元化的自贸区。2019年11月4日，第三次RCEP领导人会议在泰国曼谷闭幕，会后RCEP领导人发布了联合声明。声明表示，RCEP 16个国家中除印度外的15个国家已经完成了所有20个章节以及几乎所有市场准入制度的文本谈判，下一步将进行法律审查以让该协定在2020年正式签署。当日，印度宣布退出。

TPP是由新西兰、新加坡、智利和文莱四国于2002年发起的，其谈判始于2010年3月，陆续有美国、澳大利亚、秘鲁、马来西亚、越南、日本、墨西哥和加拿大等国加入谈判。2015年10月，TPP取得实质性突破，结束了全面谈判并达成TPP贸易协定。这个以美国为主导、亚太地区12国参与的自由贸易协定将对世界与中国产生不可忽视的影响，其成员国贸易总额约占世界的25%，国内生产总值约占世界的40%。2017年1月23日，美国退出TPP。在美国“退群”后，其余11个国家又经过多轮谈判后将TPP改名为“跨太平洋伙伴关系全面进展协定”（CPTPP）。它也被称为“瘦身版TPP”，保留原协定中超过95%的内容。

TTIP谈判是美国和欧盟于2013年6月启动的。这个协定如果达成，将成为史上最大的自由贸易协定：美欧关税降至零，覆盖世界贸易量的1/3、全球GDP的1/2。2016年7月，欧美双方举行的第14轮谈判无果而终。受英国脱欧及诸多因素的影响，谈判至今尚无进展。

TPP和TTIP几乎把中国最主要的贸易伙伴"一网打尽"，除中国和"金砖"国家之外的世界主要经济体都参与了两大自贸区的谈判，这使中国的处境十分被动。近年来，中国积极推动亚太自由贸易区（FTAAP）和"一带一路"的建设，不仅可以有效地缓解不利局面，也有利于世界经济的均衡发展。

资料来源　根据WTO/FTA咨询网站（http://chinawto.mofcom.gov.cn）、新华网（http://www.news.cn）等资料整理。

第三节　区域经济一体化组织简介

当前，区域经济一体化已是全球性的浪潮，不仅有发达国家和发达国家之间的一体化，而且还有发展中国家之间的一体化。值得注意的是，发达国家与发展中国家越过经济发展水平较大差距的障碍，也在组建经济一体化组织。下面介绍几个较有影响的一体化组织：

一、欧洲联盟（The European Union，EU）

1.欧共体的诞生

欧共体是欧洲联盟（简称欧盟）的前身。第二次世界大战后经济一体化浪潮发端于西欧。1950年5月9日，法国外长罗贝尔·舒曼发表了著名的"舒曼计划"，标志着经济一体化思想的形成并正式开始实践。遵循舒曼计划，比利时、法国、西德、意大利、荷兰和卢森堡6国于1952年成立了欧洲煤钢共同体。1957年3月，这6个国家在罗马签订了建立欧洲经济共同体条约和原子能共同体条约，统称《罗马条约》。1958年，欧洲经济共同体和欧洲原子能共同体正式组建。1965年6国签订的《布鲁塞尔条约》决定将三个共同体的机构合并，统称欧共体，但三个组织仍各自存在，具有独立的法人资格。《布鲁塞尔条约》于1967年7月1日生效，欧共体正式成立。

2.欧共体的发展进程

20世纪60年代末至20世纪80年代中后期，欧共体不仅实现了既定的目标，而且向更深层次的一体化迈进。英国、丹麦、爱尔兰于1973年，希腊于1981年，西班牙、葡萄牙于1986年先后加入欧共体，欧共体成员扩大到12国。期间，欧洲共同体一体化进程得到快速发展，具体体现在：

（1）建立关税同盟

关税同盟是欧共体的重要支柱。关税同盟的主要内容是：对内在成员国之间分阶段削减关税，最终取消关税，达到共同体内部的商品自由流通；对外通过逐步拉平各成员国的关税率，筑起统一的关税壁垒，以抵制和排挤共同体以外的商品输入。1968年，欧共体成员国内部关税全部削减完毕并实现统一对外关税税率。

（2）实施共同农业政策

建立农业共同市场，使6国农业走向一体化，是欧共体的另一重要目标。1962年1月，欧共体6国通过了《建立农产品统一市场折中协议》，这个协议是欧共体共同农业政策的最初框架。共同农业政策的主要内容包括实行统一的农产品价格管理制度，实行农产品出口补贴制度与建立欧洲农业指导和保证基金。共同农业政策效果显著，从20世纪70年代到20世纪80年代，欧共体成员国的农业产量大增，到20世纪90年代初，欧共体务农人数减少了一半，农业产量却提高了2~4倍。

（3）建立欧洲货币体系

欧共体建立经济和货币同盟的问题，是在20世纪60年代末爆发以美元危机为主要标志的资本主义世界金融危机后被提出来的。建立欧洲货币体系的主要目的有二：一是为巩固和发展经济一体化的成果；二是要摆脱美元的影响和控制。1979年3月，欧共体正式建立了欧洲货币体系。这是欧共体国家在货币金融领域内加强联合的重要步骤。这个体系主要包括创建“欧洲货币单位”（European Currency Unit，ECU），扩大西欧货币的联合浮动体系，建立“欧洲货币基金”，加强共同干预货币金融市场的力量。

（4）政治一体化获得了初步的进展

1972年10月欧共体9国首脑会议决定，要在20世纪70年代结束以前，把欧共体建设成为一个“欧洲联盟”；1979年6月欧共体欧洲议会进行了直接选举；1984年10月，“西欧联盟”在罗马举行了成员国外交和国防部长联席会议，并发表了“大西洋联盟”中的“欧洲支柱”声明，确定了发展西欧国家防务合作的原则，决定改组和加强联盟的机构等。欧共体已逐步发展成为欧洲国家经济、政治利益的代言人。

（5）统一大市场的建立

20世纪80年代中期以来，欧共体一体化又有了新的发展。1985年6月，欧共体发表《白皮书》，明确提出在1992年年底以前把欧共体建成一个没有国界的商品、人员、资本和劳务完全自由流通的内部统一大市场的计划。1986年2月欧共体各国签署了《欧洲一体化文件》，该文件规定在1992年12月31日正式实现12个成员国之间以商品、资本、劳务和人员的自由流动为主要内容的统一大市场。自1993年1月1日起，欧洲统一大市场正式运转。

3.欧盟的建立与发展

（1）欧盟的诞生

在建设欧共体统一大市场的同时，欧共体亦加紧了经济与货币联盟和政治联盟建设的步伐。1991年，欧共体首脑会议通过了《欧洲联盟条约》（即《马斯特里赫特条约》，简称《马约》），规划了建立欧洲联盟的目标和步骤。1993年11月1日，《马约》开始生效，欧洲联盟宣告诞生。1995年，奥地利、瑞典和芬兰加入欧盟，欧盟成员发展至15国。1999年1月1日，欧元正式启动。2002年3月1日，它成为欧元区国家唯一法定货币，从而极大地促进了欧洲统一大市场的最终形成和欧洲经济区的稳定发展。

（2）欧盟的东扩及发展

1998年3月，欧盟与中东欧10国（塞浦路斯、匈牙利、捷克、爱沙尼亚、拉脱维亚、立陶宛、马耳他、波兰、斯洛伐克和斯洛文尼亚）开始入盟谈判。2002年11月18日，欧盟15国外长在布鲁塞尔举行会议，决定正式邀请上述10个中东欧国家入盟。2003年4月16日，欧盟与上述10国签署了入盟协议。2004年5月1日，上述10国成为欧盟的正式成员国。2007年1月1日，罗马尼亚和保加利亚成为欧盟的新成员，欧盟的成员国增加到27个。经过12年入盟申请历程，2013年7月1日，克罗地亚终于加入欧盟，正式成为第28个欧盟成员国。2007年12月13日，欧盟峰会签署了《里斯本条约》，规定扩大后的欧盟的机构和决策程序的改革将使欧盟的决策更加透明、更加民主。但2016年6月开始的英国“脱欧”进程，给欧盟带来了前所未有的考验。

【世界经济之窗】

英国的脱欧闹剧

1958年欧洲经济共同体正式组建后，法、德本意是希望英国加入的，可是被英国拒绝。但随着欧共体的良好运作，发现势头不妙的英国于是回过头又提出想加入，却两次遭到法国总统戴高乐将军的坚决反对。几经周折，英国最终还是在1973年加入了欧共体。不出戴高乐所料，英国在欧共体之内尽显捣蛋鬼、搅屎棍及美国傀儡的本色，欧共体（后来是欧盟）还要给予英国很多“特别待遇”，主要包括：不要求英国流通欧元，可单独使用英镑；保留英国独立自主的财政预算权；同意英国不加入欧盟《申根协定》，其他欧盟国家人员或持欧盟《申根协定》签证人员进入英国时必须单独申请签证等。

苏联和华约解体后，东欧国家相继加入欧盟，造成大量东欧移民进入英国，抢走了许多英国人的饭碗，拉低了英国人的收入且造成英国政府民生福利支出大幅增加，财政赤字飙升，民怨甚高，从而让国内“疑欧派”“反欧派”找到了充足的借口和话题，要求重新审视英国与欧盟关系的呼声日渐高涨。

2016年2月18—19日欧盟峰会期间，时任英国首相卡梅伦与欧盟理事会主席以及欧盟主要国家进行双边磋商，欧盟各国在原先已经给予英国“特别待遇”的基础上再次退让，同意对欧盟条约作相关修改，以保证英国永远不会被迫与其他成员国进行政治联盟，不参与欧盟政治一体化进程，不成为“超级欧盟”的家族成员。

当信心满满的卡梅伦首相拿着对英国极为有利的与欧盟签好的“特别待遇”协议回国，高调宣布在2016年6月23日举行全民公投后，小概率的“脱欧”投票竟然不可思议地获得了通过，卡梅伦黯然下台。

公投通过的后果造就了三年来不断上演的脱欧闹剧，“反脱欧”请愿、游行示威，要求举行二次公投；同时不管后任首相梅姨提交什么样的“脱欧协议”，议会表决均予以否决，甚至还剥夺了首相梅姨对于“脱欧”谈判的权力，转由议会主导，脱欧期限一拖再拖，而为脱欧心力交瘁、疲于奔命却里外不是人的梅姨最后也下台了，把接力棒交给了现任首相约翰逊。

作为一个坏榜样，欧盟也想借此机会给其他之前吵着脱欧的国家一个警告：要想脱欧可以，先给你们打个样！反观英国一旦离开这个平台，不但大量欧盟企业和机构将撤离，会造成近10万英国白领失业，其国际金融中心的地位势必被法德取代，然后其作为美国棋子的价值也会急剧下降，更会导致在跟其他国家和势力的角逐中底气丧失，沦为边缘大国。

2019年12月13日，英国大选让议会重新洗牌，保守党凭借365个议席获得了自1987年以来最大的选举胜利，而英国最大的反对党工党在共计650个议席中只获得了203席，被迫接受自1935年以来最惨烈的失败。这次大选是以脱欧为主调的一次选举。保守党的选举口号“完成脱欧”（Get Brexit Done）简单而有效。根据选后民调数据，大概80%在2016年脱欧公投中选择脱欧的选民在这次大选中把票投给了保守党，也让首相约翰逊得以拿到一手好筹码，政府已经拥有了可以在议会通过脱欧协议法案的多数议员，使持续三年之久的脱欧闹剧有可能在2020年1月底画上一个不太圆满的句号。

根据脱欧时间表，从脱欧截止日期到2020年12月底前的一段时间是过渡期，用来进行英国与欧盟之间贸易关系的谈判。由于任何英欧间的自贸协议都需要其余27个欧盟成员国的一致同意才能达成，关于未来英欧关系谈判的前景仍具有极大的不确定性。

资料来源　根据多家媒体截至2019年12月的相关报道整理。

二、北美自由贸易区（North American Free Trade Association，NAFTA）

随着欧洲经济一体化的深入发展，以美国为首的美洲自由贸易区正在形成。早在20世纪80年代初，就有了建立美、加、墨自由贸易区的设想，但由于种种原因，一直未能付诸实施。在欧洲经济一体化浪潮的冲击下，北美自由贸易区加快了启动的步伐。1988年1月2日，美国和加拿大正式签署了自由贸易协定。该协定已于1989年1月1日正式生效，规定在10年内消除两国间仍保留的大部分关税和非关税壁垒。1990年9月，美国总统布什向国会提出开始和墨西哥进行自由贸易谈判的要求，并于同年11月访问墨西哥，商谈签订自由贸易协定的有关事宜。1991年2月，加拿大也加入进来，3国就建立自由贸易区问题开始举行谈判。此后，3国政府高级官员举行了200多次会谈，最后长达400页的北美自由贸易协定文本被敲定，于1992年12月17日分别由美国总统、墨西哥总统和加拿大总理签署，经3国国会审议通过，北美自由贸易协定于1994年1月1日起正式生效。协定规定，美国、加拿大和墨西哥3国从协定生效之日起15年内逐步取消货物和服务贸易以及资本流动的所有关税和非关税壁垒。协定涉及市场准入、贸易、法规、服务业、投资和知识产权等各方面。

北美自由贸易区拥有4.21亿人口，包含两个发达国家（美国和加拿大）和一个发展中国家（墨西哥），成员间的政治、经济情况差异非常大，是世界上第一个由发达国家和发展中国家共同参与的“南北型”区域经济一体化组织，它的成功实践开辟了发达国家和发展中国家进行区域经济一体化的新路。

北美自由贸易协定的签订，对北美各国乃至世界经济都将产生重大影响。对美国而言，不仅工业制造业企业受益，高科技的各工业部门也有机会增加对加拿大、墨西哥的出口，增加美国同墨西哥的贸易顺差，使生产和贸易结构得以调整，将部分劳动力投入到那些关键工业部门。

墨西哥也从中获益匪浅，在经济建设的许多方面取得了很大的成就。由于墨西哥的劳动力成本只是美国的1/10，因此墨西哥吸引了大量的外国尤其是美国的投资，年平均吸引外国直接投资120亿美元。墨西哥的出口额从1994年的609亿美元增加到2018年的4 506亿美元，其占GDP的比例从15%增加到了36.88%，成为世界第七大出口国。墨西哥国内生产总值也从1994年的5 278亿美元增加到2018年的12 221亿美元，列世界排名的第15位。

该协定当然也带来一些消极影响。为改善墨西哥与美国边境环境条件，美国要付出上百亿美元的经济和社会费用，关税削减使美国减少大笔收入，加重了美国的负担。

协定对加拿大、墨西哥两国同样有很大的影响。就拿墨西哥来说，虽然北美自由贸易区把三个成员国的经济更紧密地联系起来，但也使墨西哥的经济过分依赖于美国，这既使墨西哥得到了美国经济增长的好处，也削弱了其经济的独立性。

北美自由贸易区的建立，一方面扩大了区域内贸易，另一方面也使一些国家担心贸易保护主义抬头，对区域外国家向美国出口构成威胁。

三、亚太经合组织（Asia-Pacific Economic Cooperation，APEC）

亚洲太平洋经济合作组织，简称亚太经合组织，是亚太地区重要的经济合作论坛，也是亚太地区最高级别的政府间经济合作机制。作为经济合作论坛，APEC主要讨论与全球和区域经济有关的议题，如贸易和投资自由化便利化、区域经济一体化、全球多边贸易体系、经济技术合作和能力建设、经济结构改革等。

APEC组织共21个成员，分别是中国、澳大利亚、文莱、加拿大、智利、中国香港、印度尼西亚、日本、韩国、墨西哥、马来西亚、新西兰、巴布亚新几内亚、秘鲁、菲律宾、俄罗斯、新加坡、中国台北、泰国、美国和越南。APEC还有3个观察员，分别是东盟秘书处、太平洋经济合作理事会和太平洋岛国论坛。

APEC现有21个成员，人口达到25亿，约占世界总人口的40%，占世界国内生产总值的56%，占全球贸易量的48%，是全球最大的区域经济组织。

自20世纪60年代中期以来，亚太地区泛区域性南北经济合作机制的形成大体经历了酝酿阶段、民间机构合作阶段和半官方机构合作阶段。

以1965年日本一桥大学教授小岛清关于建立“太平洋自由贸易区”的倡议为起点，亚太各方有关人士相继提出一些建立亚太南北经济合作组织的建议，并进行了初步的探索和研究。1967年日、美、加、澳、新五国工商界人士组成“太平洋盆地经济理事会”，1968年日、美、加、澳学者建立了“太平洋贸易与发展会议”。此后，韩国、中国台湾以及东盟国家人士相继参加了这两个组织，标志着亚太地区泛区域性南北经济合作由酝酿阶段进入了民间机构合作阶段。1980年在日本前首相和澳大利亚前总理倡导下，由官、民、学三方人士组成了“太平洋经济合作会议”（PECC）。这是亚太地区南北方国家探索、协调区域经济合作的半官方论坛。

1989年1月时任澳大利亚总理霍克倡议的“亚太经济合作部长会议”（亚太经合组织，APEC）于11月在堪培拉会议上正式成立，从而揭开了亚太地区南北经济官方机构合作的序幕。目前，亚太经合组织共有贸易、投资、通信、运输、技术转让、人力资源开发、能源合作、海洋资源保护以及旅游等10个专题组，每个专题组都有组织机构、工作规划和工作程序。为使亚太经济合作组织开展实质性的工作，各国按国民生产总值的比例交纳经费，设立基金。从1993年11月在美国西雅图举行的第五届部长级会议起，亚太经合组织又同时召开了领导人非正式会议。

1994年11月，亚太经合组织第六届部长级会议和第二届领导人非正式会议在印度尼西亚雅加达的茂物举行，18个成员国和地区全部参加了会议。亚太经合组织领导人非正式会议于11月15日发表了《亚太经合组织领导人共同决心宣言》，即《茂物宣言》，表示将加强亚太地区的经济合作，扩大乌拉圭回合的成果，以与关贸总协定原则相一致的方式，进一步减少相互间的贸易和投资壁垒，促进货物、服务和资本的自由流通。《茂物宣言》宣布“不迟于2020年在亚太地区实现自由、开放的贸易和投资这一目标”。

在亚太经合组织目前的21个成员中，大小并存，强弱并存，从人均GDP来看，多的近3万美元，少的只有300多美元，差距巨大。同时，各方的政治制度、文化背景、宗教信仰以及经济发展模式等，都存在着很大的差异。这种状况决定了APEC合作的多样性，它既是一个区域性经济组织，又包含着某些次区域性经济组织和联合体。因此，APEC与欧盟的重要区别之一，就是它属于一种多边合作与双边合作交叉并存的经济合作模式。

四、东南亚国家联盟（Association of South East Asian Nations，ASEAN）

东南亚国家联盟，简称东盟，是亚洲地区出现的第一个区域性贸易集团。东盟于1967年8月8日在泰国曼谷成立，现有10个成员国，即印度尼西亚、马来西亚、菲律宾、新加坡、泰国、文莱（称东盟6个老成员国）、越南、柬埔寨、老挝、缅甸（称东盟4个新成员国），人口5.47亿人，面积450万平方千米。为加强成员国之间的贸易关系，东盟在1992年的峰会上达成了深化经济合作关系的框架协议，通过消除关税和非关税壁垒，于2003年建立东盟自由贸易区（AFTA）。

2001年11月6日，中国和东盟10国领导人在文莱举行的东盟-中国领导人会议上，决定签署经济合作框架，并达成在10年内建立中国-东盟自由贸易区的共识。2002年11月4日，中国和东盟10国领导人共同签署了《中国-东盟全面经济合作框架协议》，简称《框架协议》，总体确定了中国-东盟自由贸易区的基本架构。根据《框架协议》，中国-东盟自由贸易区包括货物贸易、服务贸易、投资和经济合作等内容。其中货物贸易是自由贸易区的核心内容，除涉及国家安全、人类健康、公共道德、文化艺术保护等世界贸易组织允许例外的产品以及少数敏感产品外，其他全部产品的关税和贸易限制措施都应逐步取消。

《框架协议》决定在2010年建成中国-东盟自由贸易区，并正式启动了自由贸易区建设的进程。第八次中国-东盟经贸部长会议于2009年8月15日在泰国首都曼谷召开，双方签署了中国-东盟自贸区《投资协议》。这标志着双方成功完成了自贸区协议的主要谈判。2010年1月1日，拥有近19亿人口、GDP近6万亿美元的世界最大自由贸易区——中国-东盟自由贸易区正式建立。2010年1月7日，在广西南宁举行的中国-东盟自由贸易区建成庆祝仪式上，中国-东盟18个合作项目正式签约，签约金额48.96亿美元。从2010年1月1日起，中国与东盟双方有7 000种产品享受零关税待遇，实现货物贸易自由化。服务贸易方面，双方也将实质性地开放彼此的市场。投资方面，双方致力于建立一个自由、便利、透明及公平的双向投资体制。近年来，中国与东盟各国的经贸关系不断发展，双边贸易额以年均20%左右的速度递增。2018年，中国与东盟贸易额高达5 878.7亿美元，实现历史新高，同比增长14.1%，增速超过中国对外贸易平均增速。其中，出口3 192.4亿美元，同比增长14.2%，进口2 686.3亿美元，同比增长13.8%。自2009年以来，中国已连续10年成为东盟第一大贸易伙伴，东盟连续8年成为继欧盟、美国之后的中国第三大贸易伙伴。2019年上半年，中国与东盟贸易额连续6个月超过中美贸易额，使东盟成为中国第二大贸易伙伴。东盟国家中，越南与我国货物贸易总值居第一位，为699.3亿美元，之后依次为马来西亚、泰国、新加坡、印度尼西亚、菲律宾等。

中国与东盟在经济领域的合作也得到极大提升。中国和东盟已互为投资重点地区。随着“走出去”战略的实施，越来越多的中国企业积极开展对外投资。东南亚国家作为中国的周边邻国，资源丰富，与中国经济的互补性强，是中国实施市场多元化战略、“走出去”战略的重点地区。中国和东盟双方相互投资额不断扩大。2018年，中国对东盟非金融类直接投资流量99.5亿美元，同比增长5.1%，显著高于上一年1.7%的增幅。东盟对华投资流量57.2亿美元，同比增长12.5%。截至2018年年底，中国对东盟累计投资额890.1亿美元，东盟对华累计投资额1 167亿美元，双向投资存量15年间增长了22倍。东盟已跻身继中国香港之后的中国第二大对外投资目的地。同时，东盟也仅次于中国香港和欧盟，位列中国第三大投资来源地。

中国与东盟的次区域合作日益深化，成为双方合作新的亮点。特别是泛北部湾经济合作提出以来，得到了泛北区域各国领导人的充分肯定和支持，已从共识走向实践，取得可喜成果。广西北部湾经济区开放开发上升为国家战略对此也有很大的促进作用。国家已批准实施《广西北部湾经济区发展规划》，批准设立广西钦州保税港区、凭祥综合保税区、南宁保税物流中心，赋予北海出口加工区保税物流功能，进一步促进了广西北部湾经济区建设，为推动泛北部湾经济合作，建设南宁-新加坡经济走廊，深化拓展大湄公河次区域合作，形成中国-东盟区域经济合作新格局奠定了坚实基础。

第四节 区域经济一体化的影响

一、区域经济一体化对区内经济发展的影响

1.区域经济一体化能促进集团内贸易的增长

首先，通过签订优惠的贸易协定，减免关税，取消数量限制，削减非关税壁垒，取消或放松外汇管制，在不同程度上扩大了贸易自由化，从而促进了集团内贸易的增长。其次，集团内国际分工向纵深发展，使成员经济相互依赖加深，致使成员间的贸易环境比第三国市场好得多，从而使区域经贸集团内成员间的贸易迅速增长，集团内部贸易在成员对外贸易总额中所占比重提高。

2.区域经济一体化促进集团内部国际分工的深化

区域经济一体化使成员之间实现了生产要素的完全自由流动，使各成员的企业可以按照比较优势在更广大的区域内实现生产要素的优化组合，使成员间的国际分工更为合理；由于要素流动范围的扩大，贸易壁垒的消失，企业的规模经济效益能够得到更好的发挥；区域经济一体化的建立还有助于成员之间的协调与合作。所有这些都使成员间可以在更高的水平上进行分工与合作，使区域内各成员间的国际分工进一步深化。例如，鉴于新技术的开发往往需要巨额资金，难度和风险也很大，有时单靠一国力量难以办到；新技术的利用一般需要广阔的市场，更需要真正地消除非关税壁垒，建立统一机构加以推动。为从根本上加强实力，适应外部竞争的需要，欧盟采取了一系列高科技联合与协调政策，从而获得了研究与开发的最佳效益。在调整高科技政策时，欧盟还把未来的研究成果与技术扩散和商业化一并考虑，从而可使“技术领先”适时地转化为商业竞争力，并为欧洲企业创造“欧洲工业平台”，与世界经济技术大国——美国、日本分庭抗礼。

3.区域经济一体化加强了企业的融合与竞争

区域经济一体化使其内部的市场进一步统一，它为企业提供了更多的商机。首先，市场开放度加大。原本受到保护的成员的市场放开了对来自其他成员的竞争的限制。比如，1992年之前，欧洲保护程度最高的是法国和意大利，随着欧洲内部市场的进一步统一，联盟其余成员进入这两个市场比以前容易多了。其次，降低了交易成本。在内部统一的市场上，产品可以跨越国界自由流动。产品标准的相互协调和税收制度的简化，使成员的企业能够将生产活动集中在成本要素和技能组合最佳的地点，从而实现了成本效益；同时，一个企业可以在区域内挑选某一地点生产产品，并向整个一体化组织成员市场提供该产品。

当然，区域经济一体化在给企业带来商机的同时，也构成了挑战。首先，区域经济一体化组织内部市场竞争将加剧。国家间货物贸易和投资壁垒的降低会使成员间的价格竞争更加激烈。为了在竞争激烈的统一市场环境下求得生存，企业必须利用统一市场所带来的机会，实现合理化生产，降低成本，否则将在竞争中处于不利地位。其次，即使在贸易和

投资的壁垒解除以后，文化和竞争的手段方面持续存在的差异也限制了企业通过在一个主要地点集中生产，以及为单一的多国市场生产标准产品，从而利用规模经济实现成本节约的能力。

二、区域经济一体化对整个世界经济发展的影响

1.区域经济一体化对多边贸易体制构成双重影响

区域经济一体化进一步减少乃至消除了内部的贸易障碍，实现了小范围的真正的自由贸易，这与多边贸易体制的基本目标是一致的。区域经济一体化与多边贸易体制的相容性主要体现在：第一，区域经济一体化组织比较容易建立，往往开放程度更高，可以成为达到更高层次多边一体化的中间阶段；第二，区域经济一体化可以平衡各个集团在多边贸易谈判中的力量，有利于形成照顾各方利益的多边贸易体制；第三，区域谈判和多边谈判可以相互推动；第四，区域集团的形成和发展还可以为成员参加多边谈判，开辟贸易自由化新领域并制定相应的国际规则提供一个良好的学习和培训机会。但与此同时，区域经济一体化与多边贸易体制也有矛盾和冲突，主要表现在：首先，区域经济一体化构成了对多边贸易体制非歧视原则的挑战；其次，区域经济一体化的贸易转移效应与世界贸易组织的多边贸易自由化相矛盾；最后，成员方的双重资格使其通常为了寻求区域内部利益而损害多边利益。

2.区域经济一体化组织在当代世界经济格局中具有主体化倾向

区域经济一体化组织在当代世界经济格局中主体化倾向的产生，一方面是由于在当代世界经济格局中，各行为主体要想巩固和发展自己的主体地位，除了加速自身的经济发展以外，最有效的方法就是利益一致行为的主体结盟，以实现区域内资源合理配置，优化资源组合，实现规模经济，提高经济效率，促进经济增长。另一方面，当前的北美、欧盟、亚太三大区域经济一体化组织之间的竞争，亚欧会议和跨大西洋自由贸易区等松散的一体化和自由化组织对话的加强，推动了当代世界经济格局多极化的主体由主权国家向政府间的区域经济一体化组织过渡。可以说，区域经济一体化组织在当代世界经济格局中的主体化倾向可以为世界经济的发展带来和提供更多的挑战和机遇。因此，如何使其走向全球经济一体化，建立公正合理的新的经济格局，以实现各国经济的共同发展，是世界经济面临的重大课题。

第五节　区域经济一体化理论

一、关税同盟理论

1.关税同盟的静态效果

以范纳（Jacob Viner）为代表的关税同盟理论是区域经济一体化研究的开端。在有关研究中，静态分析占据主导地位。该学说以欧洲煤钢联营及稍后成立的欧洲经济共同体为原型，通过对关税同盟的经济效益加以静态分析，得出如下结论：各国资源是静态不变的，它们只能依据自己的固有优势，通过对外贸易获得静态比较利益。成立关税同盟的最大益处是，成员间可以实现自由贸易，在区域范围内合理配置资源，降低生产成本，扩大产品消费，从而在生产和消费之间相互促进。当然，组建关税同盟也可能给成员，乃至世界经济的发展带来某些负面效果。可见，静态效果有积极和消极之分。根据关税同盟理论，静态效果可定义为：假定在经济资源总量不增加、技术条件没有改进的情况下，对集团内国际贸易、经济发展，以及物质福利的影响。这种影响涉及贸易创造、贸易转移、贸易扩大、减少行政开支、减少走私和加强集体谈判力量等各个方面。其中，前两项，即贸易创造效果和贸易转移效果表现较为明显。

2.贸易创造与贸易转移

贸易创造效果（Trade Creating Effect）由生产利得和消费利得构成。关税同盟成立以后，在比较优势基础上使生产更加专门化。这样，关税同盟某个成员的一些国内生产品将被其他生产成本更低的产品的进口取代，致使资源使用效率提高，生产利益扩大；同时，使本国该项产品消费开支减少，社会需求扩大，结果会使贸易量增加。贸易创造效果因此使关税同盟成员的社会福利水平提高。

贸易转移效果（Trade Diversing Effect）是指在关税同盟成立以前，关税同盟成员从世界上生产效率最高、成本最低的国家进口产品；关税同盟成立以后，关税同盟成员转从同盟内生产效率最高的国家进口，但如果同盟内生产效率最高的国家不是世界上生产效率最高的国家，则进口成本较前增加，消费开支扩大，使关税同盟成员的社会福利水平下降，这就是贸易转移效果。

一般认为，贸易创造型关税同盟有利于世界资源的优化配置，并可扩大自由贸易，对成员的福利及经济发展的影响是积极的，对集团外国家也不会造成伤害。但贸易转移型关税同盟则是朝着贸易保护主义的方向发展，它不利于国际分工和贸易的扩大，因而具有消极的影响。通常，关税同盟在下列情况下导致贸易创造，并使成员福利增大：①结盟前成员的关税壁垒越高，则关税同盟形成后在成员之间贸易创造的可能性就越大。②关税同盟与世界其余国家的贸易壁垒越低，贸易转移的损失就越小。③形成关税同盟的成员越多，并且它们的规模越大，就更有可能将低成本的生产者吸纳到同盟之中，导致贸易创造的可能性就越大。④成员之间的地理位置靠得越近，则运输成本越少，成员间贸易创造的障碍就越少。⑤结盟前成员间潜在的经济关系越紧密，结盟后更有机会获得显著的静态利益。⑥成员间的竞争性越大，结盟后集团内生产专业化分工就会越发展，贸易创造的机会也就越大。因此，关税同盟宜在资本、劳动禀赋相差不大，经济发展阶段、技术、收入、文化水平、需求结构等类似或接近的国家间产生。

从上面的分析不难看出，缔结关税同盟前的状况如何，是决定关税同盟是产生贸易创造还是贸易转移的关键。若结盟前各国封闭，自给自足，则结盟后产生贸易创造，关税同盟扩大了自由贸易；若结盟前贸易相对自由化，则结盟后产生贸易转移，关税同盟便成了扩大了的保护主义。当然，在现实经济生活中，情况要比上述简化的例子复杂一些，但这不会妨碍贸易创造和贸易转移的本质规定。

3.关税同盟的动态效果

关税同盟不仅有静态经济效应，而且有动态经济效应。在关税同盟理论中，经济学家从关税同盟可使资源合理配置，获取规模经济效益，刺激投资及加速经济发展几个方面阐述了经济一体化的动态效应。关于关税同盟动态效应是否成立，有人认为由于缺少定量分析，研究不够深入，现在还没有令人信服的答案。

二、大市场理论

与关税同盟相比，共同市场的一体化范围又进了一步。共同市场的目标是消除保护主义的障碍，把被保护主义分割的每一个国家的国内市场统一成为一个大市场，通过大市场内的激烈竞争，实现专业化、批量化生产等方面的利益。共同市场理论是超越静态的关税同盟理论的动态的大市场理论，其代表人物是西陶斯基（T. Scitovsky）和德纽（J. F. Deniau）。这一理论不仅对共同市场，对于其他形式的经济一体化也具有普遍意义。根据该理论，经济一体化对集团内成员的贸易和经济发展产生如下积极影响：

第一，能够获得规模经济效益。如果各国为了本国的狭隘利益而实行保护贸易，把市场分得过于细小而又缺乏弹性，就无法实现规模经济利益。组成一体化经济集团后，就能把分散孤立的小市场结成大市场，获取规模经济等利益。当然，一个不参加区域经济集团的小国也可通过扩大出口实现规模经济。但是，在世界市场的激烈竞争中，组建经济一体化组织可使成员有一个比较稳定的扩大的市场；而且，由于共同市场内部生产要素可以自由流动，也便于生产资料的集中使用，有利于实现规模节约。

第二，可激化竞争。一体化经济集团形成后，实行自由贸易和生产要素的自由移动，使各成员的厂商面临更加激烈的竞争。在其他条件不变的情况下，市场竞争的程度越高，经济效率就越高，经济资源的分配也就趋于最优状态。西陶斯基曾形容一体化经济集团成立前的西欧是“小市场与保守企业家态度的恶性循环”。共同市场成立后，撤除了成员之间的贸易壁垒，各国厂商必须迎接来自于集团内其他成员的挑战，从而刺激了劳动生产率的提高和成本的下降，刺激了新技术的开发和利用。产品成本和价格下降了，再加上人们收入水平随生产发展而提高，消费增加，便出现了大市场→竞争激化→大规模生产→大量消费的良性循环。当然，在竞争增强的同时，一体化经济集团往往会出于与集团外国家竞争的需要，促使集团内有关企业联营、合营甚至合并，这就可能导致各成员的厂商之间形成卡特尔一类的垄断组织，致使竞争淡化，效率下降。对此可以通过法律加以限制。

第三，可扩大投资。一体化经济集团内各企业为了应付市场的扩大和竞争的加剧，必然千方百计地增加投资，以更新设备，改进技术，扩大生产，同时，也会吸引集团外国家在一体化区域经济内投资。而投资是冲破贸易壁垒不致被日益壮大的统一大市场排斥在外的有力手段。因此，经济一体化集团的形成不仅刺激成员增加投资，而且吸引了大量集团外国家的资金。投资的增加无疑会有力地推动区域经济集团国家的经济增长。当然，一体化组织也要采取必要措施避免因投资不均而导致的经济发展不平衡。

然而，把规模经济、竞争和投资诸因素归因于统一大市场的观点是否真有道理，经济学家没有取得一致的意见。例如，美国经济学家林德特、金德尔伯格认为，究竟有无动态利益，“很难得到确实的验证，相信或不相信动态利益仍然是一种信念行为”。日本经济学家小岛清也认为，组建共同市场之类的经济一体化集团以扩大市场，实现规模经济，并通过激烈竞争这一手段来促进区域内贸易与分工的创造与扩大，是值得探讨的。小岛清进而指出，为了使经济一体化集团获得规模经济，并能和谐地扩大成员之间的分工和贸易，需要一种新的国际分工原则作为指导，这就是着眼于动态利益的协议性国际分工原理。

三、协议分工理论

日本一桥大学教授小岛清考察了经济共同体内部分工的理论基础后，在其代表作《对外贸易论》（1950年版）中提出了协议性国际分工的理论。所谓协议性国际分工原理，就是成本长期递减下的国际分工和国际平衡原理。因为经济一体化的目的就是要通过大市场化来实现规模经济，这实际上也就是成本长期递减的问题。

小岛清认为，传统自由贸易理论均假设贸易各国的国际分工是通过自由竞争、自由的市场机制来完成的。无论是李嘉图的比较优势理论，还是赫-俄的生产要素禀赋理论，都将私人厂商的自由竞争作为国际分工形成的依据。他认为，以前的传统的国际分工理论所讲的只是在成本递增下通过竞争原理达成国际分工和平衡，而对成本递减（以及成本不变）的情况却没有涉及。随着经济一体化的出现，对于在规模经济条件下生产的商品，完全可以通过国家间政府的协商和调节机制确立国际分工，发展国际贸易；而且，建立在国家协调基础之上的国际分工，会有效地配置国家之间的资源，增加贸易利益。光靠以完全自由竞争为基础的比较优势和生产要素禀赋分工的理论不可能完全实现规模经济的好处，还可能导致各国企业的集中和垄断，影响分工的和谐和贸易的稳定发展。

进行协议性国际分工的方法是：在两国结成经济共同体的条件下，针对两种具有规模经济的商品，双方以协议的方式，各自只生产其中的一种商品，同时放弃另一种商品的生产，并向对方提供另一种商品的销售市场，使两种商品的生产规模都能扩大，实现生产成本的递减、价格的下降和需求的增加，使双方都能获得更大的贸易利益。由于双方必须达成互相提供市场的协议，因此把它称为协议性国际分工。

达成协议的主要条件是：两个（或多个）国家的资本、劳动禀赋比率必须没有多大差别，工业化水平和经济发展阶段大致相同，协议性分工的对象商品在哪个国家都能进行生产；作为协议分工对象的商品，必须是能够获得规模经济的商品；不论对哪个国家，选择其中任意商品进行生产的利益都应该没有很大差别。

【案例分析】

欧盟的未来不会局限在27个成员国

从1957年3月比利时、法国、联邦德国、意大利、荷兰和卢森堡6国签订《罗马条约》，至2013年7月1日克罗地亚加入欧盟，正式成为第28个欧盟成员，欧盟成员一直在不断增加。2016年启动的英国脱欧进程使欧盟不断扩大的趋势突然出现了逆转，欧盟成员将减至27个。欧盟成员是否会继续减少？欧盟不断扩大的趋势是否还能延续？可以肯定的是，欧盟成员不会局限在27个。

随着欧盟的不断扩大，成员国之间的经济发展水平差异也在扩大，穷国白拿钱，财富一边倒，已经违背了当初的原则，内在矛盾也开始显现，有脱欧想法的不只是英国。瑞典把自己看作“斯堪的纳维亚半岛上的英国”，拒绝引入欧元作为法定货币，在欧盟的政治方面与英国在90%的问题上都持相同意见。丹麦在2017年12月举行全民公投，决定不移交更多的权力给欧盟。荷兰右翼自由党主席基尔特·威尔德斯曾表示支持英国脱欧，并希望荷兰也举行类似的全民公投。匈牙利总理欧尔班·维克托一直以与欧盟不友好而闻名，他正计划在匈牙利举行可能会损害欧盟凝聚力的全民公投。债务危机和英国退出欧盟将有可能威胁希腊的欧盟成员国地位。甚至法国也被认为是欧盟最大的怀疑论者之一，有61%的人不支持欧盟。不过真要脱欧，英国的经历有可能会使这些国家望而却步。

有人要退出，还有人想进来。目前欧盟正在同阿尔巴尼亚、黑山、北马其顿、塞尔维亚和土耳其等5个入盟候选国进行入盟谈判。最早提出入盟申请的是土耳其。土耳其只有3%的国土在欧洲，多数欧洲人不承认土耳其是欧洲国家。1987年，土耳其申请加入当时的欧洲经济共同体，1997年，作为欧盟在移民、安全、反恐、经济等问题方面的重要战略伙伴，土耳其被宣布有资格加入欧盟。由于近年来土耳其在民主、法治和基本权利等诸多领域无法满足欧盟的要求甚至不断倒退，2018年6月以来入盟谈判已事实上被冻结。北马其顿于2004年3月申请加入欧盟，欧盟理事会于2005年12月决定给予该国候选国地位，2019年6月入盟谈判正式启动。2008年，黑山申请加入欧盟，2011年12月，欧盟理事会启动了黑山入盟进程，2012年6月29日开始入盟谈判。2009年，塞尔维亚正式提出入盟申请，2012年3月获得欧盟候选国地位，2014年1月21日入盟谈判正式开始。2009年，阿尔巴尼亚正式申请加入欧盟，2012年10月，欧盟委员会建议给予阿尔巴尼亚欧盟候选国地位，2018年6月1日，欧盟理事会决定开启入盟谈判之路。此外，还有波黑和科索沃2个潜在候选国，在达到欧盟的基本要求后，也有望成为正式候选国并开启入盟进程。

不难看出，这些候选国的入盟谈判将是一个漫长的过程，不可能一蹴而就。预计，欧盟会在2025年前后接纳新成员，届时欧盟成员国将有可能达到30个。

资料来源　根据欧盟官方网站（https：//europa.eu）及相关媒体报道资料整理。

案例思考题：

1.为什么有的国家要脱欧，而有的国家要入盟？如何解释这种现象？

2.其他一体化组织可以从欧盟的经历中吸取哪些经验或教训？

本章小结

一般认为，区域经济一体化是指地理上邻近的国家，相互间通过契约或协定在区域内逐步消除成员之间的贸易和非贸易壁垒，进而协调成员之间的社会经济政策，形成一个超越国界的商品、资本、人员和劳动力自由流动的统一经济区域的过程；目的是通过区域经济组织，在成员之间进行分工协作，更有效地利用成员的资源，获取国际分工的利益，促进成员经济的共同发展和繁荣。当前，区域经济一体化组织具有规模不断扩大，成员间的合作日益深化，已经突破了区域或地缘因素的限制和“开放的地区主义”成为一种潮流等明显特征。

各参加国根据各自的具体情况和条件，以及各自的目标和要求而组成了不同形式的区域经济一体化组织。按照贸易壁垒取消的程度，区域经济一体化可分为自由贸易区、关税同盟、共同市场、经济联盟和完全经济一体化几种形式；按经济一体化的范围，经济一体化可分为部门一体化和全盘一体化两种形式；按参加国的经济发展水平，经济一体化可分为水平一体化和垂直一体化两种形式。

在区域经济一体化组织中，有代表性的是欧盟、北美自由贸易区、亚太经合组织和东盟等。区域经济一体化无论对集团内部还是对整个世界经济都产生了重要影响。就其内部而言，区域经济一体化促进了集团内贸易的增长；促进了集团内部国际分工的深化；加强了企业间的融合与竞争。就整个世界而言，区域经济一体化对多边贸易体制构成双重影响；区域经济一体化组织在当代世界经济格局中已经具有主体化倾向。

区域经济一体化诞生以来，学者们对其进行了较为广泛和深入的研究。代表性的理论有关税同盟理论、大市场理论、协议分工理论等。

关键术语

区域经济一体化　自由贸易区　关税同盟　共同市场　欧盟　北美自由贸易区　亚太经合组织　东盟　贸易创造效果　贸易转移效果

复习思考题

1.区域经济一体化有几种主要形式？

2.试论当前区域经济一体化的主要特点。

3.试论区域经济一体化对集团内经济的影响。

4.试论区域经济一体化对世界经济的影响。

5.什么是贸易创造效果？

6.什么是贸易转移效果？

相关数据资料

主要经济一体化组织商品出口额及其占世界出口的比重（2001—2018部分年份）

组织	单位	2001	2005	2010	2011	2012	2013	2014	2015	2016	2017	2018
世界出口总额	亿美元	61 351	104 567	152 506	183 391	184 758	189 968	189 812	165 463	159 932	176 878	194 140
欧盟（28）	亿美元	24 282	40 499	51 700	60 863	57 966	61 044	61 361	53 719	53 529	58 725	64 334
	%	39.57	38.73	33.90	31.19	31.37	32.13	32.32	32.47	33.47	33.20	33.14
北美自由贸易区	亿美元	11 485	14 758	19 629	22 814	23 697	24 141	24 918	22 910	22 136	23 758	25 661
	%	18.72	14.11	12.87	12.44	12.83	12.71	13.13	13.85	13.84	13.43	13.22
东盟	亿美元	3 858	6 552	10 541	12 511	12 613	12 798	12 966	11 700	11 493	13 155	14 453
	%	6.29	6.27	6.91	6.82	6.83	6.74	6.83	7.07	7.19	7.44	7.44
南方共同市场	亿美元	1 146	2 206	3 502	4 458	4 336	4 245	3 864	3 009	2 850	3 249	3 521
	%	1.87	2.11	2.30	2.11	2.35	2.23	2.04	1.82	1.78	1.84	1.81
南非发展共同体	亿美元	452	928	1 742	2 213	2 173	2 131	2 046	1 569	1 449	1 716	1 870
	%	0.74	0.89	1.14	1.21	1.18	1.12	1.08	0.95	0.91	0.97	0.96
安第斯国家共同体	亿美元	251	509	1001	1348	1425	1387	1322	966	913	1094	1204
	%	0.41	0.49	0.66	0.74	0.77	0.73	0.70	0.58	0.57	0.62	0.62

资料来源　根据联合国贸易与发展会议（UNCTAD）数据库2019年数据整理。

第二篇

世界经济运行机制

第四章

国际贸易机制

学习目标

本章学习的目标是了解国际贸易的产生、发展，特别是第二次世界大战后出现的新特征；熟悉国际贸易体制形成与演进的过程，以及对国际贸易发展的贡献；理解国际贸易在世界经济发展中的机制作用。

第一节　国际贸易的产生与发展

一、国际贸易的产生

国际贸易是指世界各国之间商品和服务的交换活动，是各国之间分工的表现形式，反映了世界各国在经济上的相互依赖。

国际贸易是在一定的历史时期和条件下产生的，它的产生应具备以下条件：一是生产力的发展，社会分工的深化；二是商品生产和商品交换的扩大；三是商人和商业资本的出现；四是国家的产生。

原始社会初期，由于社会生产力水平极其低下，人们必须通过集体劳动才能获得最基本的生活资料，并且是按照平均的原则在氏族公社成员之间进行分配，因此在这个阶段，没有剩余产品，没有交换，也没有私有制和国家，也就不存在对外贸易。到了原始社会中后期，随着社会生产力的发展，人类社会相继出现了三次大分工：第一次社会大分工是畜牧业同农业相分离；第二次社会大分工是手工业的出现；第三次社会大分工是商业的产生。三次社会大分工，每次都促进社会生产力的发展和剩余产品的增加，同时也促进私有制的发展。原始社会末期，作为阶级压迫的工具——国家代替了过去的氏族制度。在国家出现后，商品超越国界进行交换，国际贸易由此产生。

二、第二次世界大战前国际贸易的发展

1.奴隶社会的国际贸易

在奴隶社会，国际贸易的主要对象是奴隶及供王室和奴隶主享乐的奢侈品。国际贸易

的范围主要集中在欧洲的地中海和黑海沿岸，以及欧洲大陆和西北欧的少数城市和岛屿。国际贸易在奴隶社会经济中的地位并不重要，但对奴隶社会的影响是深远的，它促进了手工业的发展，促进了商品经济的扩大，对奴隶社会向封建社会过渡起到了一定的推动作用。

2.封建社会的国际贸易

在封建社会前期，进入流通领域的商品并不多。到了中、后期，随着城市手工业的发展，资本主义因素已开始孕育和生长，商品经济和对外贸易都有较快的发展。此时，贸易的商品除了奢侈品以外，还有日用手工业品和食品。同时，国际贸易的范围也由地中海扩大到北海、波罗的海和黑海沿岸。在我国，早在西汉时期，就开辟了从长安经中亚通往西亚和欧洲的陆路商路——丝绸之路。由于自给自足的自然经济占统治地位，封建社会的分工和商品经济仍不发达，国际贸易有很大的局限性，但它对于促进商品经济的发展，促进各国之间的经济、贸易关系的发展仍然有着重要的作用。

3.资本主义原始积累时期的国际贸易

在资本主义原始积累时期，工场手工业的广泛发展进一步促进了国际贸易的发展，参加国际贸易的商品结构有所改变，工业原料和城市居民消费品的比重有所上升，一些新商品，如烟草、可可、茶叶、咖啡等出现在欧洲市场上。同时，地理大发现对西欧经济发展和全球国际贸易产生了十分深远的影响。大批欧洲冒险家前往非洲和美洲进行掠夺性贸易，运回大量金银财富，甚至从事买卖黑人的罪恶勾当，同时还将这些地区变成本国的殖民地，妄图长久地保持其霸权，这在客观上加速了资本原始积累的进程，同时推动了国际贸易的发展。

4.资本主义自由竞争时期的国际贸易

欧洲国家先后发生的产业革命，确立了资本主义生产方式，推动了生产力的迅速发展。此时，国际分工开始形成，世界市场得以建立起来，国际贸易有了巨大发展。从商品结构上看，工业品贸易的比重显著上升，其中以纺织品的增长速度最快，并在国际贸易中占有重要地位。另外，钢铁、煤炭、机器、粮食等商品的贸易也有很大增长。从地理方向上看，这一时期的国际贸易，英、法、德、美居于重要地位，其中英国占有垄断的地位。英国最早完成了工业革命，依靠其雄厚的经济技术优势取得了世界霸主的地位，被称为“世界工厂”。19世纪70年代，英国在国际贸易中的比重达到了25%，几乎相当于法、德、美三国的总和。

在这一时期，贸易方式也有了进步，由过去的现场看货成交发展成为凭样品买卖，各种信贷关系随之发展起来。由于国际贸易的发展，开始出现为其服务的运输、保险和借贷等专业化企业。国家之间为将贸易渠道稳定下来，并与更多的国家开展友好贸易往来，贸易条约和协议的签订更加普遍。欧洲国家进一步推行殖民政策，使广大殖民地日益成为资本主义宗主国的销售市场和原料来源地，形成了不合理的国际分工。资本主义国家间在国际贸易中的竞争也趋于激烈。商品国际化的发展成为这一时期的主要特征。

5.资本主义垄断时期的国际贸易

19世纪末20世纪初，各主要资本主义国家从自由竞争时期过渡到垄断资本主义时期。这一时期，国际贸易发生了重大变化，并明显地带有垄断的特征，具体表现在：

（1）垄断组织进一步扩大贸易垄断范围

由于生产和资本的高度积聚和集中，垄断组织在经济生活中起着决定性的作用，它们不仅控制了国内贸易，而且控制了国际贸易，将一国垄断变成了多国垄断。国际贸易成了垄断组织追求最大限度利润的重要手段。

（2）殖民地、附属国被卷入资本主义世界经济体系

随着生产力的发展，国际分工形成了完整的体系，统一的、无所不包的世界市场也最终形成。垄断组织把资本输出和商品输出直接结合起来，加重了对殖民地、附属国的掠夺，同时殖民地、附属国不仅在国际贸易上，而且其全部经济都被卷入到错综复杂的国际经济联系中，形成了资本主义的世界经济体系。

（3）资本主义国家间市场竞争加剧

各国垄断组织在世界范围内激烈竞争，势均力敌的各方为避免在激烈竞争中两败俱伤，达成暂时妥协，建立国际垄断同盟，从经济上瓜分世界。

关税壁垒与非关税壁垒等贸易保护政策措施进一步加深了帝国主义国家之间的矛盾，而随着帝国主义发展不平衡的日益加剧，帝国主义国家之间为重新瓜分世界市场的斗争更趋尖锐化，并引起了世界大战的爆发。

三、第二次世界大战后国际贸易的发展

第二次世界大战后，由于科学技术的巨大发展和生产力水平的迅速提高，极大地促进了世界范围的社会化大生产和国际化大生产的发展。经济生活的国际化使各国之间在经济上互相联系和互相依赖的关系日益广泛和密切。作为国际经济联系的纽带——国际贸易，其发展速度和规模都远远超过了19世纪工业革命以后的贸易增长，也超过了同期世界GDP增长的速度。世界贸易组织在《2001年度报告》中指出，1990—2000年世界货物出口量年均增长率为6.8%，而同期世界国内生产总值年均增长率只有2.3%。这意味着国际贸易在各国GDP中的比重在不断上升，国际贸易在现代经济中的地位越来越高。1948—2008年的60年里，世界商品出口总值从约580亿美元增加到161 270亿美元，这就意味着2008年的世界出口总值相当于1948年的278倍！

但是，世界贸易的增长并不是直线上升，而是显示出波浪式阶段性特征。第二次世界大战后国际贸易的发展大致情况如下：第二次世界大战后至20世纪70年代初是国际贸易的迅速增长时期。此时，世界各国都在进行恢复性建设，世界经济和国际贸易都得到快速发展，国际贸易的增长速度快于世界经济。1948—1973年，世界贸易量（出口量）年均增长率达7.8%，世界生产的年均增长率达6.1%。20世纪70年代中期至20世纪80年代中期，世界经历了两次经济危机，并伴随着能源危机和严重的通货膨胀，出现了“滞胀”局面，国际贸易也进入缓慢发展时期。1974—1982年，世界贸易量年均增长率为2.4%，大

大低于前一个阶段。危机过后，20世纪80年代中期到20世纪末，国际贸易恢复迅速增长，特别是1995年世界贸易组织的成立，进一步推动了全球贸易自由化。在世界多边贸易体制、新一轮科技革命和全球性产业结构调整的综合作用下，世界经济和国际贸易进入了新的增长期。1985—1995年，世界贸易量年均增长率为6%。20世纪90年代中后期，甚至出现了更高的年增长率，如1995年为8%，1997年为9.5%。进入21世纪后，国际贸易发展进入了频繁调整时期，受IT产业泡沫破裂和美国“9·11”事件的影响，2001年和2002年两年世界贸易出现负增长，2003年开始恢复，2004年起全球贸易迎来新的增长，但2008年又受美国次贷危机影响而暂时进入低谷。2009年，世界货物贸易总额下降12.2%，是第二次世界大战以来最大跌幅。2010年及2011年，世界贸易又重现高速增长，分别实现13.8%和19%的增长率。但2012年受欧洲债务危机的影响，世界贸易的增长速度又明显放缓。2012—2016年，世界贸易平均增速不到2.5%。2017年有所回升，达到4.6%，2018年和2019年又回落至3.0%和2.6%。

四、国际贸易的作用

国际贸易在国际社会的不同历史发展阶段和不同性质的国家中所起的作用不尽相同，但具有一些共性，即国际贸易的一般作用。国际贸易的作用主要表现在以下几个方面：

1.国际贸易对世界经济发展的促进作用

（1）国际贸易可以加速国际经济合作的进程

国际贸易能够促进各国之间的相互依赖关系。随着商品交换的不断扩大，一国之内有限的生产能力难以满足要求，需要各个国家之间直接在生产领域进行广泛的合作。第二次世界大战后，第三次科技革命爆发，相继出现了电子工业、航天工业、核工业等新兴工业部门，这些新兴工业部门的生产，有时需要数国之财力、物力、科技等才能实现，这就使各国不得不加强国际经济技术合作。而国际贸易的广泛开展，加速了国际经济合作的步伐，从而带动了世界经济的快速发展。

（2）国际贸易使国际分工日益深化

早期的分工大多是部门之间的分工，这种分工主要是通过国际贸易来实现的。随着社会生产力的发展，各国在生产领域中进行了更为广泛和深入的分工，不仅打破了国家界限，而且深入到企业内部、车间工种、生产工序和工艺，又是国际贸易使这种纵横交错的国际分工紧密地联系在一起，极大地推动了世界经济的发展。

（3）国际贸易有利于国家间科学技术的交流与发展

在人类经济活动中，科学技术同生产是分不开的。只有将科学技术的成果应用于生产之中，才能使生产不断发展。因此，人们总是在不断地进行科学发明和创造。但是，科学技术的发明、创造和应用首先是在个别国家开始的，然后才通过各种渠道，主要是国际贸易推广到其他国家或地区。目前，科学技术已经作为商品在国家间直接进行交换。国际贸易不仅促进了国家间科学技术的交流，还起到了保护和发展科学技术的作用。

2.国际贸易对国际政治经济关系平衡发展的作用

首先，国际贸易是发展中国家要求平等的斗争武器。第二次世界大战后，随着殖民体系的瓦解，广大发展中国家在政治上相继独立，但经济上还没有完全独立。为了争取完全的独立，发展中国家联合起来，建立各种国际组织，如石油输出国组织、七十七国集团等，通过对原料、能源、粮食等的控制，共同与发达国家进行有理、有力的斗争。几十年来，发达国家在广大发展中国家的压力下不得不做出一些让步，如取消一些歧视性措施，给予发展中国家普遍优惠制待遇等，使双方形成了一种相互依赖、相互制约的关系，从而使发展中国家在国际政治、经济中的地位不断提高，同发达国家的贸易关系也不断得到改善。

其次，国际贸易能促进各国之间的友好往来。各国之间的友好关系多数是通过贸易往来联结起来的。国家之间可以通过贸易往来相互合作，相互联系，再相互了解。在相互尊重的前提下，平等地建立外交关系。另外，通过贸易往来也能加强各国人民之间的相互了解，加深各国人民相互之间的友谊，从而促进了各国友好关系的发展，有利于维护世界和平。

3.国际贸易对各国经济发展的促进作用

（1）对外贸易可以提高一国的利润率

首先，提高利润率可通过进口来实现。通过进口，可以使本国的不变资本（成本）和可变资本（成本）的要素变得比较低廉，从而提高一国的利润率；通过进口，可以引进大量的先进技术，节省大量研究费用。其次，提高利润率可通过出口来实现。根据价值规律，劳动生产率高的国家单位生产成本低，当该国把产品销售到国际市场上去时，可以以高于本国成本的价格出售，从而取得额外利益；一国还可以通过到其他国家投资设厂，从事对外贸易，以绕过对方国家的关税和非关税壁垒的限制，利用当地廉价资源，节省运费，提高利润率。

（2）对外贸易能促进一国社会产品的实现

从政治经济学的角度分析，社会产品的实现分两步：一是价值形态的实现，即原来投入到商品中的资本的实现。具体是C+V如何得到补偿。二是实物形态得到补偿。在生产产品过程中所使用的机器、原料、零部件要从实物上能得到补偿，不能生产一段时间后，出现原料和设备供应中断的现象。对外贸易有利于这两步的实现。首先，对外贸易本身可以扩大国外市场，如国内市场饱和了，商品卖不出去，就需要寻找国外市场，产品价值才能得以实现。其次，通过对外贸易可以使实物形态得到补偿，即可以买回原料、零部件和机器设备。

（3）对外贸易是接受经济传递的重要渠道

当前世界各国的经济发展已经密切地交织在一起，互相联系、互相渗透、互相促进、互相传递。各国间的经济传递日益加强，对外贸易是接受这种传递的重要渠道。国家间的经济传递过程是，从经济增长源的国家，向周围各国传递、辐射，即这个经济增长源国家在世界经济的发展中起着重要作用，如果它的经济周期到了复苏和高涨阶段，它（们）所表现出来的重要现象就是进口扩大。结果，使进口产品的市场价格上升（需求量大，价格上升），促使提供生产这些产品的国家实行资本与劳动力的重新配置。这种传递过程对该产品出口国的经济带动增大。历史上曾经出现过外贸带动经济增长的情况。英国最初工业生产水平较高，经济发展快。由于它同美国、加拿大等一些国家进行贸易，反过来促进和带动了这些国家的经济发展。经济学家把这种传递过程称为经济增长的“发动机”。

第二次世界大战后，亚洲“四小龙”（中国香港、中国台湾、韩国、新加坡）通过和日本、美国的贸易，带动和促进了它们的经济迅速发展，也说明了这种传递产生的巨大作用。当然，通过对外贸易接受经济传递的效果如何，还要受制于国家本身的对外开放度，与经济增长源国家之间的贸易关系，该国的出口商品在经济增长源国家的进口中所占的比重，国家本身的经济体制，该国的决策素质、管理水平等因素，同时，还存在着经济负传递的可能。

第二节　第二次世界大战后国际贸易发展与变化的主要特征

第二次世界大战后，国际贸易不仅在数额上大为发展，而且在世界市场的竞争中还日益呈现综合化、集团化和有序化的特征。所谓竞争日益综合化，是指把国际贸易中货物、服务与知识产权有机地结合起来，把贸易自由化与允许的保护结合起来，把跨国公司的发展与提高中小企业竞争力结合起来。所谓竞争集团化，是指加强经贸集团的组建，地区经贸集团的类型更加多样化，形成的基础发生结构性的变化，通过贸易和投资等方面的自由化，统一市场，扩大贸易规模，内部贸易占整个对外贸易的比重不断提高。所谓竞争有序化，是指积极发挥世界贸易组织的作用，在世界贸易组织原则的基础上进行“开放、公平和无扭曲的竞争”，使国际贸易的法律、规则和标准日益趋同化，与各国国内的相关法律、法规的相融性逐步加强。国际贸易的发展与变化主要呈现以下特征：

一、国际贸易商品结构发生新的变化

1.工业制成品在商品贸易中的比重不断上升

第二次世界大战后，伴随着第三次科学技术革命的发生，各个国家，尤其是发达资本主义国家产业结构不断优化，国际贸易中工业制成品的比重大大增加。1950年，工业制成品出口占世界全部商品出口价值的34.9%。20世纪60年代，这一比例增加到50%以上。20世纪70年代世界能源价格上涨，使得工业制成品的比重在50%~60%之间徘徊。20世纪80年代中期以后，工业制成品在贸易中的比重又开始攀升。到2008年，制成品在国际货物贸易中的比重达到63%。在工业制成品贸易中，工业革命后曾经处于重要地位的纺织品、服装等轻纺工业产品和钢铁等产品的地位逐渐下降，取而代之的是主要包括汽车在内的交通和机器设备、电气电子产品以及化工产品等。

2.国际服务贸易迅速发展

随着生产力的发展，国际贸易的内容也不断扩大，除了货物贸易外，还包括服务贸易和技术贸易。第二次世界大战后，全球服务业迅速发展，专业化程度日益提高，规模及效率不断提升，为国际服务贸易打下了坚实的基础，使其在国际贸易中的地位不断提高。第二次世界大战后初期，服务贸易在世界贸易中几乎没有引起重视。但从20世纪70年代开始，服务贸易日益成为国际贸易中的一个重要组成部分。世界服务贸易出口额从1980年的3 650亿美元扩大到2005年的24 147亿美元，25年间增长了5.6倍。自2005年以来，服务贸易年均增长5.4%，增速超过货物贸易年均4.6%的增长。2017年全球服务贸易总值已达到13.3万亿美元。服务贸易占世界贸易的比重已从1970年的9%增加到2018年的20%以上。

3.技术贸易在国际贸易中占据重要地位

技术贸易是指技术供应方通过签订技术合同，将技术有偿转让给技术接收方使用的贸易行为。第二次世界大战后，国际技术贸易随着科技革命的发展而迅速发展。1965年世界各国技术贸易额仅为30亿美元，20世纪70年代中期便达到100亿美元，到20世纪80年代中期达到500亿美元，1990年已达1 000多亿美元。据估计，现在全球有上万亿美元价值的可供贸易的知识财产。20世纪90年代，大多数发达国家的技术贸易额迅猛增长。1995—2000年，经合组织内技术贸易额占GDP的比重从0.4%提高到0.8%，而欧盟从0.44%提高到0.73%，美国从0.1%提高到0.28%。2001年，世界五大技术输出国依次为美国、德国、日本、法国和英国，其技术贸易量占经合组织国家技术贸易总量的比重分别为19.9%、15.7%、12.8%、7.5%和7.4%，这5个国家的技术贸易总量之和超过了经合组织技术贸易总量的60%。在国际技术贸易中，发达国家间的技术贸易占主导地位，特别是发达国家的跨国公司间的技术贸易几乎占全球技术贸易的一半。发达国家与新兴工业化国家和地区间的技术转让也占有重要地位，广大的发展中国家和地区，由于技术条件落后，加之资金缺乏、人才稀缺，致使其在国际技术贸易中居于次要地位。国际技术贸易不仅可以给技术出口国带来一笔可观的技术转让费，获得较大的贸易利益，它对技术进口国更为有利。通过技术进口，可以加速本国国民经济部门的技术改造和提高各经济部门的发展速度，特别是有利于促进产业结构的升级换代和优化组合。此外，可以缩短研制时间，节省研制费用，提高产品质量，增强综合国力和竞争力。

二、跨国公司成为世界贸易的主要力量

1.跨国公司的发展促进了国际贸易的增长

据联合国贸易与发展会议2003年《世界投资报告》的统计数据，2002年跨国公司母公司为6.5万家，海外子公司为85万家。跨国公司的贸易额占全球贸易总额的60%，其所掌握的高新技术占全球高新技术的70%，专利的80%以上，国际技术转让的75%~80%，发展中国家引进的先进技术90%来自于跨国公司。跨国公司对外直接投资占国际直接投资的90%以上，公司内部贸易占世界贸易总量的近1/3。其销售额的增长速度远远超过世界出口增长速度。第二次世界大战结束至今，世界贸易增长的速度为世界生产总值增长速度的1.5倍。目前将近一半的世界贸易由跨国公司进行。跨国公司数量的增长，规模的扩大，实力的增加，销售额的不断增长，大大地促进了国际贸易的增长。

2.跨国公司促进了国际技术贸易的发展

跨国公司是国际技术贸易中最活跃、最有影响力的因子。21世纪初，国际技术贸易额上升到5 000亿美元左右。这在很大程度上得益于跨国公司的技术与技术转让的发展。以技术贸易顺差的最大国美国为例，在技术贸易的专利和专有技术使用费收入中，跨国公司占85%。跨国公司控制了资本主义世界工艺研制的80%、生产技术的90%，国际技术贸易的75%以上是与跨国公司有关的技术转让。

3.跨国公司的发展推动了世界服务贸易的发展

20世纪70年代初期，服务业吸引的外资仅占全球FDI存量的1/4，到了20世纪90年代，这一比重上升至50%左右，而2002年服务业成为吸引外资的主体，达到60%。与此同时，初级产业和制造业的比重则从1990年的9%和42%下降至2002年的6%和34%。

三、国际贸易格局出现明显变化

第二次世界大战后，在新的科学技术革命的推动下，生产国际化有了很大的发展，国家间的经济依赖程度不断提高。无论是哪一个或哪一类国家，其经济的发展和繁荣，都越来越紧密地与世界上其他国家的经济发展联系在一起。这些国际政治经济领域的新变化，改变了一国相对独立的发展条件，使过去单一国家主宰世界经济事务的现象不复存在，国际贸易中的多极格局逐渐形成。随着经济全球化程度的不断加深和区域经济一体化趋势的加强，在世界贸易发展中进一步形成了北美、欧洲和东亚三大板块的新格局。发展中国家在国际贸易中的比重不断上升，在国际贸易中的地位和作用有了很大的提高。以中国为例，跨入21世纪以来，中国对外贸易额每年都快速增长。2004年，中国货物进出口总额达到11 548亿美元，超过日本，成为仅次于美国、德国的第三大货物贸易国；2009年，中国货物进出口总额达到22 075.4亿美元，超过德国，成为仅次于美国的第二大货物贸易国；2013年，中国货物进出口总额达到41 589.9亿美元，一跃成为全球第一大货物贸易国。据世界贸易组织统计，2018年，中国货物出口24 870亿美元，同比增长10%，占全球货物出口的12.8%，居世界第一位；进口21 359亿美元，同比增长16%，占全球货物进口的10.8%，居世界第二位，仅次于美国。在服务贸易方面，2018年，中国服务进出口总额7 857亿美元，其中，出口2 651亿美元，同比增长17 %，占全球服务出口总额的6.1%，进口5 206亿美元，同比增长112%，占全球服务进口总额的12.4%，服务进口额和出口额均仅次于欧盟和美国，居世界第三位。

四、贸易自由化成为国际贸易政策的主流

自由贸易政策是指国家对商品进出口活动不加干预，即对商品进口不加限制，不设障碍，对商品出口也不给予特权和优惠，任其依据市场经济规律自由地竞争与发展。

自由贸易政策产生于自由竞争时期的英国，是以亚当·斯密、大卫·李嘉图为代表的资产阶级经济学家的经济“自由放任”思想在对外贸易关系上的体现。两次世界大战期间，特别是在1929—1933年世界经济危机的冲击下，自由贸易政策被首先倡导的英国放弃。第二次世界大战后，随着世界经济的恢复与发展，贸易政策自由化成为世界各国贸易政策的主流。美国作为世界政治和经济的新领袖，第二次世界大战后积极倡导贸易自由化。贸易自由化的加强主要体现在：建立促进自由贸易的国际组织——关税与贸易总协定，推动了世界整体关税水平的大幅度下降；以欧盟为代表的区域经济一体化较为充分地得到发展；实施普遍优惠制度；放宽或逐步取消了进口限额、外汇管制等非关税壁垒措施等方面。

20世纪90年代以来，随着世界经济的好转和经济全球化趋势的不断加强，贸易自由化在已有的基础上进一步向纵深发展。

首先，世界贸易组织的建立为全球贸易自由化奠定了良好的基础。世界贸易组织成立以来，在落实乌拉圭回合谈判达成的协议内容，就服务贸易等一些框架协议继续谈判，帮助最不发达国家发展对外贸易，解决成员贸易争端等方面做了大量的工作，从而推动了贸易自由化的深入发展。

其次，区域经济一体化趋势的加强推动全球贸易自由化走向深入。例如，20世纪90年代以来，欧盟开始由贸易一体化逐渐向经济一体化和政治一体化过渡。

最后，发展中国家和地区以及转型国家也主动推行贸易自由化措施。从20世纪80年代到20世纪90年代初，在72个关贸总协定发展中国家（地区）缔约方中，有58个实施了单方面的贸易自由化改革。一向实行严格进口限制的印度、巴基斯坦等国也在20世纪90年代初实行了较为自由化的经济改革措施。原实行计划经济，由国家垄断对外贸易的国家，如中国、俄罗斯、越南等国，相继转向市场经济体制，改革外贸体制，主动对外开放，并积极申请加入世界贸易组织，加大贸易自由化步伐。

五、国际贸易保护主义的手段不断翻新

保护贸易政策的主要内容是：国家广泛利用各种限制进口的措施，保护本国市场免受外国商品、服务和投资的竞争，并对本国商品、服务出口和对外投资给予优惠和补贴。

保护贸易政策是一系列干预贸易行为的各种政策措施的组合。它在不同时期具有不同的特点。保护贸易政策始自西欧资本主义原始积累时期的重商主义，在资本主义自由竞争时期出现了美、德的保护幼稚工业政策，在1929—1933年经济危机后，演变为超保护贸易政策。原始积累时期重商主义政策的理论依据是重商主义学说，资本主义自由竞争时期出现的保护幼稚工业政策的理论依据是保护幼稚工业学说，而超保护贸易政策的理论依据则是对外贸易乘数理论。

进入20世纪70年代中期，两次石油危机使发达国家从经济的高速增长转向滞胀，失业问题深深困扰着各国。此时，美国由于商品竞争能力相对下降，贸易逆差迅速上升，率先采取了贸易保护主义措施，从而引起各国贸易政策的连锁反应，致使新贸易保护主义得以蔓延和扩张，新贸易壁垒措施不断涌现。

所谓新贸易壁垒，是相对于传统贸易壁垒而言的，指的是以技术壁垒为核心的包括绿色壁垒和社会壁垒在内的所有阻碍国际商品自由流动的新型非关税壁垒。与传统的非关税壁垒相比，新贸易壁垒主要有以下特点：第一，双重性。新贸易壁垒有其合理合法的一面，但出于保护心理，对某些国家产品进行有意刁难或歧视，又表现出不合理的一面。第二，隐蔽性。传统的非关税壁垒虽有一定程度的隐蔽性，但相对容易掌握，而新的贸易壁垒则使人防不胜防，多涉及产品标准及产品以外的问题。第三，复杂性。新贸易壁垒多涉及技术标准以及国内政策法规，比传统的非关税壁垒更为复杂。第四，争议性。新贸易壁垒经常介于合理和不合理之间，达成一致困难大，不易协调。

新贸易保护政策以采取包括技术贸易壁垒、绿色贸易壁垒在内的新贸易壁垒和反倾销等间接贸易限制为主要特征。

1.技术贸易壁垒

技术贸易壁垒系指那些超越公认的不合理和非科学的强制性或非强制性确定商品的某些特性的规定、标准和法规，以及旨在检验商品是否符合这些技术法规和确定商品质量及其适应性能的认证、审批和试验程序所形成的贸易障碍。技术贸易壁垒的形式主要有技术法规、技术标准、质量认证和合格评定程序、卫生检疫标准及商品包装和标签的规定等。

2.绿色贸易壁垒

绿色贸易壁垒系指一国为保护本国市场，借口为保护环境和国民健康，对进口商品提出带有歧视性、针对性的技术、安全和卫生标准。如达不到这些标准，进口国有权扣留、退回、销毁、索赔等；或不规范地使用国际公认的标准。绿色贸易壁垒的形式主要有环境许可证制度、禁止进口与环境贸易制裁、绿色补贴制度、复杂苛刻的环保技术标准、苛刻的绿色检验检疫措施、绿色包装和标签制度及绿色环境标志和认证制度等。

20世纪90年代以来，国际贸易中绿色贸易壁垒开始盛行，其主要原因在于：全球自然资源匮乏，生态环境恶化，为绿色贸易壁垒的出现提供了契机；消费观念的更新，“绿色需求”的扩大，推动了绿色贸易壁垒的形成。此外，为了在国际竞争中取胜，一些发达国家有意利用和加强环保上的各种要求作为竞争手段，以限制进口，保护国内市场。

3.社会壁垒

社会壁垒是指以保护劳动者劳动环境和生存权利为借口采取的贸易保护措施。社会壁垒的主要标准是基于《国际劳工组织宪章》《联合国儿童权利公约》《世界人权宣言》而制定的一种以保护劳动环境和条件、劳工权利等为主要内容的管理标准体系，包括童工、强迫劳动、就业歧视、组织工会与集体谈判权、健康与安全、工时、工资、政法措施和管理体系9个方面。该标准的初衷是好的，但许多发达国家将其作为限制发展中国家商品进入本国市场的手段。

4.“双反”措施的滥用

所谓“双反”，是指反倾销和反补贴。反倾销税是对实施倾销的进口商品征收的进口附加税。反补贴税是对直接或间接接受出口补贴的外国商品所征收的进口附加税。

倾销是指一国以低于正常价值的价格向他国销售产品，它是一种价格歧视行为，会影响国际贸易正常发展并对受倾销国家内的相关工业造成冲击和损害。出口补贴是一国政府向本国的出口商提供的资金或财政上的优惠措施，使其产品在国际市场上比未享受补贴的同类产品处于更有利的竞争地位。倾销和出口补贴都被认为是不公平的贸易行为。世界贸易组织的《反倾销协议》和《补贴与反补贴措施协议》对实施反倾销税和反补贴税的基本要件及基本程序都做了详细规定。但随着世界自由贸易体制的加强和传统关税壁垒贸易保护措施作用受到限制，越来越多的国家将反倾销和反补贴这两种世界贸易组织所允许的、合法的、以示贸易公平的做法作为贸易保护的手段，甚至出现了滥用的现象。2011年10月，美国对中国的光伏产品（主要是中国输美太阳能电池）展开“双反”调查并最终裁定对其征收14.78%~15.97%的反补贴税，以及18.32%~249.96%的高额反倾销税。2012年7月，欧盟对中国光伏产品展开反倾销调查并最终裁定从2013年6月6日到8月6日对其征收11.8%的临时反倾销税，此后4个月税率将升至47.6%。2018年2月，美国宣布“对进口中国的铸铁污水管道配件征收109.95%的反倾销关税”。2018年2月27日，美国商务部宣布“对中国铝箔产品厂商征收48.64%~106.09%的反倾销税，以及17.14%~80.97%的反补贴税”。2018年3月9日，特朗普正式签署关税法令，“对进口钢铁和铝分别征收25%和10%的关税”。

5. 贸易单边主义抬头

所谓单边主义，是指举足轻重的特定大国，不考虑大多数国家和民众的愿望，单独或带头退出或挑战已制定或商议好了的维护国际性、地区性、集体性和平、发展、进步的规则和制度，并对全局或局部的和平、发展、进步有破坏性的影响和后果的行为与倾向。

冷战结束之后，美国单边主义政策便不断发展，在贸易、环保和军事领域一次次挥舞单边主义大棒，对多边主义造成一次次“撕裂”和“颠覆”，国际多边贸易体制正遭受严峻挑战。

早在竞选时，特朗普就曾多次抨击跨太平洋伙伴关系协定（TPP）“摧毁了美国的制造业”，表示当选后不再签署大型区域贸易协定。2017年1月，美国总统特朗普就任仅4天就宣布美国退出TPP。2018年，特朗普政府不顾中方劝阻，执意发动贸易战，掀起了又一轮的中美贸易争端。2018年6月15日，美国政府发布了加征关税的商品清单，对从中国进口的约500亿美元商品加征25%的关税，其中对约340亿美元商品自2018年7月6日起实施加征关税措施，同时对约160亿美元商品加征关税开始征求公众意见。双方正式开打贸易战。过去一段时间，美国政府还针对加拿大、墨西哥、欧盟、日本等国家和地区挑起了贸易争端，并屡屡以关税措施为大棒发出威胁。美国加征额外关税这一典型的单边主义和保护主义行径不仅伤及双边和多边层面的正常经贸关系，也已成为全球经济的一大隐忧，使得全球贸易体系岌岌可危。

【案例分析】

中美贸易争端

中国"入世"以来，美国一直是与中国发生贸易摩擦最多、最激烈的国家。

2018年6月15日，美国政府发布了加征关税的商品清单，对从中国进口的约500亿美元商品加征25%的关税。2018年7月6日，美国开始对第一批清单上818个类别、价值340亿美元的中国商品加征25%的进口关税。作为反击，中国也于同日对同等规模的美国商品加征25%的进口关税。

2018年7月10日，美国政府公布进一步对华加征关税清单，拟对约2 000亿美元的中国商品加征10%的关税。作为回应，中方于2018年8月3日公布了针对自美进口的约600亿美元商品加征关税的反制措施。

2018年8月8日，美国贸易代表办公室（USTR）公布第二批对价值160亿美元的中国进口商品加征关税的清单，8月23日起生效。最终清单包含了2018年6月15日公布的284个关税项目中的279个，包括摩托车、蒸汽轮机等产品，征收25%的关税。2018年8月23日，美国在301调查项下对自中国进口的160亿美元商品加征25%关税。2018年9月18日，美国政府宣布实施对从中国进口的约2 000亿美元商品加征关税的措施，自2018年9月24日起加征关税税率为10%。

2018年9月24日，中国国务院新闻办公室发布《关于中美经贸摩擦的事实与中方立场》白皮书。2018年12月1日晚，国务委员兼外交部部长王毅就中美元首会晤举行中外媒体吹风会，中美双方就经贸问题进行的讨论十分积极，富有建设性，两国元首达成共识，停止相互加征新的关税。

2019年5月10日，美方将对2 000亿美元中国输美商品加征的关税从10%上调至25%。

2019年8月15日，针对美国贸易代表办公室宣布将对约3 000亿美元自华进口商品加征10%关税，国务院关税税则委员会有关负责人表示，美方此举严重违背中美两国元首阿根廷会晤共识和大阪会晤共识，背离了磋商解决分歧的正确轨道。中方将不得不采取必要的反制措施。国务院关税税则委员会对8月3日后新成交的美国农产品采购暂不排除加征进口关税，中国相关企业相继暂停采购美国农产品。

2019年8月24日，美方宣布将提高对约5 500亿美元中国输美商品加征关税的税率，中方对此坚决反对。

2019年9月1日，美国对华3 000亿美元输美产品中第一批加征15%关税措施正式实施，中国就此在世贸组织争端解决机制下提起诉讼。

2019年9月25日，美方公布了三份对中国加征关税商品的排除清单，涉及400多项商品。中方支持相关企业继续按照市场化原则和WTO规则，自美采购一定数量大豆、猪肉及制品等农产品，国务院关税税则委员会将继续对上述采购予以加征关税排除。

2019年11月7日，中国商务部新闻发言人高峰表示，如果中美双方达成第一阶段协议，应当根据协议内容，同步等比率取消已加征关税，这是达成协议的重要条件。

2019年12月19日，中美双方在平等和相互尊重的基础上，就第一阶段经贸协议文本达成一致，美方将履行部分取消对华产品拟加征和已加征关税的相关承诺。

其结果如何，只能拭目以待。

资料来源　根据多家媒体截至2019年12月28日报道整理。

案例思考题：

1. 什么原因导致中美之间的贸易争端？

2. 中美贸易争端对中美双方经济和世界经济有何影响？

第三节　国际贸易体制的形成及其演进

一、国际贸易体制的形成

第二次世界大战前，国际贸易活动主要以单边或双边的形式进行，各国贸易政策的制定完全从自身的利益出发，缺少地区性的贸易协调机制，更无真正意义上的世界贸易体制。第二次世界大战后，国家间的经济合作与竞争逐渐成为经济发展的主导趋势。作为调节世界经济的三大支柱的国际货币基金组织、世界银行和关税与贸易总协定（General Agreement on Tariff and Trade，GATT）应运而生，并推动了全球性的经济发展。其中，关税与贸易总协定虽然以《临时使用议定书》的方式运行，但就其性质来说是一个准国际贸易组织，具有“经济联合国”之称。

关税与贸易总协定作为一个国际贸易谈判的场所和解决争端的机构，一直致力于各国贸易政策的协调。它从1947年签署、1948年1月1日正式实施到世界贸易组织的成立，期间共主持了8轮全球性多边贸易谈判，就谈判所解决的问题而言，关税与贸易总协定多边贸易谈判大致分为三个阶段，即以进口关税减让为主的第一阶段（第1~6轮）、以非关税措施减让为主的第二阶段（第7轮谈判）和一揽子解决多边贸易体制根本性问题的第三阶段（第8轮谈判）。

关税与贸易总协定的第8轮多边贸易谈判亦称乌拉圭回合，从1986年9月开始启动到1994年4月签署最终协议，谈判历时8年，是关税与贸易总协定的最后一轮谈判。乌拉圭回合多边贸易谈判达成的《乌拉圭回合多边贸易谈判成果的最后文件》，简称《最后文件》，是一个“一揽子文件”，包括28个协议和协定，涉及的内容可分为三类：第一类是修订原有的关贸总协定和货物贸易总协定，以有效处理长期存在的一些老问题，如反倾销、反补贴、数量限制、保障条款中的问题，将纺织品贸易和农产品贸易重新回归关贸总协定的问题。第二类是制定新规则，规范和贸易有关的新问题，如知识产权保护、服务贸易和投资措施。第三类属于体制建设问题，其中最重要的是建立世界贸易组织，取代原有的关税与贸易总协定。

二、国际贸易体制的发展

1.世界贸易组织的建立

世界贸易组织是根据乌拉圭回合多边贸易谈判达成的《建立世界贸易组织协定》于1995年1月1日建立的，是按照乌拉圭回合多边贸易谈判达成的最后文件所形成的一整套协定和协议的条款作为国际法律规则，对各成员之间经济贸易关系的权利和义务进行监督、管理的正式国际经济组织。

尽管关税与贸易总协定成功地降低了关税水平，但是在20世纪70年代和80年代由能源危机带来的西方发达国家的经济衰退与萧条，促使各国政府采取形形色色的贸易保护措施。同时，关税与贸易总协定主要处理的是货物贸易领域问题，而自20世纪70年代以来，服务贸易以及知识产权贸易大幅度上升，加上发达国家产业升级以及跨国公司全球化战略的影响，单纯货物贸易在国际贸易中的地位日益受到削弱，对于新出现的国际贸易现象，关税与贸易总协定显然力不从心。因此，从东京回合谈判开始，关税与贸易总协定就酝酿着变革，一直持续到乌拉圭回合谈判期间才使改革多边贸易体制的设想得以实现。以世界贸易组织为核心的多边贸易体制在保留和继承关税与贸易总协定宗旨、职能和基本原则合理内核的基础上，又加以发展，使其更加完善、合理。

2.世界贸易组织的宗旨

世界贸易组织的宗旨和关税与贸易总协定的宗旨从根本上讲是一致的，但根据当代国际贸易关系中出现的新形势和新要求，世界贸易组织的宗旨又进行了必要的补充。具体内容是：各成员在处理贸易和经济关系发展方面，应该关注提高生活水平，保证充分就业，大幅度提高实际收入和有效需求，扩大货物与服务的生产和贸易，坚持可持续发展和世界资源的合理利用，保护和维持环境，并以符合不同经济发展水平下各自需要的方式采取相应的措施，进一步做出积极的努力，确保发展中国家尤其是最不发达国家在国际贸易增长中获得与其经济相适应的份额。

3.世界贸易组织的职能

为了实现上述宗旨，世界贸易组织具有以下几项职能：

（1）监督、管理多边贸易协议的履行和实施

《建立世界贸易组织协定》规定，世界贸易组织首要和最主要的职能就是“便利本协议和多边贸易协议的履行、管理和实施，并促进其目标的实现”，以及“为多边贸易协议的履行、管理和实施提供框架”。

（2）作为贸易谈判的场所

在世界贸易组织的谈判包括两类：第一类是对关税与贸易总协定和乌拉圭回合已经涉及的议题的谈判；第二类是世界贸易组织部长级会议可能决定的有关多边贸易关系的进一步谈判，如果进行此类谈判，世界贸易组织也可以提供使谈判结果生效的框架。

（3）解决贸易争端

世界贸易组织的第三项职能是解决成员间可能产生的贸易争端，以尽量避免贸易问题

政治化的倾向，避免世界和平局势被打破。

（4）审议各成员的贸易政策

世界贸易组织的第四项职能是按照《世界贸易组织协议》规定的时间、期限对各成员的贸易政策进行审议。

（5）通过技术援助和培训项目在贸易政策问题上帮助发展中国家

世界贸易组织在《关于有利于最不发达国家措施的决定》中规定，只要是最不发达国家，“只承担与其各自发展、财政和贸易需要或其管理和机构能力相符合的承诺和减让”，且协议中的规则和过渡期“应以灵活和有支持作用的方式适用于最不发达国家”。

（6）与其他国际组织进行合作

世界贸易组织的第六项职能是“为实现全球经济决策的更大一致性”，酌情与国际货币基金组织和世界银行进行合作。

4.世界贸易组织的基本原则

体现世界贸易组织宗旨的基本原则主要有以下几个方面：非歧视原则、自由贸易原则和公平竞争原则。这些原则基本上是从关贸总协定继承过来的，但比关贸总协定使用的范围更广；这些原则不仅适用于货物贸易，也适用于服务贸易和知识产权保护方面。

（1）非歧视原则

非歧视原则指的是对成员方贸易政策上的一视同仁，对本国（地区）产品和外国（地区）产品的一律平等。非歧视原则是通过最惠国待遇原则和国民待遇原则条款来实现的。

①最惠国待遇原则。所谓最惠国待遇原则，指的是缔约一方现在和将来给予任何第三方的一切特权、优惠和豁免，也同样给予对方。

②国民待遇原则。所谓国民待遇，指的是一个国家（地区）对外国（地区）自然人或法人在某些事项上（如在民事权利方面）给予与本国（地区）自然人或法人同等的待遇。

（2）自由贸易原则

世界贸易组织倡导并致力于推动贸易自由化，要求成员方尽可能地取消不必要的贸易障碍，开放市场，为货物和服务在成员间的流动提供便利。自由贸易原则的基本精神是要消除贸易壁垒，促进贸易发展。但面对各国的现实，只能采取逐步和局部降低贸易壁垒的办法。对于关税，总的原则是只能下降不能上升，成员方之间通过谈判达成的关税减让不能单方面任意取消，或通过别的方式来取代减让的关税。对进口数量的限制，原则上规定要取消。但这些规定目前都不是绝对的，在某些情况下，世界贸易组织允许保留或使用一些贸易保护措施，包括关税与配额。这些情况包括：改善国际收支、对受伤害工业作短暂保护、稳定农产品市场、国家安全需要。对发展中成员方来说，贸易保护还被允许用来作为实现某项经济发展目标的手段。但是，所有这些关税与非关税的措施都必须在非歧视原则下实施。

自由贸易原则在服务业上的体现是市场准入。世界贸易组织《服务贸易总协定》要求，各成员方为其他成员方的服务产品和服务提供者提供更多的投资与经营机会，分阶段逐步开放商务、金融、电信、分销、旅游、教育、运输、医疗保险、建筑、环境、娱乐等服务领域。

（3）公平竞争原则

除了自由贸易以外，公平竞争也是世界贸易组织的一个重要目标。公平竞争原则包含三个要点：公平竞争原则体现在货物贸易领域、服务贸易领域和与贸易有关的知识产权领域；公平竞争原则既涉及成员方的政府行为，也涉及成员方的企业行为；公平竞争原则要求成员方维护产品、服务或服务提供者在本国（地区）市场的公平竞争，不论其来自本国（地区）或其他任何成员方。为了保证公平竞争，世界贸易组织禁止任何扭曲国际商品市场价格的行为，包括倾销和出口补贴。世界贸易组织允许成员方在某项工业遭遇到别国（地区）倾销或出口补贴等歧视性贸易措施时，征收反倾销税或反补贴税以维持公平贸易。世界贸易组织的《反倾销协议》和《反补贴协议》的另一个目的也是防止成员方利用反倾销和反补贴的名义来实施贸易保护主义，反过来制造不公平竞争。

（4）鼓励发展和经济改革

超过3/4的世界贸易组织成员是发展中国家（地区）以及正处于对非市场经济体系进行经济改革的国家（地区）。在乌拉圭回合谈判的过程中，有60个以上的上述国家（地区）实施了贸易自由化计划。有的国家（地区）是作为其加入关税与贸易总协定谈判的一部分而实施的，有的则是在自愿基础上实施的。这种趋势有效地消除了那种认为多边贸易体制的存在是为了发达国家（地区）的看法。乌拉圭回合谈判中，发展中国家（地区）表示准备承担要求发达国家（地区）承担的大部分义务。对此，世界贸易组织也给予其进行调整的过渡期，以适应较不熟悉和可能是较为困难的世界贸易组织条款。此外，世界贸易组织号召对最不发达国家（地区）的出口提供便利，同时为这些国家（地区）寻求进一步的技术支持。

（5）透明度原则

透明度原则是指，WTO成员方应公布所制定和实施的贸易措施及其变化情况，没有公布的措施不得实施，同时还应将这些贸易措施及其变化情况通知世贸组织。此外，成员方所参加的有关影响国际贸易政策的国际协定，也应及时公布和通知WTO。

5.世界贸易组织首轮多边贸易谈判——多哈回合

为了实现世界贸易组织宗旨，进一步加强世界贸易自由化，巩固和落实乌拉圭回合谈判成果，2001年11月，世界贸易组织在卡塔尔首都多哈举行第四届部长级会议，启动了新一轮多边贸易谈判，人们称为“多哈发展议程”，简称“多哈回合”。多哈回合谈判有八个主要议题，分别是：农业、非农产品市场准入、服务、知识产权、规则、争端解决、贸易与环境以及贸易和发展问题。原定于2005年1月1日前全面结束谈判，但由于一些成员在农业及非农产品市场准入等议题上分歧较大，致使谈判一波三折。

2003年9月，在墨西哥坎昆举行的世界贸易组织第五届部长级会议上，由于各成员在农业等问题上没有达成一致，会议无果而终，多哈回合谈判陷入僵局。经过世界贸易组织和各成员的努力，2004年8月1日，各成员就多哈回合谈判达成框架协议，为削减农业补贴和取消关税、降低工业品关税、推动服务贸易自由化和贸易便利化确定了基本原则，并同意将谈判结束的时间推迟到2006年年底。

2005年12月，在中国香港举行的世界贸易组织第六届部长级会议通过了《部长宣言》，但在事关多哈回合成败的削减农业补贴、降低非农产品关税和开放服务业等关键领域，谈判仍未取得突破性进展。

2006年6月底，世界贸易组织成员高层谈判再次破裂。参加八国集团圣彼得堡峰会的各国领导人曾表示将优先考虑多哈回合新的贸易协定，但这些承诺并没有转化成具体的谈判行动。

2008年7月，代表世界贸易组织153个成员的30多个代表在日内瓦举行部长级磋商，试图为年内完成多哈回合谈判做出关键性努力。结果，谈判再次遭遇挫折。2008年12月6日，WTO公布了多哈回合谈判农业和非农产品市场准入的最新文本，以期为曾酝酿于当月召开的小型部长级会议铺平道路，促成成员方就关税削减和农业补贴问题达成共识。2008年12月12日，WTO总干事拉米临时召集驻WTO代表团团长会议，称因近期磋商无实质性进展，将放弃年底前召集小型部长级会议的计划，但新文本将2008年7月日内瓦小型部长级会议就一些问题上暂时达成的一致意见记录在案。

2009年9月，已经“休眠”14个月之久的多哈回合谈判艰难重启。在世界贸易组织召开的小型部长级会议上，与会的近40个成员的代表就重启多哈回合谈判的步骤达成共识，并重申以发展为核心的多哈回合谈判应在2010年内结束。

2010年3月，世贸组织召开了为期一周的、称为“清仓盘点”的高官会议，就所有议题谈判的结果、存在的分歧、达成一致的可能性逐项进行清点，发现问题仍然很多，离最终目标差距很大。多哈回合谈判未能如期在2010年结束。

2011年7月，多哈回合谈判“缩水版”方案在日内瓦出炉，153个成员方最终一致同意将谈判议题分为3个进度：纳入快速通道的是对来自48个最不发达国家的产品实行零关税和零配额的一揽子帮助计划，该计划力求在2011年12月达成协议；工业品市场准入、农业、服务业、贸易和与贸易相关的知识产权等议题则进入了慢速通道；正在讨论的其他一些议题被列入了中速通道。

2013年12月，在世贸组织第九届部长级会议期间，众成员达成“巴厘一揽子协议”，也被称为多哈回合谈判的“早期收获”。这是多哈回合谈判12年来达成的首份全球贸易协议。尽管如此，这项协议仅限于贸易便利化、农业、发展等少数议题，对于共有八大议题的多哈回合谈判来说，这项协议仅是奠定了推进未来谈判的基础。多哈回合谈判仍然任重而道远，众成员仍在积极寻求推进多哈回合谈判的新方法。

2015年12月15日至19日，世贸组织第十届部长级会议在肯尼亚内罗毕举行。会议通过了《内罗毕部长宣言》及9项部长决定，承诺继续推动多哈议题，成果丰富。一是世贸组织成员首次承诺全面取消农产品出口补贴；二是达成了近18年来世贸组织首个关税减让协议——《信息技术协定》扩围协议，涉及1.3万亿美元国际贸易；三是在优惠原产地规则、服务豁免等方面切实给予最不发达成员优惠待遇；四是正式批准阿富汗和利比里亚加入世贸组织。

2017年12月10日，世界贸易组织第十一届部长级会议在阿根廷首都布宜诺斯艾利斯闭幕。包括中国、加拿大、澳大利亚和韩国等在内的44个世贸组织成员在此次会议期间发表联合声明，重申支持多边贸易体制。声明说，一直以来世贸组织的规则框架促进了国际贸易发展，确保了贸易争端的和平解决，并有效遏制了保护主义抬头，推动了世界经济发展和繁荣。

【世界经济之窗】

谁让“WTO皇冠上的明珠”黯然失色

2019年12月11日，WTO争端解决机制因上诉机构法官人数不足难以正常运转，全球基于规则的多边贸易体制正面临前所未有的危机。

自世贸组织多哈回合谈判陷入停滞以来，贸易争端解决机制成为世贸组织最权威且有效运转的部分，而上诉机构作为贸易争端解决终裁机构，有着“WTO皇冠上的明珠”之称，重要性不言而喻。如今这颗“明珠”黯然失色，美国难辞其咎。

世贸组织上诉机构常设7个法官席位，经遴选产生，每届任期4年，可连任一届。法官遴选程序遵照世贸组织成员协商一致原则，即在164个成员一致同意的情况下，法官才能当选就任。世贸组织上诉机构法官席位空缺问题由来已久，各方一直呼吁尽快解决。但令人遗憾的是，美国一再滥用世贸组织成员一票否决权，2年29次动用此项权利，单方面阻挠上诉机构遴选新法官。该机构从2018年1月起仅剩3名成员，由于美方阻挠纳新，上诉机构一直无法及时补选。2019年12月10日又有2名上诉机构成员任期届满，之后将只剩1人。鉴于每起上诉案必须由3名成员组庭审理，该机构11日被迫陷入“停摆”。

上诉机构“瘫痪”，导致上诉案件不能得到终审裁决，长此以往贸易争端解决机制可能名存实亡。此外，缺少了可以正常运转的上诉机构，成员们在过去20多年间享有的“安全和可预测的”国际贸易环境将会消失，整个体制将“驶向未知的水域”。

世贸组织争端解决机制被称为“多边贸易体制的支柱”，对维护基于规则的多边贸易秩序、和平解决贸易争端起到关键作用。一旦该机制失效，国际贸易有可能陷入“丛林法则”支配的危险境地。丛林法则是自然界里生物学方面的物竞天择、适者生存、优胜劣汰、弱肉强食的规律法则。丛林法则作为一个社会学、政治学概念，指的是在法治不健全的社会，人际关系、个人和组织关系都遵循弱肉强食的规则，武力成为决定命运、决定生死存亡的决定性力量。这就意味着国际贸易体系将从一个以规则为导向的多边贸易体系向一个以力量为导向的体系转变，世贸组织成员尤其是发展中成员有可能陷入无力维权的困境。

当前，世贸组织面临严峻挑战，但各国间扩大经贸合作的主流意愿没有改变，也不会改变。世贸组织规则体系并非十全十美，改革实属必要，但改革方向需要大家商量着办，任何成员都不能为一己之私任性妄为，甚至不惜让整个多边机制瘫痪。世贸组织一些共识性原则也必须得到遵守，例如，维护多边贸易体制的核心价值，保障发展中成员的发展利益以及遵循协商一致的决策机制。从长远看，各方应在求真务实、坦诚合作的基础上，继续推进世贸组织改革，珍惜和维护来之不易的多边贸易体制，从根本上解决上诉机构法官遴选僵局，让“明珠”再次发出耀眼光芒。

资料来源　根据2019年12月12日新华每日电讯、中国经济网等相关报道整理。

三、国际贸易体制的完善

世界贸易组织建立的时间虽短，但全球的大部分经济体都处于这一多边贸易体制之内。世界贸易组织继承和发展了关贸总协定的基本原则，它对国际贸易体制的进一步完善起到了十分重要的作用。

1.世界贸易组织促进了国际贸易体制的法制化和规范化

世界贸易组织促进国际贸易体制的法制化和规范化，最突出地表现在建立完善的争端解决机制、以投票表决为基础的决策机制和创立贸易政策评审机制三个方面；

（1）建立完善的争端解决机制，解决了不同协议或协定中争端解决规则的协调问题，设立了解决贸易争端的权威机构——争端委员会，对争端解决各阶段确定了具体的时限，加强了对裁决后执行情况监督的力度。

（2）以投票表决为基础的决策机制，是指世界贸易组织采用投票表决方式，每个缔约方在部长级大会和总理事会都有一票。由于规定部长级大会和总理事会对世界贸易组织协定和多边协议包括各种规则的例外的解释和决议要有3/4绝对多数同意才能通过，过去经常被滥用的各种规则的例外很难使用。

（3）世界贸易组织贸易政策评审机制，是一个由全体缔约方参加的审议世界贸易组织成员贸易政策的论坛。评审的目的是敦促各缔约方遵守世界贸易组织的制度、法律，尽到作为成员的义务，并通过对成员的经济政策与行为的评审，以提高透明度，更加顺利地发挥多边贸易组织的作用。

世界贸易组织对各成员的这种约束有利于国际贸易和投资的发展，可减少因一成员方政府政策变动给国际贸易带来的风险。同时，这种约束也会使得各成员方企业面对的政策环境逐步相近，竞争会变得更加公平。

2.世界贸易组织为不同体制的国家和企业提供了共同的竞争规则

经济全球化发展的一个必然要求是各国经济体制和制度的趋同，从而为经济体的全球化行动提供适宜的制度环境。然而，由于制度的差异，很容易在各国之间造成贸易摩擦，使企业的全球化扩展受到阻碍。世界贸易组织的规则是各成员方协商的结果，因此在共同的规则下进行经济和贸易活动，可以减少摩擦，有利于世界经济的发展。

3.世界贸易组织完善了争端解决机制

世界贸易组织成立之后，大量贸易争端的顺利解决，体现了其贸易争端解决机制的效力，从而避免了各成员方将自己的标准强加于贸易伙伴，在一定程度上避免了许多“贸易战”，减少了贸易纠纷给各方带来的损失。

4.多边贸易体制的完善有利于资源的合理配置和全球经济福利的提高

日趋合理的国际贸易体制促进了生产的全球化，使企业在世界范围内组织生产，寻求最低的生产成本，从而提高资源的使用效率，带来经济发展和收入水平的提高。贸易自由化和贸易便利使市场规模不断扩大，为消费者提供了更大的选择范围，可以让消费者享受到更多样化的产品与服务，同时关税水平的下降也降低了生产成本，增进了消费者的福利。

总之，从某种意义上说，世界贸易组织的建立，对国际贸易的稳定发展奠定了制度基础，使国际贸易体制日趋完善，但国际多边贸易体制正不断受到单边主义的挑战。

本章小结

国际贸易是指世界各国之间商品和服务的交换活动，是各国之间分工的表现形式，反映了世界各国在经济上的相互依靠。国际贸易是历史的范畴，产生于原始社会末期。第二次世界大战后，国际贸易的增速和规模都远远超过了19世纪工业革命以后的贸易增长。国际贸易不仅促进了各国经济的发展，也有利于世界经济和国际政治经济关系的平衡发展。第二次世界大战后国际贸易发展与变化的主要特征表现在国际贸易商品结构的优化，跨国公司成为世界贸易的主要力量，国际贸易格局出现明显变化，贸易自由化成为国际贸易政策的主流，贸易保护主义的手段不断翻新。1995年1月1日正式建立的世界贸易组织是对成员间经济贸易关系的权利和义务进行监督、管理的正式国际经济组织。世界贸易组织继承和发展了关贸总协定的基本原则，使国际贸易体制进一步完善。目前，全球的大部分经济体都处于这一多边贸易体制之内。

关键术语

国际贸易　服务贸易　技术贸易　自由贸易政策　保护贸易政策　关税与贸易总协定　世界贸易组织　最惠国待遇原则　国民待遇原则

复习思考题

1.简述国际贸易的产生。

2.简述第二次世界大战后国际贸易发展与变化的新特征。

3.第二次世界大战后贸易自由化主要表现在哪些方面？

4.简述新贸易壁垒的主要表现及其特点。

5.世界贸易组织有哪些基本原则？

6.试论世界贸易组织对国际贸易体制的贡献。

相关数据资料

2018年世界十大商品进出口国（地区）

单位：亿美元

排序	出口国（地区）	出口值	占世界出口（%）	年增长率（%）	排序	进口国（地区）	进口值	占世界进口（%）	年增长率（%）
	世界	194 754	100	—		世界	198 665	100	—
1	中国	24 870	12.8	10	1	美国	26 143	13.2	9
2	美国	16 640	8.5	8	2	中国	21 359	10.8	16
3	德国	15 608	8.0	8	3	德国	12 856	6.5	11
4	日本	7 384	3.8	6	4	日本	7 487	3.8	11
5	荷兰	7 227	3.7	11	5	英国	6 735	3.4	5
6	韩国	6 049	3.1	5	6	法国	6 726	3.4	9
7	法国	5 818	3.0	9	7	荷兰	6 460	3.3	12
8	中国香港	5 692	2.9	3	8	中国香港	6 275	3.2	6
9	意大利	5 466	2.8	8	9	韩国	5 352	2.7	12
10	英国	4 857	2.5	10	10	印度	5 107	2.6	14

资料来源　世界贸易组织 World Trade Statistical Review 2019。

剔除欧盟28国内部贸易后2018年世界十大商品进出口国（地区）

单位：亿美元

排序	出口国（地区）	出口值	占世界出口（%）	年增长率（%）	排序	进口国（地区）	进口值	占世界进口（%）	年增长率（%）
	世界	153 187	100	—		世界	157 098	100	—
1	中国	24 870	16.2	10	1	美国	26 143	16.6	9
2	欧盟28国	23 087	15.1	9	2	欧盟28国	23 375	14.9	11
3	美国	16 640	10.9	8	3	中国	21 359	13.6	16
4	日本	7 384	4.8	6	4	日本	7 487	4.8	11
5	韩国	6 049	3.9	5	5	中国香港	6 275	4.0	6
6	中国香港	5 692	3.7	3	6	韩国	5 352	3.4	12
7	墨西哥	4 506	2.9	10	7	印度	5 107	3.3	14
8	加拿大	4 498	2.9	7	8	墨西哥	4 765	3.0	10
9	俄罗斯	4 440	2.9	26	9	加拿大	4 690	3.0	6
10	新加坡	4 126	2.7	11	10	新加坡	3 706	2.4	13

注：世界进出口值和欧盟进出口值均不包含欧盟内部贸易。

资料来源　世界贸易组织 World Trade Statistical Review 2019。

剔除欧盟28国内部贸易后2018年世界十大服务贸易进出口国（地区） 单位：亿美元

排序	出口国（地区）	出口值	占世界出口（%）	年增长率（%）	排序	进口国（地区）	进口值	占世界进口（%）	年增长率（%）
	世界	43 334	100	—		世界	41 978	100	—
1	欧盟28国	10 890	25.1	7	1	欧盟28国	8 654	20.6	7
2	美国	8 082	18.7	4	2	美国	5 362	12.8	3
3	中国	2 651	6.1	17	3	中国	5 206	12.4	12
4	印度	2 045	4.7	11	4	日本	1 980	4.7	4
5	日本	1 873	4.3	3	5	新加坡	1 867	4.4	3
6	新加坡	1 837	4.2	7	6	印度	1 754	4.2	14
7	瑞士	1 227	2.8	2	7	韩国	1 228	2.9	2
8	中国香港	1 139	2.6	9	8	加拿大	1 118	2.7	5
9	韩国	954	2.2	10	9	瑞士	1 032	2.5	0
10	加拿大	917	2.1	6	10	俄罗斯	933	2.2	7

注：世界进出口值和欧盟进出口值均不包含欧盟内部贸易。

资料来源 世界贸易组织World Trade Statistical Review 2019。

主要贸易大国对外贸易的发展（1950—2018） 单位：亿美元

国别	项目	1950	1960	1970	1980	1990	2000	2010	2015	2016	2017	2018
世界贸易总额	出口	618	1 302	3 182	20 501	34 957	64 523	153 027	165 463	159 932	176 878	194 140
	进口	640	1 378	3 304	20 910	36 093	66 547	154 215	167 157	162 018	179 792	197 937
中国	出口	6	26	23	181	621	2 492	15 778	22 735	20 976	22 633	24 867
	进口	6	26	23	199	533	2 250	13 962	16 796	15 879	18 438	21 357
法国	出口	31	70	182	1 164	2 173	3 268	5 238	5 062	5 012	5 352	5 819
	进口	31	64	196	1 375	2 408	3 381	6 111	5 708	5 677	6 186	6 725
德国	出口	20	114	342	1 929	4 211	5 504	12 589	13 262	13 343	14 482	15 606
	进口	27	102	299	1 880	3 556	4 960	10 548	10 511	10 553	11 629	12 857
日本	出口	8	41	193	1 304	2 876	4 793	7 698	6 249	6 451	6 984	7 381
	进口	10	45	189	1 413	2 354	3 795	6 941	6 481	6 077	6 714	7 485
俄罗斯	出口	18	56	128	765	1 038	1 050	4 006	3 414	2 817	3 531	4 431
	进口	15	56	117	685	1 209	449	2 486	1 930	1 915	2 384	2 487
英国	出口	63	106	194	1 101	1 851	2 847	4 160	4 596	4 090	4 411	4 869
	进口	73	130	218	1 155	2 244	3471	5 911	6 262	6 366	6 435	6 740
美国	出口	100	196	432	2 256	3 936	7 819	12 785	15 026	14 510	15 463	16 660
	进口	96	163	424	2 569	5 169	12 593	19 691	23 153	22 501	24 084	26 123

注：1950—1990年，俄罗斯为苏联数据，德国为联邦德国数据。

资料来源 根据联合国贸易与发展会议（UNCTAD）数据库2019年数据整理。

第五章

国际货币金融机制

学习目标

了解国际金本位制的主要类型和演变过程，熟悉相关基本概念；重点掌握国际金本位制的主要特点及缺陷；熟悉布雷顿森林体系的主要内容、特点和缺陷；了解布雷顿森林体系的崩溃以及牙买加体系的形成；掌握牙买加体系的内容、特点和主要缺陷；了解欧盟、东亚以及美元化国家的区域性货币协调机制

国际金融体系主要包括国际货币体系、国际金融组织体系、国际金融市场体系及监管体系等。国际货币体系是整个国际金融体系的核心，国际货币体系的变革必然会引起整个国际货币金融机制的调整，并对世界经济和各国经济的发展产生影响。

第一节 国际货币制度与运行机制的演进

国际货币制度（International Monetary System），亦称国际货币体系，是指支配各国货币关系的规则和机构所形成的一个完整系统。它是为适应国际贸易和国际结算的需要，对国际储备的确定、货币的兑换及国际收支的调节等所形成的各种安排和确定的原则，以及为此而建立的有关组织形式的总称。国际货币制度虽然几经变迁，经历了金本位制、布雷顿森林体系和牙买加货币体系，但其基本内容都应包括如下几个方面：一是国际储备资产的确定，即以什么作为各国都能接受的国际储备资产来应付国际支付的需要，在人类历史上国际货币制度经历了从商品本位制到信用货币本位制的变革；二是货币比价及汇率制度的安排，也就是汇率的形成机制与调节机制；三是国际收支的调节机制。国际货币制度的演进必然会带来运行机制的变迁。

一、国际金本位制

金本位制是一种商品本位制。商品本位制是指以黄金或白银为主的贵金属为本位货币，即基础货币的一种货币制度。金本位制是最典型的商品本位货币制度，它是指以一定量的黄金作为基础货币而建立起来的一种货币制度。在金本位制下，黄金具有货币的全部职能，发挥着价值尺度、流通手段、贮藏手段、支付手段的作用。国际金本位制通常指的是1880—1914年所实行的典型的金币本位制度。

1.国际金本位制度的形成与国际储备资产的确定

典型的金本位制以黄金铸成金币作为法定货币在市场上流通，因此也称为“金铸币本位制”。金币的形状、重量和成色由国家法律规定，可以自由铸造和自由熔化；辅币和银行券可以自由兑换成金币，具有无限法定偿还能力的主币和具有有限法定偿还能力的价值符号（辅币和银行券）同时流通。当金本位制被各国普遍采用时，黄金充当世界货币便具备了制度条件，国际储备可以使用黄金，并以黄金进行国际结算，黄金可以自由地输出输入国境。这些特点使本位货币的名义价值与实际价值相等，国内价值和国外价值趋于一致，保证了货币制度的相对稳定性。金本位制概念强调一国内部的货币基础是黄金，而国际金本位制则进一步包括了实行金本位制的不同国家货币之间的制度安排。国际金本位制的形成是以各国首先在国内采用金本位制为前提的。

18世纪后期开始，随着西欧封建制度瓦解和资本主义制度的确立与发展，主要资本主义国家陆续放弃银本位或双金属本位，转而采取金本位制。英国于1816年颁布《金本位制度法案》（铸币条令），1盎司黄金的价值被规定为3英镑17先令10.5便士，并且允许自由铸造和自由输出、输入金币，标志着英国开始实行金本位制。随后，德国于1871年宣布实行金本位制，荷兰、丹麦、瑞典、挪威等国于1873年也相继实行金本位制，1879年美国用黄金固定了美元的价值。英国是当时最发达的资本主义国家，也是全世界最重要的经济中心和金融中心，因此基于金本位制的英镑取得了和黄金同等重要的国际地位。到19世纪末，主要资本主义国家先后在国内实行了金本位制，并逐步形成了以黄金为基础、以英镑为中心的国际金本位制度。

基于金币本位制的国际金本位制并不是各国通过成文法规或文件而达成的制度安排，而是由金币作为货币的自身特点决定并自发形成的。由于各国的货币本身便具有固定的黄金价值，汇率天然地具有稳定性。1880—1914年是国际金本位制运行的黄金时代，也是自由资本主义竞争的全盛时期，该阶段几乎没有出现过因货币问题而造成的国家经济利益冲突，资本主义经济快速发展，高度繁荣。

2.国际金本位制下的汇率机制

（1）金本位制度下汇率的决定

在国际金本位制度下，由于各国铸币所含黄金的重量、成色、单位及名称各不相同，当两种货币进行兑换时，其兑换的比率就以两种金铸币的含金量之比来确定。两种货币的含金量之比称为铸币平价，也称汇兑平价或法定平价，也就是以各国货币法定的黄金含量为依据计算得到的外汇兑换率。铸币平价是金本位制度下决定汇率的基础。如当时的英国货币1英镑铸币的重量为123.27447格令，成色为22开金，即含金量为113.0016格令。美国货币1美元铸币的重量是25.8格令，成色为90%，即含金量为23.22

格令。根据含金量对比，两国货币的铸币平价就是113.0016÷23.22=4.8666，即1英镑折合为4.8666美元。

（2）金本位制度下汇率的波动与调整机制

铸币平价只是决定汇率的基础，正如市场价格往往会背离价值那样，外汇市场的实际汇率则由外汇的供求直接决定。当某一外汇的供给大于需求时，则外汇汇率就要下跌；反之，当某一外汇的供给小于需求时，则外汇汇率就要上涨。由于金本位制具有“金币可以自由铸造”“黄金可以自由输出入”的特点，所以汇率只能在以“铸币平价”为中心、以“黄金输出点”与“黄金输入点”为上下界限的汇率带内上下波动。铸币平价加上将黄金由本国输往外国的运费就是“黄金输出点”；铸币平价扣减将黄金由外国输往本国的运费则为“黄金输入点”，统称为“黄金输送点”。

当汇率高于黄金输出点时，进口商就宁愿购买黄金再花费运费将其输送到国外，兑换或铸造成外国货币后用于偿付国际债务，而不是直接用本国货币购买外汇来偿付国际债务；相反，当汇率低于黄金输入点时，出口商用出口所获得的外汇收入在外国购买黄金运回国内，再将其兑换或铸造成本国货币，因为这样做比将外汇直接兑换成本国货币更为有利。这样，一旦汇率高于黄金输出点，本国对外汇的需求就会减少，外汇汇率，即外国货币的价格将趋于下降；一旦汇率低于黄金输入点，外汇的供给就会减少，外汇汇率趋于上升。

由于当时平均运费相对于黄金的价值而言很小，国际金币本位制下的汇率形成机制决定了外汇汇率只能在黄金输送点之间窄幅波动，这一时期的汇率制度是一种内生的固定汇率制度。黄金输送点规则保证了各国货币之间汇率的稳定。

【世界经济之窗】

黄金输送点

给定1英镑的含金量为113.0016格令，1美元的含金量为23.22格令，1英镑与1美元的黄金含量之比决定了英镑对美元的汇兑平价为1英镑=4.8666美元。《经济学家》转述说1877—1914年间英镑兑美元的黄金输送点平均为1英镑=4.827~4.890美元。这些平均数应该不具备长期稳定性，因为运输和保险费是变化的，并且私人银行家可能对成本和运送黄金的优势有不同的评价。但可以肯定当时在英美之间运送1英镑黄金的费用一般只有几美分。

假设在英国和美国之间输送价值1英镑的黄金的平均成本为0.05美元，那么对于美国进出口商而言，黄金输出点为1英镑=4.9166美元，黄金输入点则为1英镑=4.8166美元。假定美国进口商从英国进口一批价值10万英镑的货物，当时的汇率水平为1英镑=4.9265美元，高于黄金输出点。按照规定的含金量，10万英镑的价值为1 130.016万格令黄金。如果直接用美元兑换英镑进行结算的话，美国进口商的支出为49.265万美元，折合为1 143.9333万格令黄金；但如果用美元购买1 130.016万格令黄金的话只需支付48.666万美元，再加黄金的运输费用0.5万美元，美国进口商的成本将仅为49.166万美元，较前者节约了990美元。因此美国进口商将选择输出黄金，而不是将美元兑换为英镑。

汇率低于黄金输入点的情况显然与之相反。值得注意的是，对于英国的进出口商而言，黄金输出点为1英镑=4.8166美元，黄金输入点则为1英镑=4.9166美元。除了进出口商出于国际结算的目的而输出或输入黄金之外，一旦汇率波动超过了黄金输送点，国际投机者的跨国套利行为也将改变原有的外汇供求关系，使汇率水平很快地恢复到黄金输送点的上下界限之内。

资料来源 马赛厄斯，等. 剑桥欧洲经济史：第八卷［M］. 王宏伟，译. 北京：经济科学出版社，2004.

3. 国际金本位制下的国际收支调节机制

国际金本位制隐含着三个规则：一是货币当局有义务维持本币对黄金的固定价格，并依据各国货币的黄金含量确定汇兑平价；二是黄金可以无限制地自由输出和输入，货币当局必须按规定的含金量买卖黄金；三是各国纸币的发行量必须受本国黄金储备量的限制。在遵守三项金本位制规则的前提条件下，一国国内的货币供给会被动地由于黄金流入而增加，或由于黄金流出而减少，并由此形成了国际收支的自动调节机制，即“物价-铸币流动机制”。

当经常账户收支出现逆差时，对外汇需求的增加将导致外汇汇率上升，本币贬值。一旦外汇汇率升值幅度超过黄金输出点，就会出现黄金外流，国内货币供给减少，国内价格水平和生产成本下降，从而会提高本国产品的出口竞争力，导致出口增加，经常账户收支状况得到改善；当经常账户收支出现顺差时，外汇供给的增加将导致外汇汇率下降，本币升值。如果外汇汇率贬值的幅度超过黄金输入点，黄金便会由外国流入本国，引起货币的供给量的增加，进而使国内价格水平和生产成本上升，本国产品出口的竞争力削弱。最终，出口的减少将导致该国经常账户顺差消失，国际收支恢复平衡。

国际金本位制下的固定汇率不但大幅降低了各国货币兑换的交易费用，消除了国际交易结算的汇率风险，而且国际收支的大致平衡和通货膨胀率的基本稳定也得以维持。1880—1914年，14个主要国家的汇率平均波动不到4%，以消费者物价指数衡量的通货膨胀率波幅则不超过5%。稳定的货币制度和汇率制度有力地促进了世界经济的发展和世界市场的统一。

4. 国际金本位制的崩溃

金本位制得以维持的条件是黄金的产量要适应于经济规模的扩展。生产力的发展和经济规模的扩大使货币需求不断增加，但有限的黄金产量无法满足国内生产和流通不断扩大以及社会财富快速增长的要求，国民经济发展与货币基础的矛盾日益尖锐，国际金本位制走向瓦解具有历史的必然性。

在第一次世界大战前夕，各帝国主义国家为了备战加紧了对黄金的掠夺，使金币自由铸造、价值符号与金币自由兑换受到严重削弱，黄金的输出入也开始受到严格限制。1914年第一次世界大战爆发以后，帝国主义国家军费开支猛增，纷纷停止金币铸造并终止银行券与黄金的自由兑换，禁止黄金出口，从根本上破坏了金币本位制赖以存在的基础。在两次世界大战之间各国曾试图恢复国际金本位制，根据“节约黄金”的原则实行金块本位制或金汇兑本位制，但由于国际金本位制的内在缺陷并未消除，金块本位制和金汇兑本位制也都不可避免地走向瓦解。第一次世界大战结束后，国际市场投机盛行，各国为改善自身的国际收支状况普遍采取了以邻为壑的政策，动摇了固定汇率制的稳定性。1931年，英国无力招架挤兑黄金储备的风潮，不得不宣布英镑为不兑换货币，彻底破坏了金本位制的根基，金本位制下的固定汇率体系也随之瓦解，国际货币体系自此进入信用货币本位时代。

二、布雷顿森林体系

英国在1931年、美国在1933年放弃金本位制后，国际金本位制彻底崩溃，各国大多转而实行纸币流通的管理货币制度。由于在纸币制度下纸币不能自由兑换黄金，政府发行货币也不受黄金的限制，所以各国往往过量发行货币，造成通货膨胀，使纸币的金平价同它表示的实际价值背离。由于主要国家的货币制度混乱，国际汇率长期陷于不稳定状态，各国纷纷加强外汇管制和利率管制，实行竞争性贬值和外汇倾销，以邻为壑的货币战大行其道。1929—1939年是世界经济大萧条的10年，可以说这一时期国际货币体系的基本特征就是无政府状态。

国际金本位制瓦解后的混乱及其给世界经济所带来的冲击为建立新的国际货币体系提供了经验和教训。第二次世界大战结束前夕，即将成为战胜国的英美两国着手拟订战后重建计划，其中最重要的内容之一就是建立国际货币金融新秩序，消除汇率的波动和以邻为壑的竞争性贬值。

1944年7月，来自44个国家的300位代表出席了在美国新罕布什尔州布雷顿森林城召开的“联合国国际货币金融会议”，通过了《联合国国际货币金融会议最后决议书》以及《国际货币基金组织协定》和《国际复兴开发银行协定》两个附件，这两项协定被总称为《布雷顿森林协定》，标志着布雷顿森林货币体系的建立。布雷顿森林体系是一个相当完善的钉住汇率体系，它设立了一个永久性的国际金融机构，即国际货币基金组织（IMF），并建立了关于汇率安排和成员方国际收支调节机制的一系列规章制度。

1.布雷顿森林体系下的国际储备制度

布雷顿森林体系被称为黄金-美元本位制，其核心是美元与黄金挂钩、其他国家的货币与美元挂钩的“双挂钩”机制。具体而言，美元以每盎司35美元的固定价格钉住黄金，承诺各国的中央银行可以按此价格自由地将美元兑换成黄金，这样每种货币通过钉住美元而间接钉住黄金，美元取代黄金充当国际货币，从而确立了在世界范围内美元的货币锚作用。黄金和美元共同作为国际储备资产，形成了一种商品-信用储备制，美元被广泛用于国际上的计价单位、支付手段和贮藏手段。由于美元使用方便，又能生息，加之币值稳定，其他成员都愿意持有美元而非黄金作为国际储备。因此布雷顿森林体系又被称为“可兑换黄金的美元本位”，其实质是以美元-黄金为基础的国际金汇兑本位制。

将美元与黄金挂钩，使其等同于黄金，可以在相当程度上弥补国际清偿能力和国际支付手段的不足，有效缓解了国际金本位制下有限的黄金产量与日益膨胀的经济规模和货币需求之间的矛盾，促进了第二次世界大战后国际贸易和世界经济的发展。

2.布雷顿森林体系下的汇率机制

布雷顿森林体系实行的是以黄金-美元为基础的、可调整的固定汇率制。按照35美元等于1盎司黄金的黄金官价，1美元的含金量为0.888671克纯金，各国货币则与美元保持可调整的固定比价，即可调整的钉住汇率（Adjustable Peg）。由于各国货币均通过美元与黄金间接挂钩，各国货币的相对汇率便可以通过它们对美元的汇率来确定。各成员的货币对美元的汇率波动被限制在中心平价的上下1%（后期稍微扩大到上下2.5%）的狭窄汇率带内，即所谓官定上下限。各国货币当局有义务在外汇市场上进行干预以维持汇率的稳定。只有在一国的国际收支发生“根本性不平衡”时，才允许对本国货币实行法定贬值或法定升值，但平价的变动必须得到国际货币基金组织的批准。由于各国货币都与美元保持相对固定的比价，因此各国货币之间实际上也保持着可调整的固定比价，构成了布雷顿森林体系下的固定汇率体系。

布雷顿森林体系要求成员在条件成熟时取消对经常账户交易的外汇管制，但允许成员对国际资本流动进行管制，以防止国际投机资本迫使成员在时机未成熟前改变平价。根据保罗·克鲁格曼（P. Krugman）所提出的“三元悖论”的基本原理，汇率稳定、国际资本自由流动以及独立的货币政策三个目标不可能同时实现，因此布雷顿森林体系允许成员广泛实行资本控制，以便能够在维持钉住汇率的同时，使成员更多地追求国内货币政策的独立性。

在布雷顿森林体系下，各国政府通过恶意操纵汇率来调整国际收支的做法受到遏制，消除了各个货币集团之间的相互对立。汇率的相对稳定降低了国际结算的风险，避免了外汇倾销，缓和了国际货币金融关系。国际货币金融关系的改善为第二次世界大战后世界经济的恢复和发展提供了保障，使国际贸易得到迅速发展。

3.布雷顿森林体系下的国际收支调节机制

在布雷顿森林体系下，由于各国的货币供应量与其黄金储备量之间已不存在直接的联系，国际金本位制时期的国际收支自动调节机制已不复存在。根据国际货币基金组织的设计，国际收支逆差可通过以下途径进行调节：

（1）国际货币基金组织贷款

对于暂时性的国际收支失衡，IMF通过普通贷款账户向逆差国提供短期资金融通，协助会员国调整国际收支。但IMF能够提供的资金融通相对于需求来说实在是很少的，而且贷款条件十分严格，很难满足会员国的需要。

（2）汇率调整

在国际收支出现“根本性失衡”时，如永久性的结构性冲击、持续通胀等所造成的长期的国际收支逆差，在征得IMF同意后，可以在不超过10%的幅度内对汇率平价进行调整。在布雷顿森林体系下，汇率调整并不容易，会员国不可能把它作为一项工具经常使用。

（3）支出政策

在布雷顿森林体系的固定汇率制度下，货币政策的实施受到限制，各国可以通过政府支出的增减间接对国际收支进行调整。如在国际收支逆差时，实施紧缩性的财政政策，减少总需求，使进口需求下降，同时随着物价水平的下降，出口竞争力增强，达到减少国际收支逆差的目的。但这种做法往往会与国内经济目标发生冲突。

《国际货币基金组织协定》原则上规定了国际收支调整的"对称性"义务，即顺差国和逆差国应共同承担调节国际收支失衡的责任。然而在实际当中，不仅国际收支失衡调节乏力，而且调节责任不对称。在布雷顿森林体系下，美国发生国际收支赤字，可用增发短期债务的办法来弥补；而其他国家由于不能利用汇率杠杆来调节国际收支，IMF提供的贷款又十分有限，便只能采取一些有损于国内经济目标实现的经济政策，这就会造成国内经济的不稳定，从而形成为实现外部平衡而牺牲内部平衡的状况。此外，世界经济发展的不平衡使各国货币的实际价值与法定的美元平价之间的背离程度不断扩大，这就使国际收支失衡问题变得越来越严重，在"双挂钩"的汇率制度框架下，调整国际收支的难度也越来越大。国际收支长期失衡成为布雷顿森林体系的特色之一。

【案例分析】

布雷顿森林体系时期的国际收支失衡

纵观整个布雷顿森林体系运行时期世界主要大国的国际收支状况，收支大体平衡的状况极为稀少，收支出现大的顺差或逆差却成为普遍现象。布雷顿森林体系运行的最初10年间，西方诸国为恢复和发展经济，从美国进口了大量的物资。美国也趁机大肆进军西欧市场，剩余物资源源不断地销往欧洲，美国出现了巨额的国际收支顺差。统计资料显示，1946—1954年，美国的经常账户顺差累计达450亿美元。在此期间，西方主要国家除美国外，均为连年贸易逆差。大量的美元回流美国，出现了"美元荒"的现象。

从20世纪50年代后期开始，世界主要国家的国际收支状况发生了逆转。以德国和日本为代表的战败国和"马歇尔计划"的受援国经济迅速恢复，国际收支状况不断好转，国际储备直线增加。美国却因为支撑庞大的马歇尔援助计划及发动越南战争消耗了大量资金，国际收支逆差连年累积。1950年以后，美国除个别年度略有顺差外，其余各年度都是逆差，并且呈逐年增加的趋势。仅1971年上半年，美国的贸易逆差就高达83亿美元。随着国际收支逆差的逐步增加，美国的黄金储备日益减少。1949年，美国的黄金储备为246亿美元，占当时整个资本主义世界黄金储备总额的73.4%，这是第二次世界大战后的最高数字，此后逐年减少。至1971年8月尼克松宣布实行"新经济政策"时，美国的黄金储备只剩下102亿美元，而短期外债为520亿美元，黄金储备只相当于积欠外债的1/5。美国巨额逆差一直持续到20世纪70年代布雷顿森林体系的瓦解。国际收支的不平衡直接影响到汇率的稳定，导致多次美元危机的发生。

资料来源　牛伯栋．布雷顿森林体系的历史作用与欧元启动［J］．历史教学，2000（9）．

案例思考题：

1.美国为何可以长期保持国际收支逆差？

2.试分析长期逆差对美国经济发展的利弊。

4.布雷顿森林体系的内在缺陷

“特里芬难题”是1960年美国经济学家罗伯特·特里芬（R. Triffin）在《黄金与美元危机——自由兑换的未来》一书中提出的一个悖论。特里芬称，由于美元与黄金挂钩，而其他国家的货币与美元挂钩，美元虽然取得了国际核心货币的地位，但是各国为了发展国际贸易，必须用美元作为结算与储备货币，这样就会导致流出美国的货币在海外不断沉淀。如果美国的国际收支保持顺差，国际储备资产就不能满足国际贸易发展的需要，世界经济将陷入通货紧缩，导致“流动性危机”；如果美国的国际收支保持逆差，满足各国美元储备需求的增长，其美元对外负债必然增加，然而黄金储备却难以同步增加，这会逐渐导致对美国保证美元兑换黄金的信心丧失，产生“信任危机”，外国中央银行会不断要求用美元兑换黄金，引发美元危机，危及国际货币制度，从而加速体制的崩溃。

这两个要求互相矛盾，因此“特里芬难题”是一个悖论，它决定了布雷顿森林体系的不稳定性和必然垮台。“特里芬难题”的提出告诫世人，依靠主权国家货币来充当国际清偿能力的货币体系必然会陷入“特里芬难题”而走向崩溃。不论这种货币能否兑换黄金，不论是哪一国货币，也不论是以一国货币为主还是平均的几国货币，这对于分析未来国际货币体系的发展无疑有着重要的启示作用。

5.布雷顿森林体系的崩溃

布雷顿森林体系建立之初，美国强大的经济实力、金融实力给体系内其他国家以稳定的信心。美国占有世界绝大部分黄金储备，工业生产和对外贸易都占据绝对优势。世界各国忙于第二次世界大战后经济的恢复和发展，需要美元来充实国际储备，美国也恪守协议规则，按照固定汇率向世界各国提供美元和黄金兑换。这一时期的美元币值稳定，国际货币体系平稳运行，为第二次世界大战后各国经济的恢复和发展创造了较为宽松的国际货币环境。

但20世纪50年代后期，国际经济局势发生了明显的变化。美国的对外军事扩张和“马歇尔计划”中的廉价美元政策使得美国的国际收支开始出现赤字，逐渐动摇了人们对美元的信心，国际上用美元兑换黄金的压力越来越大，出现了“美元灾”，美国黄金储备大量外流。1960年，美国的短期债务增加到210亿美元，而此时美国的黄金储备只有168亿美元，负债超过了黄金储备量。1960年10月，伦敦黄金市场价格猛涨到41.5美元/盎司，超过官价20%，美元大幅贬值，出现了布雷顿森林体系中的第一次美元危机。1968年3月，伦敦等国际黄金市场猛烈抛售美元购入黄金，美元危机再度爆发，美国流失的黄金在半个月内就达到14亿美元，迫使美国实行“黄金双价制”，即在官方市场和私人黄金市场上分别实行不同的黄金价格。国际货币基金组织则于1969年创设了“特别提款权”（SDR）用于成员的政府间结算，试图用这种非主权国家货币充当国际储备资产，以缓解

"特里芬难题"。

1971年，美国经常账户收支出现了1893年以来的首次巨额逆差，西欧市场再度掀起了抛售美元、抢购黄金和马克等西欧货币的狂潮，致使美元暴跌、黄金价格猛涨。同年8月15日，美国总统尼克松宣布实行"新经济政策"，停止黄金双价制，美国不再承担按官价向其他国家中央银行兑换黄金的义务。1973年2月再度爆发美元危机，迫使美国在1973年2月12日再度宣布美元对黄金和其他主要货币贬值。同年3月，各主要国家的货币都放弃了固定汇率制转而实行浮动汇率制，布雷顿森林体系彻底瓦解。

三、牙买加体系

布雷顿森林体系瓦解后，西方主要国家货币汇率摆脱了布雷顿森林体系的约束和控制，纷纷选择了自由浮动或管理浮动，而广大的发展中国家则普遍实行较为严格的钉住汇率制度。1976年IMF"国际货币制度临时委员会"在牙买加首都金斯敦召开会议并签署了《牙买加协定》；同年4月，IMF理事会通过了国际货币基金组织协议的第二次修订案。《牙买加协定》成为现行国际货币体系改革和发展的基本准则，在《牙买加协定》基础上形成的目前的国际货币体系被称为牙买加体系，也被称为后布雷顿森林体系。

严格地说，自20世纪70年代初布雷顿森林体系瓦解后，国际货币体系从未真正建立起来。牙买加体系只是1976年牙买加国际货币会议对布雷顿森林体系瓦解后世界各国各行其是的现状的承认，真正的国际货币游戏规则还没有建立起来，也有人称为"无体系的体系"（Non-system System），其实质是以美元为中心的多元化国际储备和浮动汇率体系。

1.牙买加货币体系关于国际储备资产的安排

牙买加体系下，国际储备资产结构由从前的以黄金和美元为主向多元化方向发展。

（1）黄金非货币化得到官方承认

《牙买加协定》取消了黄金作为各国货币平价基础的作用，黄金与货币脱钩，不再与货币之间存在法律意义上的直接关系，而是成为一种可以自由交易的、单纯的商品。但由于黄金作为一种商品具有特殊性，其国际储备功能仍然受到各国重视。一方面，黄金可以作为抵押品或偿债担保来获取国际贷款；另一方面，黄金储备也可以在必要的情况下出售，换取外汇用来偿还国际债务。因此各国货币当局都保留一部分黄金作为国际储备资产，称为货币黄金（Monetary Gold）。

（2）特别提款权的国际储备地位得到提高

特别提款权是由IMF创设的一种账面资产，其价值由一篮子货币确定。根据《牙买加协定》，IMF一般账户中的资产一律以特别提款权表示，并在各种业务中扩大特别提款权的适用范围。成员可以用特别提款权来偿还向IMF的借款，成员之间也可以自由地进行特别提款权交易，不必征得IMF的同意。《牙买加协定》原本希望能够用特别提款权取代美元在国际货币体系中的作用，以解决主权国家货币单独作为储备货币而必然产生的"特里芬难题"。然而从实际运用状况来看，特别提款权还远未成为一种真正意义上的储备货币。

（3）美元、日元、欧元、英镑等货币成为主要国际储备货币

IMF鼓励成员方持有多元化的储备货币，积极促进德国马克和日元等多种货币的国际化。美元在世界各国官方外汇储备中的比重由1973年的76.1%降至1990年的56.4%，但其后比重有所回升，2008年为64%；日元由1973年的0.1%增至1990年的9.1%，后因长期经济萧条等因素又降至2008年的3.3%；欧元诞生后，其比重由1999年的17.9%稳步升至2008年的26.5%。由于大部分国际交易以美元计价和结算，在国际储备货币多元化的过程中美元仍居于主导地位。

2.牙买加体系下的汇率机制

《牙买加协定》从法律上认可了布雷顿森林体系瓦解后，世界各国在汇率制度安排方面各行其是的状态，承认了浮动汇率的合法化，但同时又强调IMF在稳定汇率等方面的监督和协调作用。IMF成员方可以自由选择固定汇率制度或浮动汇率制度，但必须事先取得IMF的同意并接受IMF的监督，以保证汇率安排的有序性和汇率的稳定性。成员方应维持国内经济稳定以促进国际金融市场的稳定，在尽量减小汇率波动幅度的同时还需使汇率符合各国经济长期的基本情况，避免通过操纵汇率来实施对国际收支的调节和谋取不公平的竞争利益。

牙买加体系是一种混合的汇率安排。IMF将世界各国的货币制度分为8个类型：

（1）放弃独立法定货币的汇率制度（Exchange Arrangements with No Separate Legal Tender）

一国不发行自己的货币，而是使用他国货币作为本国的法定货币；或者一个货币联盟中（例如欧元区），各成员使用共同的法定货币。根据IMF统计，截至2008年4月，汇率制度安排属于这一类型的国家有10个。

（2）货币局制度（Currency Board Arrangements）

一国或地区首先确定本币与某种外汇（通常为美元）的法定汇率，然后按照这个法定汇率以100%的外汇储备作为保证来发行本币，并且保持本币与该外币的法定汇率不变。目前有13个国家或地区采用货币局制度，其中就包括我国的香港地区。

（3）其他通常的固定钉住汇率制度（Other Conventional Fixed Peg Arrangements）

一国将其货币以一固定的汇率钉住某一外国货币或外国货币篮子，汇率在1%的狭窄区间内波动。这一类国家目前有68个。

（4）水平波幅内的钉住汇率制度（Pegged Exchange Rates within Horizontal Bands）

它与前一类型的主要区别在于汇率波动的幅度宽于1%。目前实行这一汇率制度的国家只有3个。

（5）爬行钉住汇率制度（Crawling Pegs）

一国货币当局以固定的、事先宣布的值，对汇率不时进行小幅调整，或根据多指标对汇率进行小幅调整。中国等8个国家的汇率制度被IMF归入这一类型。

(6) 爬行波幅汇率制度 (Exchange Rates within Crawling Band)

一国货币汇率保持在围绕中心汇率的波动区间内，但该中心汇率以固定的、事先宣布的值，或根据多指标，不时地进行调整。目前属于该类型的国家包括哥斯达黎加和阿塞拜疆两个国家。

(7) 不事先宣布汇率轨迹的管理浮动汇率制度 (Managed Floating with No Pre-determined Path for the Exchange Rate)

一国货币当局在外汇市场进行积极干预以影响汇率，但不事先承诺或宣布汇率的轨迹。

(8) 独立浮动汇率制度 (Independently Floating)

本国货币汇率由市场决定，货币当局偶尔进行干预，这种干预旨在缓和汇率的波动、防止不适当的波动，而不是设定汇率的水平。

浮动汇率制度下，汇率可以根据市场的供求状况及时进行调整，有利于国际贸易和国际金融交易，也能够比较灵活地适应复杂多变的国际经济环境，缓和外部实体经济震荡对本国经济的冲击。此外，浮动汇率制度使中央银行摆脱了必须按固定汇率被动地买卖外汇的义务，货币政策的独立性和有效性大为增强，从制度上保证了国内经济政策的连贯性和有效性。

3.牙买加货币体系下的国际收支调节机制

《牙买加协定》并没有规定用于纠正国际收支不平衡的制度化国际调节机制，各国可自行采取汇率机制、利率机制或动用国际储备资产进行调节，IMF等国际金融调节机构对汇率稳定和国际收支调整也发挥着一定作用。与布雷顿森林体系相比，牙买加体系下的国际收支调节机制更具灵活性。

(1) 汇率机制

汇率机制是牙买加体系下国际收支失衡的自动调节机制之一。在浮动汇率制度下，汇率机制调节国际收支的逻辑过程可以简单地表示为：国际收支逆差（顺差）→本币贬值（升值）→外汇汇率上升（下降）→进口减少（增加）、出口增加（减少）→国际收支逆差（顺差）减少，直至恢复平衡。浮动汇率制不需要对国际贸易、投资进行直接管制就能调节国际收支，因此在相当程度上推动了国际贸易与投资的发展。然而，汇率调节机制的有效性取决于进出口的需求弹性是否满足马歇尔-勒纳条件。此外，货币贬值在发挥改善国际收支状况的长期作用之前，可能会在短期内使逆差进一步加剧，即存在“J曲线效应”。

(2) 利率机制

利率机制是通过调节实际利率水平来引导国际资本流动，从而通过资本与金融账户来平衡国际收支。在浮动汇率制度下，各国货币当局不再承担维持固定汇率的义务，使货币政策的实施更具独立性，因此可以通过调整利率来引导国际资本的流入和流出，达到平衡国际收支的目的。例如，美国在20世纪80年代初曾通过高利率政策吸引国际资本流入，弥补经常账户收支的巨额逆差。利率的调整还可以通过影响国内投资和总需求来影响进出口，实现对国际收支经常账户差额的调节。提高利息率可使国内的投资受到抑制，总需求下降，一方面可以使进口需求减少，另一方面可使国内价格水平下降，使出口竞争力增强，达到改善国际收支的目的。

（3）国际金融机构调节

它主要指IMF和世界银行的国际收支调节职能。在牙买加体系下，IMF仍可以通过贷款帮助逆差国解决短期国际收支失衡问题，世界银行则侧重于援助发展中国家调整自身的经济结构，试图从根本上解决国际收支失衡问题。IMF和世界银行等国际金融机构还在商业银行和债务国之间进行协调，重新安排和减免国际债务。

第二节　国际货币金融体系的改革与发展趋势

牙买加体系建立以来，人们对国际货币体系改革的讨论从来就没有停止过。1997年亚洲金融危机发生后，国际社会又针对国际金融体系改革问题展开了激烈的争论，主要涉及IMF融资条件、发展中国家的汇率制度选择和资本项目开放等内容。而开始于2008年下半年的全球性金融危机进一步引起人们对重构布雷顿森林体系、改革IMF投票和决策机制、建立全球性金融监管体制、增强国际金融机构的融资能力、增加区域性金融合作和限制美元霸权等问题的关注。

一、当前国际货币制度与金融体系存在的主要缺陷

在牙买加货币体系下，多元化的国际储备资产、多样化的汇率制度安排和灵活化的国际收支调节等特征决定了该体系的最大优点就是具有较强的适应性。但正是这种适应性从另一个角度暴露出了整个体系本身所存在的严重缺陷，即整个体系运行中缺乏必要的稳定性。

1.汇率变动剧烈频繁，贸易投资风险加大

牙买加体系下的多元化国际储备由当今世界经济中占支配地位的各主要发达工业国的货币组成，在客观上没有形成统一而稳定的货币定值标准，因而使整个系统具有内在的不稳定性。过度的投机交易又必然会使牙买加货币体系下的市场汇率“过度波动”，尤其是随着国际资本的飞速流动，汇率的剧烈变动现象日渐严重，其所引发的汇率风险难以估量。

2.国际收支调节不力，国际债务危机加剧

最近10年来，国际货币体系所面临的最主要问题是全球国际收支失衡。在牙买加体系下，国际收支调节虽然是通过多种机制相互补充的方法实现的，但实际上各种调节机制自身都存在着局限性，而且相互的协调也很难实现，它们之间的作用常常是相互矛盾和相互抵消的。一方面，美国持续的经常账户赤字所导致的美国净对外负债的上升，不断损害着其他国家对美元汇率的信心，一旦超过了市场能够容忍的程度，新一轮美元危机随时可能爆发；另一方面，一些国际收支长期处于逆差状态、经济发展水平低下且困难重重的发

展中的逆差国，它们基本不具备改善国际收支状况的能力，被迫深深陷入“借新债，还旧债”的恶性循环之中而成为重债国家，一旦国内外经济状况突然发生变化，就有可能诱发国际债务危机。

3.内外均衡矛盾激化，全球经济失衡严重

在牙买加体系下，各国汇率制度的安排具有多样性。然而无论实行浮动汇率制度还是固定汇率制度，都会面临内部均衡与外部均衡两个目标之间的矛盾。对于实行浮动汇率制的主要工业发达国家而言，其内部均衡相对容易实现，但难以保证外部均衡的同时实现；对于实行固定汇率制的发展中国家而言，经常账户的国际收支相对易于调节，但内部失衡的矛盾却不易解决。一旦出现剧烈的内部或外部的冲击时，发展中国家甚至还需要被动地调整其货币汇率，被迫承受额外发生的汇率风险，使外部均衡的目标也有可能落空。这不仅使发展中国家的外汇储备和外债问题更加复杂化，而且也增加了发展中国家通过开展国际贸易来推动其经济发展的困难。

4.储备货币发行无度，货币体系根基不牢

当前美元本位制的最大缺陷在于缺乏对储备货币发行国货币发行数量的纪律约束。在金本位制下，约束美元发行的纪律是黄金与美元的挂钩，一旦美元过度发行，其他国家政府与投资者会用美元向美联储兑换黄金。然而，这一约束在完全由国别信用货币充当全球货币的牙买加体系中不复存在。在这一体系中，由于对货币超发缺乏强制性约束，全球货币体系中的流动性过剩以及资产价格的周期性膨胀与破灭就成为一种常态。以国别货币充当世界货币的安排仍然难以逃脱“特里芬难题”的诅咒。美元超发与美元汇率稳定之间的矛盾依然是不能调和的。2008年源于美国的全球性金融危机的深化使得投资者对美国金融市场以及美国金融产品丧失了信心，而美国政府应对次贷危机的政策则进一步强化了市场对于美元汇率大幅贬值的预期，引起国际社会对于美元本位制能否继续维持的担忧。

5.金融监管手段缺失，金融体系存在隐患

2008年由美国次贷危机引发的全球性金融危机的一个重要原因就是金融监管手段的缺失。这次金融危机具有典型的全球化背景，“全球化”与“监管体制非全球化”之间的不匹配是危机的主要原因之一。具体而言，跨境投资的激增是全球化的主要表现之一，然而，由于主权国家无法有效监管境外投资活动，这一状况助长了危机的发生。基于这一现状，降低风险的有效路径之一就是强化全球性金融监管机制，消除国际金融体系存在的隐患。

二、改革国际货币金融体系的主张

1.国际货币体系改革的传统方案

国际货币体系改革早在布雷顿森林体系崩溃以前就已开始，国际货币基金组织、发达国家、发展中国家、各国际经济组织和著名学者都从自己的角度提出过改革货币体系的方案，主要包括：

（1）恢复金本位制方案

法国政府早在20世纪60年代就提出了这种主张。80年代，美国也曾有些学者相继提出恢复金本位制的提案，美国还专门成立了黄金委员会，但经过多次反复论证，最后还是否决了恢复金本位制的提案。

（2）恢复美元本位制的主张

这是美国一些经济学家包括金德尔伯格、麦金农和德斯普雷斯提出的方案。他们主张美元不兑换黄金，由国际市场力量决定各国官方与私人所需要的美元数量；同时为保持美元币值稳定，美国必须在国内执行稳定货币供应量的政策。这一方案受到广大发展中国家和其他发达国家的反对。

（3）建立以多种货币为基础的国际货币体系方案

这是由瑞士经济学家拉兹（F. A. Lutz）提出的方案，即“多极”国际货币体系的主张。这种主张，在当时实际上是让日元、德国马克、法国法郎和瑞士法郎等货币也像美元一样处于“关键货币”的地位。

（4）重构现存多边国际金融组织的构想

这种构想的主要提出者是埃及经济学家阿明，他建议重建现存多边国际组织，将IMF转变为拥有真实的世界货币发行权的世界中央银行，发行可以取代美元的真实货币；将世界银行转变成一种基金，使其能够吸收国际资本，并注入发展中国家；重建联合国体系，使之成为政治和经济谈判的场所，以便把世界主要地区的金融活动和货币政策协调机制建立起来。这些构想代表了发展中国家的基本立场和观点。

（5）设立汇率目标区方案

这是有关国际汇率制度改革的一项重要方案，其主要倡导者是美国的约翰·威廉姆森（John Williamson）。所谓目标区（Target Zone），是指有关国家的货币当局选择一组可调整的基本参考汇率，制定出一个围绕其上下波动的幅度加以维持。

（6）关于货币联盟的设想

鉴于亚洲金融危机中各国钉住汇率制度的崩溃，有学者提出了实行货币联盟这种多边承诺机制的设想，其中最有影响的是蒙代尔的货币一体化构想。蒙代尔主张各经济区的国家以货币局制度钉住美元、欧元和日元这些国际货币，各大经济区或货币区之间实现以固定汇率联结的多重货币联盟，作为最终建立世界共同货币的过渡措施。此外，麦金农和格鲁贝尔也赞同蒙代尔的构想，一致认为货币一体化已经成为国际金融框架改革的新趋势。

2.当前国际货币体系改革的主要建议

源于美国的国际金融危机再度引起人们对国际金融体系改革问题的广泛关注。G20、联合国和欧盟等国际组织已相继成立专门委员会，着手进行这方面的调查和研究。一些学者和一些国家政府也纷纷要求改革现有的国际货币体制，以下是其中一些主要建议：

（1）倡导建立健全的国际储备货币体制

在伦敦G20峰会上，时任中国国家主席胡锦涛在这方面提出了三点相关建议：其一，要求国际货币基金组织加强对主要储备货币发行经济体的宏观经济政策的监督，尤其应该加强对货币发行政策的监督；其二，保持主要储备货币汇率相对稳定；其三，促进国际货币体系多元化和合理化。以上建议反映了中国作为全球第一储备大国的立场。

（2）通过建立区域性统一货币削弱美元的地位

在这次金融危机中，欧元区国家的经济表现相对好于其他欧洲国家，这一差异一方面激发了其他欧洲国家加入欧元区的热情，另一方面也激发了其他地区发展本地区统一货币的积极性。人们也试图通过建立区域性统一货币削弱美元的独霸地位。在这一背景下，建立区域性统一货币可能性的讨论和研究明显有所增加。

（3）倡议建立超主权的世界货币或储备货币

避免主权信用货币作为储备货币的内在缺陷，需要创造一种与主权国家脱钩并能保持币值长期稳定的国际储备货币，充分发挥特别提款权（SDR）的作用，由IMF集中管理成员的部分储备，增强国际社会应对危机、维护国际货币金融体系稳定的能力。在建立世界货币的路径问题上有三种不同观点。第一种观点：先建立区域性统一货币，然后将区域性统一货币合为一体；第二种观点：在主要国际货币之间建立稳定汇率的合作机制，然后过渡到统一的世界货币；第三种观点：按照类似于IMF特别提款权的方式创立超主权储备货币，著名经济学家斯蒂格利茨和日本原财务大臣榊原英资曾主张这一观点。中国央行2009年6月26日公布《中国金融稳定报告（2009）》，正式提议创设超主权国际储备货币，改革国际货币体系，推动国际储备货币向着币值稳定、供应有序、总量可调的方向完善，从根本上维护全球经济金融稳定。中国央行报告强调应充分发挥特别提款权的作用，由IMF集中管理成员的部分储备，降低对现有少数储备货币的过度依赖，增强国际社会应对危机、维护国际货币金融体系稳定的能力。

（4）推进人民币国际化

2008年全球性金融危机发生后，国内外一些学者建议，中国可以通过推进人民币国际化的方式降低现行国际货币体系给本国经济带来的风险。中国企业用人民币进行对外结算有助于降低汇率变动风险，用人民币进行境外融资和投资可以降低由币种和期限错配而引发的风险。

经过近10年的发展，人民币国际化经历了政策从无到有、汇率由升至贬、人民币资金由净流入到净流出的完整周期，呈现出波浪形前进的特征。在此期间，市场信心、理论研究、媒体舆论、政策通道等也经历了乐观高涨、悲观低迷的不同阶段。

2015年12月1日，国际货币基金组织执行董事会做出正式决定：中国的人民币将成为法定国际储备货币，自2016年10月1日起，作为第五种货币，与美元、欧元、英镑、日元共同构成特别提款权货币篮子。对于中国来说，人民币将成为国际公认的“超级”货币。对于现有的国际机制来说，中国在国际组织中取得了难能可贵的决定性发言权。这是中国崛起的重要标志。站在新起点上，我们应转变思想，克服浮躁心态，对新时代人民币国际化发展秉持清醒认识。

首先，人民币国际化发展势不可挡。从自身来看，人民币承载着中国力量。中国对全球增长的贡献率居世界首位，人民币基本具备成为主要货币的必要条件。从国际货币格局来看，人民币代表着新兴市场力量。在贸易、GDP等方面，新兴市场经济体逐渐与发达国家平分秋色，但在货币秩序上却处于边缘，正是这种非对称格局成为全球经济金融动荡的重要根源之一。作为新兴市场的代表货币，人民币将有助于弥补国际货币体系的系统性缺陷，改善全球金融稳定情况。目前，基于IMF“出口+可自由使用”标准，人民币在SDR货币篮子中的份额达10.92%，排名第三位，仅次于美元与欧元。未来，人民币将由计价结算货币向市场交易和国际储备功能迈进，美元、欧元、人民币的三元格局或将进一步得到确认和巩固。

其次，明确人民币国际化的长期性和艰巨性。据环球银行金融电信协会统计，2018年8月份人民币国际市场份额为2.12%，位列第五位，与美元（39.69%）、欧元（34.13%）、英镑（6.88%）、日元（3.43%）存在显著差距。理论研究表明，一国货币要想成为国际货币需要具备诸多条件，如宏观经济的稳定强大、资本自由流动、金融市场的广度和深度稳步提升等。未来，人民币国际化进程不仅面临中国经济转型发展、金融改革与市场开放等重大任务或考验，还要突破原有国际货币格局惯性。美元成为国际货币经历了40多年的时间，德国马克用了30年左右，日元也经历了至少15年，根据历史经验，人民币也难以在短期内快速晋升为主要国际货币。因此，短期内人民币要成为主要储备货币，难以一蹴而就。

最后，推进人民币国际化要保持定性，润物无声，行稳致远。一是服务实体经济转型升级，提升我国技术水平和企业竞争力，夯实人民币国际化基础；二是调整金融结构，增强金融市场的广度、深度和弹性，同时防止金融“脱实向虚”和虚拟化；三是在“一带一路”等对外经济合作中，构建人民币国际循环通道，为扩大人民币跨境使用创造条件；四是尊重市场规律与需求，协调、有节奏、“以我为主”地统筹推进各项改革与开放政策；五是理顺在岸离岸关系，增强双边与多边货币合作，发展大宗商品人民币计价交易，构筑人民币定价体系；六是提升货币政策与宏观经济金融调控能力，保障政策管理的稳定性、连续性与可预见性，完善宏观审慎管理框架与资本流动预警监测体系。

3.当前国际金融体系改革的主要建议

除国际货币体系改革外，当前金融体系改革还涉及机构改革与IMF的定位和作用、全球金融监管机制建设等问题。

（1）改革IMF投票和决策机制

主流观点基本上认同根据经济实力变化增加新兴市场国家投票权的思路，在现有制度基础上逐步减少发达国家的份额和增加发展中国家的份额。在IMF决策机制改革问题上，也有人主张采取推倒重来的方法，即放弃现存的制度框架，完全根据经济实力或投资份额决定成员的地位。2010年12月，国际货币基金组织通过了份额改革方案，向新兴经济体转移超过6%的份额，以提高新兴市场和发展中国家的代表性。IMF份额改革后，美国在份额中所占比例为17.4%，仍然是唯一拥有“一票否决权”的国家。日本和中国分别占6.46%和6.39%，居第二和第三位。

（2）IMF增资问题

国际社会已基本达成需要增资的共识。2012年4月，20国集团财政部长和央行行长会议发表公报，承诺将向IMF增资超过4 300亿美元，以应对全球经济危机，并将全力推进2010年IMF份额和治理改革。增资将使IMF总份额翻番，从约2 384亿SDR（特别提款权）增加到约4 768亿SDR（按目前汇率约合7 200亿美元）。中国宣布向IMF注资430亿美元，在IMF份额中的比重较之前的3.99%将有较大幅度提高。在IMF的增资列表中并没有出现美国的名字，这意味着美国不会参与IMF的增资计划。增资计划与国际货币基金组织份额改革并无联系，拒绝增资并不会影响美国在IMF的投票权地位。

（3）全球性金融监管机制建设

在如何构建全球性金融监管机构的问题上有两种不同的意见：一是在IMF之外，建立新的机构，欧盟最早提出这一设想；二是赋予IMF新的职能，由其承担全球性金融监管任务。从以上两种选择来看，采用后者的现实可能性要大于前者。在监管范围问题上，新的共识是将所有金融市场、所有参与者和所有金融产品都纳入监管范围。由于当前不受监管的金融机构主要有对冲基金、私募基金和评级机构，金融产品主要是衍生金融产品，因此，将监管扩大到“所有参与者和所有产品”的提法实际上是特指对以上内容的监管。“所有金融市场”的提法主要针对离岸金融市场。

三、国际货币金融体系改革的前景

在国际货币金融体系改革的各种提案中，哪些内容能变成现实，一方面取决于世界经济的客观需要，另一方面也受制于经济大国利益关系的博弈。

1.国际货币体系的改革

当前世界经济发展面临通货膨胀、债务危机、国际收支不平衡、金融与经济危机频发等诸多问题，这些问题都与国际货币制度有着密切的关系，国际货币制度必须进行改革，但进展不会一帆风顺。

（1）汇率协调会受到更多重视

短期内国际汇率制度不会有大的变化，但国家间、G7、G20和IMF等不同层次上的汇率制度和汇率水平的协调会有所加强。伴随着美国国际收支逆差和中国等新兴市场经济国家国际收支顺差的不断扩大和积累，这种多层次的协调将会越来越重要。

（2）区域货币合作和一体化作为国际货币和金融合作的平台将变得越来越重要

欧洲货币一体化的实践已经证明，区域货币合作和一体化是减少对美国金融体系和美元依赖程度的唯一有效途径，也是促进现存国际金融体系改革的重要途径。

（3）超主权货币近期内难以实现

以超主权储备货币取代美元首先要取得美国的支持，如果美国为维护其既得利益对此态度消极，则要成此事困难不小，而且，超主权货币同样是信用发行，其制度安排上不一定优于现在的美元信用本位，同时在实践上也存在诸多技术难题，前景不容乐观。

（4）储备货币多元化

国际金融危机以后，储备货币的多元化将是未来的趋势。金融危机使美元的信誉遭遇重创，近期内，美元在国际货币储备中的地位会有所降低，但依然还是主导货币；欧元一直不是很强势，但这一次金融危机可能会实质性改变美元权重，欧元的地位会有所上升。从国际货币体系的演进来看，在中期内，美元作为中心货币的地位将被逐渐削弱，欧元与亚洲货币（人民币、日元或者亚元）的地位将会逐渐上升。美元独大的国际货币体系可能被美、欧、亚三种货币共同充当全球储备货币的格局所取代。美元本位制将会让位于“全球金融稳定性三岛”：北美洲与拉丁美洲国家使用美元，欧洲、中东与北非国家使用欧元，亚洲国家使用亚元，三种货币之间最初自由浮动，随着世界各国经济周期逐渐趋于一致，三种货币之间的波幅越来越小，最终改为用固定汇率连接。区域货币充当全球货币这种多中心货币的构架其实也更加符合全球多极化趋势。

2.国际金融组织体系的改革

随着东亚经济的崛起和拉美经济形势的好转，发展中国家在世界经济中地位有所增强，在它们的共同推动下，已经被提上日程的改革议程将会陆续取得进展，国际金融组织的职能和结构将在一定程度上被重塑。2008年伦敦G20峰会第一次明确提出国际金融机构的最高领导人应该通过公开、透明和择优的原则进行选择，这意味着将废除由欧洲和美国分别出任IMF和世界银行最高领导人的惯例，基金的份额会得到继续扩大，IMF中的表决权与世界经济结构不相称的情况可能会有所改观。作为国际金融体系主要载体的IMF的职能和作用将得到增强，对成员发生困难时的资金帮助将变得更主动和更有效率；国际收支纪律虽然不会被完全遵守，但IMF会对国际收支调节问题给予更多的关注和建议。

3.国际金融监管体系的改革

1997年亚洲金融危机发生后，一些国家政府建议对金融衍生产品、对冲基金和评级机构加强监管，但是这些建议首先遭到美国政府的反对。然而，在这次危机中，人们普遍认为金融衍生产品和评级机构对危机起到了推波助澜的作用。另外，危机发生后，对冲基金和私募基金的诈骗案层出不穷。在麦道夫诈骗案中，仅此一家公司就给投资者造成了650多亿美元的损失。鉴于以上教训，美国政府基本上已经认同对所有的市场、产品和参与者进行监管的提案。IMF对成员和国际金融市场的监督职能将会改进，抑制投机、市场操纵和反垄断、反洗钱的监督原则将逐步得到确认。随着区域货币一体化的发展，双轨（全球和区域）的监管和资金援助机制将在维护国际金融稳定这一总体目标上进行合作。

4.中国的选择

中国作为不断发展的最大的发展中国家在国际金融体系改革中应该发挥越来越重要的作用。中国积极参与和推进国际货币体系改革，主要目的就是要通过推动国际货币体系改革，最大限度地维护和实现国家利益，对储备货币发行国尤其是美国的宏观经济政策施加外部约束，要求其承担相应的国际义务。要适时推进人民币汇率形成机制改革，逐步增强市场决定汇率的基础性作用，提高货币政策的独立性和有效性，减少外汇储备资产积累，减轻对美元的过度依赖。要进一步加强区域经济与货币合作，增强亚洲地区整体在国际货币体系中的话语权，以区域合作制衡美元霸权，进一步推动储备货币多元化进程。以人民币“入篮”为契机，稳妥有序地推进人民币履行跨境计价结算和价值贮藏功能，降低中国整体对外经济交往的汇率风险，推动人民币区域化和国际化，为人民币在国际货币体系中赢得一席之地。

第三节　区域货币协调机制

区域经济一体化是当代世界经济发展的一个突出特点，区域货币一体化构成了区域经济一体化发展的重要内容。在不同的地区和区域经济一体化发展的不同阶段，区域货币协调机制也各有不同，其最高程度是区域货币联盟。目前，典型的区域货币协调主要包括欧盟内部的货币协调、东亚地区的货币协调，以及美洲诸国之间的货币协调。

一、欧盟的货币协调

1.欧洲货币体系

由于地缘政治、经济发展状况和文化形态的密切联系和趋同，欧洲诸国的货币协作由来已久。欧洲大国很早就有实现区域货币一体化的兴趣。从20世纪50年代的《煤钢协议》《罗马条约》，到1965年《布鲁塞尔条约》欧共体的正式成立，成员国经济政策一直致力于实现欧共体总体的国际收支均衡，确保市场对各成员国货币的信心，成员国政府和中央银行密切合作以实现政策的相互协调。在经济政策协调的过程中，货币协调占据了突出地位。1970年的《威尔纳报告》明确了欧共体发展的方向是经济货币联盟（ECU）。1979年3月，在德国总理和法国总统的倡议下，欧洲经济共同体的8个成员国（法国、德国、意大利、比利时、丹麦、爱尔兰、卢森堡和荷兰）决定建立欧洲货币体系（EMS）。欧洲货币体系重续70年代初的威尔纳计划，建立了联合浮动干预机制，成立了欧洲货币基金，创设了欧洲货币单位，欧共体的货币合作从此进入了机制化的新阶段。从1990年7月1日开始，欧洲经济货币联盟的基础建设紧锣密鼓地展开，各成员国阶段性地进行货币协调以期达到实施货币联盟的标准。

2.欧元的诞生

欧洲稳定汇率机制作为过渡性制度安排，为统一货币的诞生打下了坚实的货币基础。1992年欧共体首脑会议达成了实行欧洲统一货币联盟的条约，即《马斯特里赫特条约》。该条约分成两部分：一部分是《经济与货币联盟条约》；另一部分是《政治联盟条约》。

《马斯特里赫特条约》规定了加入欧洲货币联盟的趋同标准，并勾勒了欧洲货币联盟建设的三个阶段：第一阶段从1990年7月1日至1993年12月31日，各国基本取消外汇管制，欧共体内部实现资本自由流动，欧共体各国财政、货币、金融政策的协调得以强化。第二阶段从1994年1月1日开始，建立欧洲货币局。欧洲货币局是为欧洲中央银行体系的建立和单一货币政策的实施以及在第三阶段单一货币的产生进行必要准备的过渡性机构，是欧洲中央银行（ECB）的前身。1995年12月，欧盟马德里首脑会议确定欧洲统一货币的名称为欧元，并通过了第三阶段准备工作的时间表。1996年欧盟15国首脑和外长签订的《阿姆斯特丹条约》，为统一货币扫清了道路。

1999年1月1日欧盟货币——欧元正式诞生，标志着欧洲货币联盟建设进入第三阶段。2002年1月1日，欧元区所有成员国流通统一的货币欧元。2002年7月1日，欧元成为欧元区内唯一的货币，从而最终形成了超国家的货币联盟。

3.欧洲中央银行

欧洲中央银行是协调欧盟诸国货币政策的核心机构，它和欧盟诸国的中央银行一起构成欧盟中央银行体系（ESCB）。欧洲中央银行负责制定覆盖欧元区所有国家的统一的货币政策，欧元区诸国货币协调达到了最高的层次。但由于欧洲中央银行的货币政策只能通过成员国的中央银行来实施，因此欧洲中央银行货币政策机制要反映各成员国货币政策机制的不同特点。目前欧洲中央银行力争把各成员国中央银行出现不同做法的可能性减少到最低程度，其货币政策机制不是任何一个成员国货币政策框架的翻版。

二、东亚的货币协调

1.东亚货币协调的背景

东亚是一个充满了差异和分歧的地区。东亚各国和地区间的经济发展水平相差悬殊，政治体制各不相同，第二次世界大战和“冷战”时期的敌对历史给各国（地区）留下了至今难以磨灭的创伤，因而更多地把彼此视作竞争对手而不是潜在的合作伙伴。20世纪90年代中期以前，亚洲的区域协作只是限定于贸易和多边投资体制领域，货币领域的协作一片空白。1997年，亚洲金融危机爆发并迅速在东南亚诸国之间蔓延。亚洲金融危机凸显了“传染效应”在区域性金融危机中的巨大破坏力。危机传染使得金融危机日益成为一种区域性的现象，其防范和解决已成为一个超越国界的区域性问题，区域货币协作被迫提上亚洲诸国的议事日程。由于东亚诸国的经济联系及遭受货币冲击的共同经历，亚洲的货币协调主要在东亚诸国之间进行。

2.东亚货币协调的构想

1997年9月，日本政府在IMF和亚洲开发银行会议上提出了建立“亚洲货币基金”（Asia Monetary Fund，AMF）的构想，这是关于亚洲货币协调最早、最重要的构想。鉴于刚刚发生的亚洲金融危机，日本的倡议主要围绕对金融危机的援助展开，建议组成一个由日本、中国、韩国和东盟国家参加的组织，筹集1 000亿美元的资金，为遭受货币危机的国家提供援助。日本的亚洲货币基金构想在一定程度上反映了亚洲国家对区域金融危机自我拯救的意愿和对IMF在亚洲金融危机处理方式上的强烈不满。AMF的构想提出后因遭到美国政府和IMF的反对而搁浅。

1998年10月，日本以大藏大臣宫泽喜一的名义提出“新宫泽构想”，倡议建立总额为300亿美元的亚洲基金，其中150亿美元用于满足遭受危机国家中长期资金需求，150亿美元用于满足其短期资金需求。遭受危机的国家对此非常欢迎，美国政府和IMF也表示支持。

1999年10月18日，马来西亚总理马哈蒂尔在“东亚经济峰会”上提出建立“东亚货币基金”的倡议。他主张从东亚开始进行多边协议，然后逐渐扩大到其他亚洲国家和地区。他倡议建立的“东亚货币基金”规模比国际货币基金规模小，是一个完全属于东亚地区的基金。

2000年，韩国经济学家提出了“亚洲借款安排”（Asian Arrangements to Borrow，AAB）的建议。AAB是一个区域性的多边借款协议，它不需要建立一个正式的机构，而是以参与方的信贷安排为基础。每个成员可以根据其贷款协议的上限获得贷款，其运行机制类似于IMF的借款总安排（General Agreements to Borrow，GAB）。

上述金融合作的构想大多限于金融危机发生后的援助机制。2001年5月，东盟10+3财长会议提出建立东盟10+3的宏观经济早期预警系统。亚洲开发银行正在实行一种技术上的援助，以便支持东盟10+3的合作力量，从而促进早期预警系统的发展，并有助于及时发现新兴工业化国家宏观经济、金融和公司部门的脆弱性，以防范未来的金融危机。

3.东亚货币协调的实践

随着亚洲金融危机的发展，东亚主要国家的政府，特别是中、日、韩之间加强了彼此之间的交流和协商，东亚国家政府之间的货币协调逐渐取得了一定的进展。其中最重要的货币协调有三个方面：一是清迈协议和货币互换机制的运行；二是各层次的政策对话机制的建立；三是亚洲债券基金的设立。东亚金融合作逐渐从象征性向实质性领域发展。

（1）货币互换

清迈协议的雏形是1997年8月由东盟5国（印度尼西亚、马来西亚、菲律宾、新加坡、泰国）的中央银行行长建立的东盟货币互换安排（ASA），其目的是对成员国在出现国际收支问题和面临流动性暂时短缺时提供短期的互换支持。2000年5月6日，在泰国清迈举行的“ASEAN+3”（东盟和中、日、韩）财长会议上，各参会国签署公告，提出建立东盟成员与中、日、韩之间的双边货币互换网络，旨在对参加国提供国际收支的短期流动性支持。2001年6月在北京召开的10+3财长副手会议上，各方就实施细则中主要条款达成一致后，互换协议的双边磋商各自展开。到目前为止，货币协议总规模约达600亿美元。

（2）政策对话机制

建立地区内各国的政策对话和经济监督机制是区域金融合作的重要组成部分。经济监督不仅仅包括对成员国宏观经济金融条件和政策的分析，还包括对经济中存在的种种脆弱性的辨别和提出适当的对策。目前亚洲主要的政策对话和监督机制包括区域性财政部部长和中央银行行长论坛、ASEAN监督机制、马尼拉框架组（MFG）、东亚及太平洋地区中央银行行长会议（EMEAP）、ASEAN+3经济评论和政策对话机制等。

（3）亚洲债券基金

2003年6月2日，EMEAP宣布与国际清算银行合作建立亚洲债券基金（Asian Bond

Fund)。该基金初始规模为10亿美元，由EMEAP各经济体从其官方储备中出资建立，投资于除日本、澳大利亚和新西兰外的8个EMEAP成员所发行的债券，以促进储蓄转化为投资，改变区域内对银行贷款过于依赖的现状。EMEAP建立管理委员会监督运作。2005年5月12日，亚洲债券基金二期启动，规模扩大至20亿美元。

客观地讲，现阶段东亚货币协调尚停留在浅层次的阶段。各国经济发展水平、意识形态、人文环境等的巨大差异，以及各国为了追求本国利益而展开的主导权之争，阻碍着东亚货币协调乃至东亚经济合作向纵深发展。

三、美元化与美洲国家的货币协调

美洲国家为适应经济全球化的需要，不断加强区域内联系与合作，以增强抵御外来冲击的能力。在美元化的背景下，越来越多的美洲国家意识到加强美洲各国货币联系、协调经济货币政策的重要性。由于经济发展水平和经济规模、货币国际地位悬殊，美洲的货币协调是美国之外的美洲诸国以美元和美国的货币政策为中心展开的。

1.美元化的概念

美元化包括三个层次的含义：事实美元化、过程美元化和政策美元化。

事实美元化与过程美元化是源自民间的、自发的美元化，指美元在世界各国被普遍接受（一国居民在其资产中持有相当大一部分美元）和使用的事实与过程。一般来说，其程度可以境内流通的美元现金和美元存款的相对多少，即以国内银行体系的外币存款占广义货币的比率来衡量。政策美元化则指官方美元化，是作为国际本位货币的美元替代美国之外各经济体主权货币的过程。政策美元化按照程度的高低可分为三种形式：初级形式是单一的钉住美元的汇率制度；中级形式是本币发行有十足的美元准备，美元与本币维持固定的比价，如中国香港的货币局制度；最高形式是美元成为法偿货币、计价货币、结算货币和储备货币，这种正式的美元化要求把所有的本国货币都转换成为美元资产。

根据实行美元化的国家或地区同美国之间的关系，美元化在理论上又可以分为单边美元化和双边美元化。单边美元化是指实行美元化的国家在不与美国签订任何协定的情况下自发或官方形成的美元化；双边美元化则是指实行美元化的国家与美国签订协定，建立一个两国都必须遵守的体系和规则而实现的美元化。从美元化的现实发展来看，当前各国的美元化都属于单边美元化，双边美元化尚无先例。

2.美洲诸国的美元化趋势与货币协调

2008年，已有厄瓜多尔、萨尔瓦多、马绍尔、密克罗尼西亚、巴拿马5个美洲国家将美元作为本国的法定货币，作为美洲经济大国的加拿大和墨西哥，其美元化的趋势也相当明显。

由于美国一直管理和控制着巴拿马运河，对巴拿马的社会经济有着至关重要的影响。巴拿马在100年前就以美元作为官方货币，成为第一个美元化国家，也是百年来世界上唯一的美元化国家。长期的美元化使巴拿马的金融市场发展程度较高。

美洲国家尤其是拉美国家在20世纪80年代经历了严重的通货膨胀。由于钉住（美元）汇率制度有利于保持币值的稳定，降低本国的通货膨胀率，美洲国家不同程度地实行了钉住美元的汇率制度。此后，为了抵御国际游资冲击、防范金融危机，加之地缘经济政治、区域货币集团的竞争压力，美洲诸国美元化的倾向日益凸显，货币替代现象广泛存在。

为抑制日益恶化的通货膨胀，厄瓜多尔于2000年实施正式美元化，放弃其本币苏克雷。在实行美元化后，厄瓜多尔出现了经济增长率上升、通货膨胀率下降、财政预算平衡、外商投资增加等有利形势。然而由于劳动力市场僵化且与美国经济的联系不像萨尔瓦多那样密切，美元化对厄瓜多尔经济发展的影响并不容乐观。

萨尔瓦多是实施美元化的“典范”。2001年元旦，萨尔瓦多开始实施全面的官方美元化，中央银行随即缩减编制，业务从制定国家货币政策、发行货币变成进口美元。在两年的运行过程中，美元化机制的约束降低了萨尔瓦多的利率，消费信贷随之增长。政府和企业可以以更低的代价获得国际融资，企业交易成本也因此下降。然而，美元化同样给萨尔瓦多带来挑战：在周边国家采取贬值政策提高出口竞争力时，由于丧失了本国货币，萨尔瓦多无法采取竞争性的贬值，其出口受到了影响。此外，美元化还给萨尔瓦多带来财政赤字上升、信贷成本提高等问题。

为应付外来货币冲击、稳定区域货币市场，拉美诸国积极展开了多边货币协调，这集中体现在拉丁美洲储备基金（旧称安第斯储备基金）上。该基金的主要功能是向发生危机的国家提供短期流动性支持。1979—2004年，该基金发放了49亿美元贷款，虽然规模相对较小，但其提供的特别资金相当于IMF在同一期间给安第斯国家贷款额的60%。

3.实施美元化的效应

实施美元化的国家既能获得相应的利益，又必须承担相应的成本。

美元化最根本的原因在于人们对本国货币及政策的不信任和国际货币体系正在发生重大而深刻的变化。新兴市场金融危机的爆发、国际资本流动的规模加大和速度的加快、国际金融机构在预防和处理金融危机过程中的不力，都使这种不信任感得到强化。当独立的弱小币种面临持续不断的货币投机所造成的外部冲击时，美元化政策或建立货币局体制以规避汇率风险就成为一个非常现实的选择。

美元化的利益主要表现在以下两个方面：一是消除或在很大程度上降低汇率风险和交易成本，对那些与美国有着密切经贸关系的国家和地区而言尤其如此。稳定的币值有利于一国参与国际分工，吸引外国投资和促进贸易发展，为建立真正的自由贸易区奠定基础。二是美元化势必为美元化经济体带来更为严格的金融纪律，为经济的长期稳定发展创造良好的政策条件。在许多新兴市场经济体中，政府经常为了短期政治利益需要而滥发纸币，引发恶性通货膨胀。美元化的一个重要作用便是迫使当政者接受“硬”的预算约束，按照经济规律办事，在长期内提高行政以及市场运行的效率。

美元化的成本主要体现在三个方面：一是独立的货币政策的丧失，使美元化经济体在遇到“不对称冲击”时，无法采取积极的、有针对性的措施加以应对；二是中央银行自动放弃“最后贷款者”和货币发行者的作用，当面对国内银行体系的流动性危机时，中央银行无法通过增发货币等方式向金融系统紧急注入流动性，中央银行对商业银行的救助手段仅局限于动用超额外汇储备或争取美元贷款等方式，并且难以对国内金融体系进行正常的监督和管制；三是美元化会使政府丧失铸币税收入。所谓铸币税，原指铸币成本与其在流通中的币值之差，现通常指中央银行通过发行货币而得到的收入。当不存在通货膨胀时，铸币税来自于随经济增长而来的对货币需求的增加；当存在通货膨胀时，政府的实际债务规模会随着国内通货膨胀率的上升而减小，因此铸币税也被称为通货膨胀税。

4.美元化对美国的影响

尽管目前的美元化就本质而言是单边的，但美元化对于货币的发行国美国必然产生重要的影响。整体而言，美元化对于美国而言是利弊互见的。

美元化无疑给美国带来了巨大利益：一是美元化特别是单边美元化经济体所损失的铸币税自动地转化为美国的铸币收入。大量美元在境外流通，对美国而言几乎相当于永久性的无息贷款。二是美元化在对美元区的经济发展起到稳定作用的同时，也给美国资本提供了更多的贸易、投资机会，促进了美国经济的繁荣。三是欧元的诞生和崛起对美国在世界经济中的领导地位形成了一定程度的挑战，美元化恰好有助于强化美国作为全球金融中心的地位。

美元化给美国带来的最明显的负面影响，就是美国可能被迫介入调整美元区内其他经济体的经济失衡。一方面，当实施美元化的其他国家或地区经济出现衰退时，美国可能需要采取直接援助等手段，而不是仅仅运用汇率和贸易政策进行调节；另一方面，如果美元化经济体的数量和规模均达到一定的水平，则它们的经济状况也有可能会反过来对美国的经济产生影响。此外，美国将被动地成为美元区其他国家商业银行的最终贷款者。正是因为如此，美国政府对双边美元化采取了谨慎态度，而对单边美元化采取了开放和中立的态度。

总的来说，美元化的本质是经济全球化背景下处于强势地位的美元向其他国家或地区渗透，部分或全部替代其他弱小货币的过程。它既是有别于欧元一体化的金融区域化形式，也是当今世界经济格局中美元霸权的一种具体表现。

随着全球化而来的经济主权日益弹性化的潮流，世人对货币主权有了更为深入的理解。至少在部分国家，人们已经不再把货币视为国家主权的象征。一些经济学家甚至认为，那些出于政治考虑而拒绝放弃货币主权的国家有可能将始终生活在一个金融危机层出不穷的世界之中。欧元和欧洲中央银行的创立是以欧盟各成员国之间的条约为基础的。以经济学的眼光看，各国的货币主权随着欧元的创立而被剥夺了；但从法律的角度看，丧失独立的货币政策与所谓的主权让渡之间并不存在必然联系。只要国际条约的签署或一国政府的选择完全出于自愿，国家主权范畴本身就不会将其解释为主权让渡。从根本上讲，国家主权的真正体现还恰恰在于它可以通过放弃部分权利来寻求自身整体利益的最大化。

【世界经济之窗】

去美元化浪潮正逐渐兴起

布雷顿森林体系瓦解后，美元失去核心货币地位，但储备货币功能并未弱化。此后，与美元挂钩，一度成为一些经济体的偏爱选项，一些国家甚至考虑过实行完全的美元化。不过，2008年国际金融危机之后，去美元化的浪潮已逐渐兴起。

随着美国利用美元“肆意妄为”，美元的地位大不如前，抵制美元的声浪随之高涨，一些国家已开始动手推进去美元化进程。

伊朗中央银行2015年1月25日宣布将在与外国进行交易时停止使用美元结算。2016年尼日利亚加入了去美元化的行列。2017年9月7日，委内瑞拉总统马杜罗宣布，委内瑞拉将在国际支付机制中使用以人民币为首的一篮子货币，取代美元在委内瑞拉国际支付体系中的主导地位，官方汇率机制不再使用钉住美元汇率制。自2017年以来，中国、俄罗斯、安哥拉等国也纷纷向美元亮剑，在贸易中抛弃或减少美元的使用而改用其他货币。2018年，巴基斯坦也宣布，在与中国进行的双边贸易中放弃美元，只使用人民币进行交易——这更像为非石油国家抛弃美元撕开了一条裂缝。目前，放弃美元的第三方货币交易机制正掀起高潮，比如近期泰国、印度尼西亚和马来西亚等国家央行就提出了这种类似的去美元化方案。

去美元化最迅猛的要数俄罗斯了。俄罗斯不仅退出了全球前十大美债主要持有国行列，还在加速购买黄金，因为黄金不可能被冻结或者列入黑名单。截至2019年1月1日，俄罗斯央行持有6 790万盎司黄金，高于2018年1月的5 910万盎司，已取代中国成为仅次于美国、德国、法国和意大利之后的全球第五大黄金持有国。

抛弃美元的烈火甚至已蔓延至欧洲。欧盟去美元化主要是为了能够更好地与伊朗进行石油交易。欧盟28个国家正在建立一个绕开美元的结算系统——SPV，这个系统正式投入使用之后，欧盟与伊朗的交易就不会出现美元。此外，欧盟还拟将欧元作为欧盟成员国与第三国能源合同的默认货币，还要为原油创建欧元定价的基准价格。

目前，中国、俄罗斯、德国、法国、马来西亚、泰国、巴基斯坦、伊朗、伊拉克、尼日利亚、吉尔吉斯斯坦、土耳其、卡塔尔、阿联酋、委内瑞拉、安哥拉等16个国家，在商品交易中或者双边贸易中减少甚至放弃使用美元结算。为了去美元，各国都下了不少功夫。

随着越来越多国家争相加入“去美元化”的行列，美元的霸权地位无疑会渐渐地削弱。2018年第1季度，美元在全球外汇储备中所占份额跌至四年来新低，而欧元、人民币和英镑的份额则有所增加。不过，去美元化将是一个缓慢、渐进的博弈过程，美元仍是迄今为止全球最重要的储备货币。

资料来源　根据截至2019年12月22日多家媒体相关报道整理。

本章小结

当代的国际货币体系主要经历了国际金本位制、布雷顿森林体系和牙买加体系三个主要阶段。在不同的货币制度下，其国际储备的确定、汇率的形成与调整机制和国际收支调节机制也各不相同。国际金本位制下的汇率制度是固定的，它又可以分为国际金币本位制、国际金块本位制和国际金汇兑本位制，反映了国际金本位制的不断削弱。国际金本位制的内在缺陷使其走向崩溃，取而代之的是布雷顿森林体系的“黄金–美元本位制”。布雷顿森林体系下的相对固定的汇率制度促进了第二次世界大战后国际经济的恢复和发展，但它本身也存在着“特里芬难题”等严重缺陷，终于在1973年瓦解，国际货币体系进入牙买加体系时期。牙买加体系也被称为“无体系的体系”，其本身仍存在严重缺陷，全球性金融危机时有发生，使金融与货币体系的改革成为当前世界经济领域的重要课题。经济全球化、区域经济一体化的趋势和金融市场的动荡使欧盟、东亚以及美洲诸国以各自不同的方式展开了区域货币协调。

关键术语

金本位制　黄金输送点　物价–铸币流动机制　特里芬难题　浮动汇率制度　货币局制度　美元化

复习思考题

1. 简述金本位制的类型。
2. 国际金本位制下汇率是如何自动调节的？
3. 国际金币本位制具有哪些特点？
4. 布雷顿森林体系的主要内容和特点有哪些？
5. 简述布雷顿森林体系的内在缺陷。
6. 简述《牙买加协定》的主要内容。
7. 牙买加体系具有哪些方面的内在缺陷？
8. 请谈谈为何东亚的区域货币协调仅停留在较浅的层次。
9. 推进人民币国际化对国际货币制度改革有何影响？

第六章

国际资本流动机制

学习目标

掌握有关国际资本流动和跨国公司相关的基本概念；重点掌握国际间接投资和国际直接投资的主要形式、特点及作用与影响；掌握跨国公司的判断标准及主要特征；了解美国、日本、韩国和拉美国家第二次世界大战后国际资本流动的基本情况，从中总结规律、吸取经验和教训。

经济全球化是第二次世界大战后世界经济发展的最根本特征，世界经济从商品资本的国际化、货币资本的国际化进入到生产资本的国际化阶段，国际资本的流动将世界各国无一例外地纳入全球经济体系之中。

国际资本流动是指不同形式的资本跨越国界，在国家间单向、双向或多向转移的过程。广义的国际资本流动包括国际贸易和国际投资等各种形态资本的跨国转移，其中商品资本的国际流动表现为国际贸易，货币资本的国际流动主要表现为国际间接投资以及贸易信贷、国际租赁、信托投资、项目贷款等，生产资本的国际流动则主要表现为国际直接投资。狭义的国际资本流动仅指国际投资，其中包括国际间接投资和国际直接投资。建立在国际直接投资基础上的跨国公司在经济全球化的过程中起着推动和促进的作用，它既是技术、资金流动和商品服务交易的载体，又是文化、信息和知识交流的渠道。

第一节　国际间接投资

一、国际间接投资的概念

国际间接投资（International Indirect Investment）是指以资本增值为目的，以取得利息或股息等为形式，以被投资国的证券为对象的跨国投资，即在国际债券市场购买中长期债券，或在外国股票市场上购买企业股票的一种投资活动。国际间接投资以取得一定的收益为目的，一般不存在对企业经营管理权的取得问题，即使是在对股权证券进行投资的情况下，也不构成对企业经营管理的有效控制。

二、国际间接投资的形式

国际间接投资的形式主要分为三种类型：国际股票投资、国际债券投资和国际信贷。

1.国际股票投资

国际股票投资包括两个方面：一是让境外投资者直接购买本国上市或境外上市公司的股票；二是本国投资者利用海外存托凭证获得对非本国公司股票的所有权。

所谓股票，是指投资者（股东）向股份公司提供资本的权益合同，是股东对公司的所有权凭证。作为国际间接投资的一种主要形式，国际股票投资的目的主要有三个：①从股份公司取得股息收入；②通过股票价格上涨获取资本利得；③通过全球化资产配置分散投资风险。

2.国际债券投资

国际债券投资是指投资者在国际债券市场上购买外国企业或政府发行的债券，并按期获取债息收入和到期收回本金而进行的投资活动。与国际股票投资相比，国际债券投资的收益率相对较低但风险也较小，尤其是中央政府债券的流通性一般来说非常良好，便于在国际范围内建立投资组合，分散投资风险。

3.国际信贷

国际信贷是指一国的政府、银行、其他金融机构、公司企业以及国际金融机构在国际金融市场上向其他国家的政府、银行、其他金融机构、公司企业以及国际机构提供的贷款，反映了国际借贷资本的活动，是国际间接投资的重要形式。

国际信贷的主要方式有政府贷款、国际金融组织贷款和国际商业银行贷款。

（1）政府贷款

政府贷款指一国政府利用财政资金向另一国政府提供的具有双边或多边经济援助性质的优惠贷款，一般由各国的中央政府经过完备的立法手续加以批准。政府贷款的期限通常较长，属于中长期贷款，分为无息贷款和低息贷款两种。政府贷款不仅受到两国间政治、经济关系的影响，还受到贷款国的国民生产总值、财政收支与国际收支状况的制约，因此它的规模一般不大。

（2）国际金融组织贷款

国际金融组织贷款主要指由国际货币基金组织和世界银行提供的国际贷款。

（3）国际商业银行贷款

国际商业银行贷款又称“国际商业贷款”“商业银行贷款”，它是指一国的商业银行（或金融机构）作为贷款人以贷款协议方式向其他国家的借款人提供的商业贷款。国际商业银行贷款是国际贷款中的最典型形式，并在国际性贷款总量中占有较大比重，其贷款利率多以国际金融市场利率为基础。由于国际商业银行贷款的手续相对简便，较之政府贷款和国际金融机构贷款容易获得，其资金使用并不附带商业条款以外的限制条件或附加条件，其贷款条件又依据市场原则随行就市，这对于经济效益良好而又资金短缺的借款人来说无疑是最为可靠有效的融资来源。

三、影响国际间接投资的主要因素

国际间接投资主要受利率、汇率、风险状况以及一国偿债能力等因素的影响。

1.利率

利率是决定国际间接投资流向的主要因素，但它对国际股票投资、国际债券投资以及国际信贷等不同形式的国际间接投资有着不尽相同的影响：①利率水平下降一般会吸引国际股票投资的流入。一方面，低利率意味着公司债务融资成本下降，公司的利润增加；另一方面，在公司盈利水平和股息一定的条件下，利率下降通常会导致一国的股票市场价格普遍上升，刺激国际投资者更多地购买该国的上市公司股票。②对于国际债券投资和国际商业银行贷款而言，获得利息收入是其主要目的，因此一般情况下资金是从利率低的国家流向利率高的国家。利率的种类较多，有短期利率和长期利率、名义利率和实际利率之分，而对国际间接投资流量和流向影响较大的是长期利率和实际利率的变化。不少国家政府把利率作为宏观调控的手段，使资本流向有利于本国经济的发展。

2.汇率

在一国货币可自由兑换的条件下，汇率的变化会直接引起国际资本流动，因此对国际间接投资的影响较大。汇率的变动方向与经常账户国际收支状况密切相关：当一国国际收支出现顺差、本币呈升值趋势时，一方面，国外对该国货币的需求增加，客观上要求该国进行资本输出；另一方面，由于外汇通常不能在本国流通，通过经常账户顺差所积累的外汇收入也需要以国际直接投资或国际间接投资的形式外流，以实现外汇资产的保值增值。相反，当经常账户国际收支出现逆差、本币呈贬值趋势时，则会导致该国对外汇的需求增加，要求国际资本流入本国以弥补经常账户逆差，满足相对强劲的外汇需求。

如果存在外汇管制，汇率水平不能完全反映外汇市场供求状况，汇率变动对国际间接投资的影响较为复杂：当经常账户收支出现顺差，本币呈升值趋势，但在外汇管理当局的干预下仍存在一定程度低估时，一方面，本国由于经常账户顺差积累的外汇储备需要通过国际间接投资的方式寻找出路；另一方面，由于国际投资者预期该国货币将会继续升值直至汇率水平最终与国际收支状况相符，国际资本将会以间接投资的形式大量流入该国，在获得利息收入的同时坐享该国货币升值所带来的差价收入。在这种情况下，汇率变动对国际间接投资的总效应取决于两种效应的相对大小。如果本国货币低估的幅度较大，国际投资者对其升值的预期强烈，则有可能导致国际资本净流入，出现经常账户和资本与金融账户“双顺差”。

汇率的波动性较大也意味着国际间接投资的汇率风险较大，因此汇率的稳定与否会对国际间接投资流向产生影响。如果某国的货币汇率长期稳定，国际投资者就会增加对该国资产的配置，导致国际间接投资流入增加；反之，如果一国货币的汇率剧烈波动，国际投资者将会出于规避汇率风险的目的抽逃资本，导致国际间接投资由该国流出。

3.风险状况

风险是影响国际间接投资的重要因素。除前述由汇率波动而产生的风险之外，国际间接投资还必须面对政策风险、市场风险、利率风险、流动性风险、财务风险、管理风险、技术风险、自然风险等各种风险形式，因此正确地分析和评估投资风险对于国际间接投资而言至关重要。当投资风险一定时，国际间接投资会选择收益率较高的投资项目；而当收益率一定时，国际间接投资会尽量选择风险较小的投资项目。然而，通常风险较低时投资收益率也较低，而收益率较高时投资风险也较大，因此国际间接投资要不断在风险和收益之间进行权衡。

4.偿债能力

一般而言，偿债能力是吸收国际间接投资的基本条件。发达国家由于经济实力雄厚，有较多的外汇储备，偿债能力强，因而能吸引大量的国际资本。在发展中国家的国际间接投资也多集中在那些新兴工业国家和地区。这些国家和地区相对来说，经济发展较快，有较强的出口创汇能力。非洲等一些经济欠发达国家经济发展缓慢，外债偿还能力低，很难吸引到充足的国际证券投资和国际商业银行贷款，但这些国家对资金的需求恰恰最为迫切，因此往往需要寻求国际金融组织贷款和官方发展援助以获得经济发展所必需的资金。

第二节　国际直接投资与跨国公司

国际直接投资（International Direct Investment）是指投资者通过控制外国企业部分产权，直接参与企业的经营管理，从而在国外获取长期投资收益的一种国际投资方式。从投资国的角度来看，国际直接投资也被称为对外直接投资（Foreign Direct Investment，FDI）。国际货币基金组织对FDI的定义是“在投资者所属经济体（国家）以外的经济体所经营的企业中拥有持续利益的一种投资，其目的在于对该企业的经营管理具有有效的发言权”。由于企业的经营管理权通常受股权比例的影响，国际货币基金组织建议以拥有国外企业10%的股权作为国际直接投资的最低标准，不过有些国家以其他证据而非股权比例来认定对外国企业经营管理的有效影响。在中国的对外直接投资统计中，对外直接投资指中国企业、团体等在国外及中国港澳台地区以现金、实物、无形资产等方式投资，并以控制境外企业的经营管理权为核心的经济活动。

一、国际直接投资的形式

国际直接投资的形式主要有三种：创办新企业、控制外国企业股权以及利润再投资。

1.创办新企业

这种国际直接投资形式又被称为“绿地投资”（Green Field Investment），是指跨国公司等投资主体在东道国境内依照东道国的法律，单独或合作创建新企业或组建新的子公司和分支机构，从而在国外进行生产经营活动。早期跨国公司的海外拓展业务基本上都是采用这种方式。

绿地投资有两种形式：（1）建立国际独资企业，即企业完全由投资者独立出资并独立经营，其形式主要包括国外分公司、国外子公司和国外避税地公司；（2）建立国际合资企业，即两国或两国以上的投资者共同商定在企业中的股权比例，并根据东道国的法律，通过签订合同创办的新企业，其形式主要包括股权式合资企业和契约式合资企业。无论建立国际独资企业还是国际合资企业，其关键特点都是创建出原本并不存在的新的企业，就像在一片空地上从头开始规划、建设以及经营。

绿地投资的优点主要有三个方面：（1）有利于选择符合跨国公司全球战略目标的生产规模和投资区位；（2）有利于跨国公司在生产经营活动中掌握主动权，根据全球经营战略调整营销策略、利润分配，进行风险控制；（3）创建新的企业不易受东道国法律和政策上的限制。创建新企业意味着产出水平提高和就业人员的增多，而且能带来先进的技术和管理经验，促进东道国的经济增长，因此很多发展中国家采取各种有利的政策措施，吸引跨国公司在本国创建新企业。

绿地投资方式也具有以下几方面的缺点：（1）绿地投资方式需要进行大量的筹建工作，因而建设周期长，速度慢，缺乏灵活性，对跨国公司的资金实力、经营经验等有较高要求，不利于跨国企业的快速发展；（2）创建企业过程当中市场的不确定性较大，跨国企业必须完全承担其风险；（3）新企业创建后，跨国公司需要在东道国独立开拓目标市场，且常常面临管理方式与东道国惯例不相适应、管理人员和技术人员匮乏等问题。

2.控制外国企业股权

控制外国企业股权指投资者通过购买外国公司股权达到一定比例，或与已有的国外公司合并，获得对东道国企业生产与经营活动的控制权。获得股权的渠道主要有两类：（1）直接向东道国目标企业投资，认购其新发行的股份；（2）通过现金、从金融机构贷款、以股换股和发行债券等支付手段，对目标企业进行“跨国并购”（Cross-border Mergers & Acquisitions）。

并购包括兼并和收购（或购买）两方面的含义：兼并（Merger）指公司的吸收合并，即一个公司将其他一个或数个公司并入本公司，使其失去法人资格的行为。兼并是企业变更、终止的方式之一，也是企业竞争优胜劣汰的正常现象。收购（Acquisition）意为获取，即一个企业通过购买其他企业的资产或股权，从而实现对该企业的实际控制的行为。收购意味着接管（Take Over）企业管理权或所有权，但原有企业的法人资格并未丧失。按照具体内容的不同，收购可分为资产收购和股份收购两类：前者是指购买目标公司现有的部分或全部经营性资产，后者则是向现有股东购买部分或全部股份。

企业兼并和收购的经济意义是一致的，都使市场力量、市场份额和市场竞争结构发生了变化，对经济发展也产生相同的效应，企业产权和经营管理权最终都控制在一个法人手中。正是在这个意义上，西方国家通过把“Mergers”和“Acquisitions”连在一起，统称“M&A”。我国企业兼并的含义与M&A相似，兼指吸收合并与收购，1996年8月20日，财政部发布的《企业兼并有关财务问题的暂行规定》第二条规定：本规定所称“兼并”，指一个企业通过购买等有偿方式取得其他企业的产权，使其失去法人资格或虽保留法人资格但变更投资主体的一种行为。因此，在我国，我们通常把企业兼并和企业收购统称为企业并购。

跨国并购越来越成为国际直接投资的主要形式，这和跨国并购本身的优势密不可分：（1）迅速进入他国市场并扩大其市场份额，避免了“绿地投资”耗费的时间较长、不易及时根据市场情况进行调整的缺点；（2）有效利用目标企业的各种现有资源，如成熟完善的销售网络和原材料供应保障体系，专利权、专有技术、商标权、商誉等无形资产，成型的管理制度和既有的人力资源等；（3）充分享有对外直接投资的融资便利，既可以用目标企业的实有资产和未来收益作抵押发行债券或从金融机构取得贷款，也可以通过交换股票的方式控制目标企业，避免现金支付的压力；（4）常常能够利用目标企业的困境或在股票价格暴跌时收购其股票，以比较低的价格获得他国企业的资产或股权；（5）跨国并购还可以有效降低进入新行业的壁垒，减少企业发展的风险和成本。

随着经济全球化的不断发展，绿地投资在FDI中所占比例有所下降。2009年全球跨国并购金额不足3 000亿美元，其后迅猛增长，而绿地投资额则从2009年的近1万亿美元开始缓慢下降，到2015年二者已基本持平。世界银行投资报告显示，2018年，全球跨国并购6 821项，并购金额高达8 160亿美元，比2017年增长18%。跨国并购已成为跨国公司参与世界经济一体化进程、保持有利竞争地位而更乐于采用的一种跨国直接投资方式。

3.利润再投资

利润再投资是指投资者把通过直接投资所获得的利润的一部分或全部用于对原企业的追加投资。随着国际投资的深入，利润再投资越来越成为直接投资的重要形式。通过利润再投资，投资者一方面可以减少一次性支付的投资成本，提高资金的利用效率；另一方面，利润再投资实质上是将投资分成若干阶段进行，能够在一定程度上降低投资风险。从东道国企业的角度来看，企业不至于因利润分配而使现金流减少，为后续的经营发展提供了一定程度的融资保障。一些国家为鼓励吸引外资，还根据具体情况对利润再投资提供退税优惠。

二、当代国际直接投资的特点

第二次世界大战后，国际直接投资得到高速发展，成为国际投资的主要投资方式，尤其是20世纪70年代以来，国际直接投资表现出以下四个方面的主要特点：

1.国际直接投资的规模迅速扩大，增长速度加快

第二次世界大战以来，全世界的对外直接投资有了空前的增长。全世界对外直接投资总额（流量）在1970年时仅为141.51亿美元，到2007年已增至22 720.49亿美元。次贷危机发生后，国际直接投资规模有所萎缩，但在2011年仍达到16 780.35亿美元。对于发展中国家来说，外国直接投资是外来资本的主要来源。根据对90多个发展中国家的统计，1981—1985年，外国直接投资在其长期资本流入总额中的比重为30%，而1986—1990年，这一比重增加到74%，而且对整个国家经济发展起到了重要推动作用。根据联合国贸易

与发展会议数据库的统计，2018年全世界流出的对外直接投资（Outward FDI）总额为11 108.32亿美元，而流入的对外直接投资（Inward FDI）总额为14 006.17亿美元。流出和流入的FDI金额存在差异，主要是由于各个国家的统计口径存在差异以及统计的错误与遗漏等因素造成的。

2.国际直接投资主要在发达国家之间双向流动

第二次世界大战前，国际直接投资的流向基本上是单向的，通常主要是资本主义国家将其资本投向自己的附属地、附属国。第二次世界大战后，尤其是20世纪70年代后，情况发生了很大变化，国际直接投资主要在发达国家之间进行，投向发展中国家的资本在国际直接投资总额中的比重不断下降。以美国为例，1950年美国私人对外直接投资累计总额中，发展中国家占48.8%，发达国家占48.2%；1960年发展中国家占34%，发达国家占60.6%；1980年发展中国家占24.7%，发达国家占73.5%。据统计，2008年，发达国家对外投资总额为15 065.28亿美元，占当年世界对外投资总额的81%；吸收外国直接投资额为9 622.59亿美元，占当年世界吸收国际直接投资总额的57%。可见，主要发达国家占据着国际直接投资的垄断地位。在发达国家的国际直接投资格局中，美国的霸主地位逐渐丧失，欧、日地位不断上升，形成了美、欧、日三足鼎立的格局。尽管如此，美国仍然是当今世界主要的对外直接投资国和外国直接投资的吸收国。2018年，世界最大的对外直接投资流出国是日本，流出FDI的金额为1 431.61亿美元，占世界流出FDI总额的12.89%，而实际最大的对外直接投资流入国依然是美国，流入FDI的金额为2 518.14亿美元，占世界流入FDI总额的17.98%。

需要注意的是，随着经济发展程度逐步提高，一些发展中国家的对外直接投资也有了很大的进展。如本章附表所示，2018年中国流出FDI的金额达到1 298.30亿美元，占世界流出FDI总额的11.69%，仅次于日本。以中国为代表的发展中国家对外直接投资的异军突起不但对国际直接投资的格局有着重大改变，对于世界经济格局的演变可能也会产生非常深远的影响。

3.发展中国家逐渐成为吸收国际直接投资的主要地区

2008年全球金融危机爆发后，发达国家经济陷入衰退，吸收外资的数额明显下降。2008年，发达国家吸收国际直接投资10 265亿美元，占当年世界吸收国际直接投资总额的56.51%；2010年吸收额降至6 964亿美元，占比49.44%；2012年吸收额为5 607亿美元，占比41.5%。同期发展中国家（含转型国家）吸收国际直接投资金额从2008年的7 898亿美元上升至2012年的7 901亿美元，占当年世界吸收外资总额的比重从43.48%上升至58.49%。

流向发展中国家的直接投资主要集中在那些经济发展较快、市场容量较大、基础设施较好的新兴工业化国家和地区，主要是巴西、墨西哥等拉美国家和韩国、中国台湾、中国香港、新加坡等亚太国家和地区。而中国已连续20多年位列发展中国家吸收国际直接投资最多的国家。从本章附表中可以看出，2018年，中国是仅次于美国的第二大吸收外资的国家，FDI流入金额为1 390.43亿美元，占全世界的9.93%，也是吸收外资最多的发展中国家；而巴西和印度在吸收外资方面分别居世界的第七位和第十二位。这就意味着，发展中国家已取代发达国家成为吸收国际直接投资的主要地区。

4.国际直接投资主要流向高新技术产业部门和服务行业

第二次世界大战前，国际直接投资主要集中在采掘业和初级产品加工业。第二次世界大战后，随着发展中国家石油、矿产资源的国有化和民族经济的发展，外国垄断资本对采掘业投资的比重逐渐下降，对制造业部门投资的比重明显上升。而在占国际投资绝大部分的发达国家之间的直接投资中，虽然投向制造业的比重仍然较大，但随着各发达国家产业结构高级化，外国直接投资的重点行业从传统的制造业逐步转向高新技术产业，如计算机、新能源、精密机械和生物工程及其他一些资本和技术密集型的行业。另外，第三产业中的金融、保险、不动产等行业也成为国际直接投资的热点。对第三产业的投资在发达国家对外投资的部门结构中之所以占有较大比重，与服务业在整个国民经济中所占的比重日益增大密切相关。在发达国家的国民生产总值中，第三产业所占的比重一般在60%以上。对国外第三产业投资的增加，既是发达国家产业结构高级化的结果和表现，又将推动东道国乃至整个世界产业结构的高级化。

三、国际直接投资的作用与影响

国际直接投资的发展对世界经济的影响主要表现在以下三个方面：

1.国际直接投资促进了国际分工的深化和国际贸易的发展

国际直接投资作为国际资本流动的一种主要形式，其重要特征是以参与经营管理为目的。因此，国际直接投资的发展过程本身就是资本和生产国际化的重要表现。一方面，国际直接投资规模的扩大促进了劳动、技术等生产要素在国家间的流动和配置，生产的国际化程度不断提高，国际分工日益深化，提高了生产效率；另一方面，国际化生产、分工的需要又反过来成为国际直接投资发展的动力。

随着国际分工的深化，产品和服务的国际贸易也得以迅速发展。一方面，生产的国际化使各国的专业化分工都有不同程度的提高，产品和服务进行国际贸易的必要性大为增加；另一方面，国际直接投资拓展了生产和销售的网络，国际市场日益成为一个整体，跨国公司的发展更使交易成本大幅降低，国际贸易的可能性得到提高。此外，国际直接投资本身就会带动设备、技术、原材料以及零部件等中间产品的进出口，从而直接促进了国际贸易的发展。

2.对东道国的经济社会发展产生积极和消极的影响

从积极影响上看，引进国际直接投资不但能够弥补东道国的投资需求和国内储蓄供给之间的缺口，通过扩大资本积累促进经济增长，平衡国际收支，而且对于技术和经济发展水平较低的发展中国家而言，吸引国际直接投资通常也意味着同时引进较为先进的技术和管理经验，提高本国产品在国际市场上的出口竞争力。

国际直接投资对东道国的消极影响主要表现在对民族企业的冲击和对经济安全的威胁

等方面。吸引外资的同时也意味着国内市场对外开放程度的提高，跨国公司进入东道国市场后不但会加重国内企业的竞争压力，而且有可能控制东道国的经济命脉部门，左右其经济政策，危及东道国的经济安全。

3.给资本输出国的经济带来有利和不利的影响

对资本输出国而言，对外直接投资一方面为相对丰裕的资本找到了新的投资机会，提高资本的边际报酬；另一方面也可以通过直接投资为本国产品打开新的市场，或保障重要的原材料产品供应。

不利影响主要表现在：资本外流一方面会降低劳动的边际报酬，可能对国内劳动者收入形成负面效应；另一方面，对外直接投资也可能伴随着国内产业向国外转移，造成国内的产业空心化，影响就业水平。同时，东道国相关产业的发展也会反过来给资本输出国带来新的竞争压力，从而削弱其国际竞争力。

【案例分析】

新常态下中国企业跨国并购的战略选择

近年来，中国资本输出一浪高过一浪，跨国并购也此起彼伏。如联想并购美国IBM的PC部门、安邦保险19.5亿美元（约120亿元人民币）并购美国纽约的华道夫豪华酒店、吉利收购瑞典沃尔沃、三一重工收购德国机械巨头普茨迈斯特等。《中国企业国际化报告（2014）》显示，2004—2013年，中国企业跨国并购交易数量呈现稳定增长态势。商务部数据显示，2013年中国跨国并购资金514亿美元，成功交易项目397个，并购直接投资336亿美元，占中国对境外企业非金融类直接投资总数的37.2%。从投资领域看，能源、电力、资源（原材料）等行业是中国国有企业海外并购交易最为集中的领域；而民营企业的并购领域则表现为多元化。从投资地区看，中国企业对亚洲、欧洲地区的并购增多，对北美的并购交易减少。中国企业跨国并购正在实现跨越式发展。

2014年中国企业的海外并购取得巨大成就，加快了中国企业从“制造商”向“投资家”的角色转变。2015年1月27日，普华永道会计师事务所发布的《2014年中国地区企业并购回顾与2015年前瞻》报告显示，2014年中国内地企业海外并购数量达到272起，比2013年增长36%；海外并购交易额达到569亿美元。从海外并购的地区分布看，北美地区96起，欧洲地区83起，亚洲地区64起，大洋洲地区17起，非洲地区7起，南美洲地区5起。在欧、美、日等发达国家和地区，中国资本主要集聚于品牌和技术领域。中国企业并购的核心领域是技术领先型企业，特别是汽车行业和机械行业，而德国在这些领域具有巨大优势并且提供了大量机会。安永会计师事务所报告显示，2014年中国企业并购了36家德国企业，中国再度成为在欧并购数量最多的国家。总体来看，中国企业海外并购呈现出多元化趋势。

晨哨研究部发布的《2015年一季度中资海外并购报告》显示，2015年第一季度，中国企业海外并购交易为119起，交易金额为401.30亿美元，同比分别增长39.34%和9.05%。从交易额看，2015年第一季度中资企业海外并购的前三强为科技、媒体和通信，汽车及金融业，其中TMT行业的交易占总量的43.74%。致同会计师事务所的《国际商业调查报告》显示，2013年有7%的企业考虑过并购机会，2014年这一数字达到了26%；企业对2015年的并购机会预期大大上升，比2014年增长了一倍。2015年中国的国内外并购市场都有望进一步走强，并购市场延续升势。

伴随中国海外并购的蓬勃发展，民营企业海外并购活动四面开花，充分发挥了其机制灵活、非国有色彩和互补性强等优势。中华全国工商业联合会统计数据显示，2009—2013年，中国民营企业并购总额为510亿美元，累计增长6倍多。2005—2012年，民营企业并购总额的复合增长率为31%，而2012年是2008年的7倍多，大大高于中国企业的整体并购水平。2013年民营企业在海外进行的并购活动规模达到了230亿美元，是2010年海外并购规模的3倍。2014年以来，民营企业进行了188次海外并购交易活动，其规模达到210亿美元，比国有企业的海外并购规模仅少20亿美元。2014年前三季度，民营企业海外并购数量是国有企业的2倍之多，交易金额同比增长超过120%。民营企业海外并购的地域集中在北美、欧洲等发达地区。民营企业愈来愈成为中国企业海外并购的主角，在海外并购的交易数量和金额上的增长率远超国有企业，对海外目标企业的技术、知识产权、品牌等资源的并购力度不断加大。遗憾的是，虽然民营企业的并购成功率很高，但并购后经营不佳，能够盈利的企业仅占20%左右，民营企业海外并购尚处于风险期。

资料来源　樊增强．新常态下中国企业跨国并购的战略选择［J］．中国流通经济，2016（2）：75-82.

案例思考题：

1.在全球经济危机的背景下，为什么中国的对外投资反而迅速增加？

2.中国为什么一方面大量吸引外资，另一方面又加快对外投资？

四、跨国公司

按照1986年联合国《跨国公司行为守则草案》的定义，“跨国公司是指由在两个或两个以上国家内的实体所组成的公有、私有或混合所有制企业，而不论这些实体的法律形式和活动领域如何，该企业在一个决策体系下运营，并通过一个或一个以上的决策中心采取一致的政策和共同战略，该企业中的各个实体通过股权或其他方式结合在一起，这样其中一个或更多的实体能够对其他实体的活动施加重大影响，特别是同其他实体分享知识、资源和分担责任”。

跨国公司是资本在国际规模上集中和积聚的产物，是生产资本国际化的重要载体。作为一种高度国际化的企业组织形式，跨国公司可以被具有不同社会经济制度和不同经济发展水平的国家加以利用来参与经济全球化的过程，达到发展经济的目的。目前，全世界共有大约8.2万家跨国公司，跨国公司的海外子公司达到81万家。跨国公司子公司的出口额约占世界商品和劳务出口总额的1/3。2008年，跨国公司吸纳的就业估计可达7 700万人，相当于德国全国劳动力总数的两倍还要多。自2000年以来，世界最大的100家跨国公司一直占有世界GDP大约4%的份额。

随着生产力水平的不断提高和人类组织生产活动经验的不断丰富及全球竞争环境的改

变，跨国公司在当前表现出一些明显的特征，并形成了独特的运营机制。

1.跨国直接投资是跨国公司对外经营的主要手段

国际直接投资的发展促进了跨国公司的发展，而跨国公司的国际化经营又反过来推动了国际直接投资的进一步发展。绝大部分跨国公司都利用对外直接投资在不同的国家建立生产基地、销售基地乃至研发基地。跨国公司采取这种行为主要出于两方面的考虑：

（1）跨国公司以世界市场作为其基本目标取向。对外直接投资可以形成对设在其他国家的企业和分支机构的有效控制，因而成为跨国公司对外扩张的最佳手段，因为这种方式便于其贯彻实施自己的经营战略，进一步扩大其在全球范围的利润和在全球市场所占的份额。

（2）随着生产力的不断发展，技术进步的范围更广泛、内容更深刻，很多技术已不像过去那样可以通过产品这一形式加以转移，也较难利用专利等手段进行有效保护，而利用对外直接投资方式，技术转移的风险可以大为降低。

2.生产经营活动跨国化

跨国公司对再生产周期所有环节都进行国际化的安排，特别是通过对外直接投资，在海外几个甚至几十个国家或地区新建或购买现有企业，利用当地的丰富资源和廉价劳动力，就地进行生产、销售和开展其他经营活动，使再生产过程在很大程度上在国际范围内展开。

生产经营活动跨国化是通过母公司以及海外子公司和海外分公司实现的。

（1）母公司（Parent Company），是指拥有其他公司一定数额的股份或根据协议，能够控制、支配其他公司的人事、财务、业务等事项的公司。母公司最基本的特征不在于是否持有子公司的股份，而在于是否参与子公司业务经营。

（2）子公司（Subsidiary Company），是指一定数额的股份被另一公司控制或依照协议被另一公司实际控制、支配的公司。子公司具有独立法人资格，拥有自己所有的财产以及自己的公司名称、章程和董事会，对外独立开展业务和承担责任，但涉及公司利益的重大决策或重大人事安排，要由母公司决定。

（3）分公司（Branch Company），是指在业务、资金、人事等方面受总公司管辖而不具有法人资格的分支机构。分公司属于分支机构，在法律上、经济上没有独立性，仅仅是总公司的附属机构。分公司没有自己的名称、章程，没有自己的财产，并以总公司的资产对其债务承担法律责任。

3.发展战略全球化

不管是对作为实体的跨国公司本身还是对跨国公司的管理者，不断变化的全球竞争环境都要求其具有全球性的思维和视野，落实在日常的经营活动中便是战略的全球化。在全球战略下，跨国公司不是孤立地考虑某一子公司所在国的市场、资源等情况和某一下属机构的局部得失，而是从多国或全球角度考虑整个公司的发展。战略全球化一般表现为跨国公司的多个组成部分同处于一个中央决策体系指导下执行共同的政策，这些政策所反映的就是跨国公司的全球战略意图，并强调跨国公司总部对重大问题进行决策和最终控制的核心地位。

4.内部管理一体化

在跨国公司内部进行管理和协调是公司内部有效利用资源的客观要求，其基本前提是公司各部门的协调将产生有利于公司战略目标实现的效果。尽管在实践中为增强下属企业的灵活应变能力，跨国公司将很大一部分权力下放，但涉及其全球战略的重大活动的实施仍然是在总部的管理下进行。典型的一体化有生产活动的全球协调、研发活动的全球配合及市场营销活动的全球实施等。

5.生产要素转移内部化

在跨国公司内部，生产要素可以通过内部化交易实现在不同分支机构之间的转移。内部化交易表现在两个方面：

（1）技术转移的内部化，即当需要在国外生产过程中使用母公司技术时，跨国公司通常将技术转让给自己拥有控制权的子公司，而不是出售给当地企业。这一做法的主要动机是保持自身在技术上的垄断优势，防止技术向外扩散。

（2）跨国公司倾向于向子公司购买中间产品，而不是通过外部市场向其他没有关联的企业购买，其目的是降低交易的不确定程度和交易成本，提高效率。不仅如此，跨国公司为了实现全球战略还经常在内部交易中使用与外部市场价格不同的转移价格，以达到扶持特定子公司发展或转移利润等目的。

6.组织体系网络化

为了适应发展战略全球化和内部管理一体化的要求，跨国公司的组织体系明显表现出网络化特征。网络化的组织体系使得跨国公司的各个组成部分不再是互不相关或联系极少的“信息孤岛”，各个组成部分之间资源的流动、知识的共享有利于跨国公司应对同时存在的全球整合压力和当地反应压力，同时对跨国公司构建跨国经营能力具有十分重要的影响。

不同的跨国公司会表现出其自身的特征，这些特征与跨国公司的规模、发展历史、所处国家的政治经济环境有着密切的关系。认识跨国公司的特征，有利于把握跨国公司的发展方向和运行机制，更好地利用跨国公司的跨国投资与跨国经营能力来发展本国经济。

【世界经济之窗】

从跨国公司走向全球公司

在经济全球化潮流推动下，全球范围内企业界正在发生着巨大的变化，其中最引人瞩目的变化就是跨国公司（Transnational Corporations）向全球公司（Global Corporations）的转型。

全球公司是跨国公司全球化发展的新阶段。与一般跨国公司相比，全球公司的全球化程度大大提高，其跨国指数（海外资产、海外销售和海外雇员与总资产、总销售和总雇员的比例）一般超过50%。由于主要收入、主要资产均来自海外，与一般跨国公司相比，全球公司经营管理重心在海外，其发展战略、管理结构和理念文化更注重全球，形成了全球经营的思维模式和经营模式。根据联合国贸发会议的资料，2005年全球100大跨国公司中，跨国指数超过50%的有70家，超过70%的有31家；而1994年，跨国指数超过50%的只有43家，超过70%的只有16家。2005年全球100大跨国公司中跨国指数超过70%的著名公司有：沃达丰、英国石油公司、壳牌、道达尔、苏伊士、本田、和记黄埔、雀巢、罗氏制药、英美资源、圣戈班、飞利浦、拉法基、沃尔沃、可口可乐、诺基亚等。

20世纪90年代以来，全球政治、科技和经济领域均集中出现了根本性的变化："冷战"结束导致全球市场的形成；以信息技术为代表的新技术革命成为经济全球化的技术支撑；WTO运行开启了经济全球化潮流发展的新阶段。在经济全球化和信息技术革命的推动下，企业跨越政治地理界限，在全球范围内按照功能配置资源和获取资源已经成为可能。以此为背景，越来越多的跨国公司把过去的多国发展战略调整为全球发展战略，全球经营已经成为企业经营的常态：它们通过营销服务全球化、制造组装全球化、研发设计全球化以及资金运作全球化，打造了全球产业链或全球产业系统；它们通过制造外包和服务外包，成功地吸纳整合全球资源；它们通过跨国并购迅速提高了自己的全球竞争力。

出于全球各个市场当地化经营的需要，跨国公司开始在全球市场的若干重点地区和国家设立地区总部，统一管理、协调公司各个业务部门在当地的经营活动，形成了由纵向业务分部和横向地区总部所组成的新的管理架构。跨国公司还调整了企业经营理念和文化，全球化程度高的跨国公司出现了淡化国籍、强化全球性的趋向。东芝公司2005年新任总裁认为东芝是"地球内企业"；ABB则称自己是"处处为家的全球公司"；IBM公司给自己的定位是"全球整合的企业"（Global Integrated Enterprise）。2006年以来，出现了一些著名德国企业转变为"欧洲公司"的现象。对于这些德国企业而言，转变为欧洲公司就能以本国公司的身份在其他欧洲国家投资和经营；对于其他欧洲国家而言，这些德国公司不再是外国公司。欧洲公司是在全球化潮流中出现的超国家公司，是走向全球公司的一个过渡阶段。

全球公司是世界舞台上的一颗新星，有着无限的前途。跨国公司向全球公司转型是一场企业形态的变革，这场变革还在继续发展、不断深入。企业、政府和所有民间团体的领导者都必须了解它的成长变化情况，帮助它朝着有益于全球社会、经济和人类进步的方向发展，不断走向成熟。

资料来源　王志乐. 静悄悄的革命［M］. 北京：中国经济出版社，2008.

第三节　国际资本流动的经验与启示

大多数发达国家与发展中国家在它们经济成长的过程中，都不同程度地利用国际资本流动来推动本国经济的发展，这对世界各国及地区经济的增长无疑起到重要的推动作用。

一、美国的国际资本流动

美国早期的经济发展史实质上就是国际资本的流动史。国际资本不但帮助美国赢得了独立战争，也支撑了美国经济的长期快速增长。美国既是世界最大的资本流入国，也是最大的资本流出国。20世纪80年代以后，由于美国国内储蓄不足，消费、投资需求旺盛，经常账户出现了巨额逆差，而弥补巨额经常账户逆差的恰恰是流入美国的巨额国际资本。

1.自由的国际资本流动政策

美国政府长期以来对国际资本流入和流出实行机会均等和门户开放的政策。除了出于国家安全考虑限制外国资本参与和投资某些行业外，对外国投资者在美国设立企业和经营业务的方式、地理区域不进行限制，更没有对外国资本实行国有化的政策。外国投资者在美国享有国民待遇，即在同样的条件下，外国投资者与美国公民享有同样的民事权利和义务，但不包括政治权利。美国没有单独的外资法，对外国投资的法律规定是以公司法为基础和核心的，这些法律规范着企业的活动和行为，这些法律的大部分不但适用于外国公司，也同样适用于美国公司。美国不限制国际资本流动，也没有外汇管制，美元或外汇资金和企业资产可以自由进出美国国境，其证券市场几乎对全世界的资本开放，且没有证券交易税。外国投资者可以自由地把外国资金输入美国进行投资，也可以在美国当地借款和筹措资金，还可以将在美国赚取的资本收益、股利及利息等税后收入无限制地汇往国外。

2.作为世界最大债权国的美国

第二次世界大战沉重地打击了欧洲各国的经济，美国成为世界上最大的债权国。从1946年到20世纪70年代初，除极少数年份以外，美国对外投资增长一直快于外国在美国投资的增长，美国的债权国地位持续上升。到1970年年底，美国对海外的投资达到了1 655亿美元，外国投资者对美国投资1 068亿美元，美国净债权为587亿美元，较1946年扩大了13倍。1975—1981年，美国海外资产从2 951亿美元增长到7 197亿美元，增长4 246亿美元；同期外国在美国的资产从2 209亿美元增长到5 740亿美元，增长3 531亿美元。1981年美国的净国际债权为1 407亿美元，是1946年的30倍，达到美国历史上的最高峰。

第二次世界大战后美国对外投资的迅速发展对美国经济增长产生了重大影响。不管是资源开发型、市场开拓型，还是降低成本型的对外投资，其最终目的都是最大限度地获取利润。从总体上看，美国在海外投资的利润率很高，尤其是在发展中国家的投资利润率更高，为美国跨国公司带来了巨额的利润收入。1960—1976年，美国国内利润增加了3.2倍，而来自对外投资的利润则增长了5.2倍。巨额利润扩大了美国企业资本积累的规模，并反过来进一步增强了美国企业对外投资的能力。1966—1982年，利润再投资占美国企业对外直接投资利润的41.8%。

3.作为世界最大债务国的美国

据美国商务部统计，1985年年底美国在海外的资产为9 524亿美元，而外国在美国资产总额则猛增至10 598亿美元，净负债1 074亿美元，成为净债务国。后来美国商务部采用重置成本法重新进行统计，表明美国成为债务国的时间开始于1987年，比按历史成本法计算的时间晚两年。此后，外国资本开始以更大的规模源源不断地进入美国，美国迅速成为世界上最大的净债务国。这一阶段美国国际资本流动的特征主要表现在以下四个方面：

（1）国际债务国地位持续增强

根据美国商务部新的计算方法，1986年美国的国际净债务为228.1亿美元，之后连年增加，到2014年已增至6.92万亿美元。国际资本的持续流入，使美国国际债务国的地位不断强化。美国对外负债的最大来源是世界各国对美国国债和美国公司债券的投资。截至2014年年底，外国投资者持有的美国国债规模达到6.17万亿美元。

（2）在国际直接投资上，美国净流出国地位动摇

截至1985年年底，美国对外直接投资累计额为3 863.52亿美元，外国对美国直接投资累计额为2 199.96亿美元，美国的累计净流出额为1 163.56亿美元。这一特征一直保持并不断强化，至2014年年底，美国公司对外直接投资累计额为6.32万亿美元，居世界对外投资大国之首，外国公司对美国直接投资累计额为5.41万亿美元，美国对外直接投资的累计净流出额为9 087.56亿美元。巨额的资本输出扩大了美国产品的市场，也促进了国际贸易和国际金融的自由化。值得注意的是，美国的直接投资净流出国地位已出现动摇。2018年，美国吸收外国直接投资2 518.14亿美元，而美国跨国公司的大规模资金回流导致美国未能进入全球20大对外投资经济体名单，已退出了对外投资大国的行列。

（3）促进了美国产业结构的调整

国际资本的大量流入一方面为美国的钢铁、汽车、采掘、纺织、机器制造等传统产业部门提供了技术改革的条件，使这些衰退的传统产业保持一定的增长；另一方面还促进了美国新兴产业的发展。尽管美国保持着世界科技的领先地位，但日本和欧洲各国的企业也在某些特定的生产领域和特定的生产方法上具有优势，这些国家的跨国公司在美国进行直接投资，有助于推动美国的科技创新和新兴产业的发展。

（4）提高了美国企业的整体素质

巨额的国际资本流入给美国的市场注入了新的竞争活力，美国本土企业为了与跨国公司进行竞争，不得不相应调整战略、加强研究开发，以降低成本、提高服务质量，从而使美国企业整体素质得以提高。

二、日本的国际资本流动

第二次世界大战使日本经济走向崩溃，但是在第二次世界大战后短短的20年时间里，日本却一跃成为资本主义世界的第二经济大国。日本取得如此成就，除因实行了经济民主化和农地改革、产业结构的调整以及引进吸收外国先进技术等内部因素外，美国援助和国际贷款对于日本的经济恢复和发展起到了重要推动作用。

1. 日本引进国际资本的政策法规

为了有效地引进和利用国际资本，日本政府相当重视国际资本引进政策及措施。1947—1949年，在驻日美军总部的直接干预下，日本进行了以解散财阀、农地改革、劳动立法

为中心内容的经济民主改革，以铲除日本资本主义发展中的封建性因素。通过制定反垄断法，日本原来的垄断资本实力受到削弱，为外国资本进入日本市场创造了良好的竞争环境。

1949年3月颁布的《关于外国人取得财产的政令》是日本关于外国投资的第一个法律文件；同年12月颁布的《外汇及外贸管理法》成为日本对外贸易的基本法；1950年5月制定的《外资法》集中反映了当时日本政府引进国际资本的政策，它规定对每一项国际资本的引进均要求严格审查，只有对日本经济发展有推动作用的国际资本才能引进，对于不符合《外资法》要求的国际资本流入则坚决予以纠正。可见，日本并没有像美国那样对国际资本流动采取自由放任政策，而是由政府进行各种干预和管制。日本引进、利用国际资本的政策所具有的这一特征，与它所采用的政府主导型的经济发展模式是一致的。

2.日本利用外资的发展

（1）接受美援为主阶段（1946—1950）

第二次世界大战后，美国出于巩固和加强其在远东“冷战”基地的考虑，决定帮助日本复兴经济。从1948年起，美国对日本先后提出了“日本经济安定九原则”“道奇路线”“肖普税制改革建议”等，并根据“娄甘方案”进行了日本的贸易改革，扩大了日本的商品进口，并以对日投资、贷款、技术出口等形式，扶植和帮助日本经济的复苏。美国在占领日本期间对日本提供的援助约达20亿美元，由援助维持的进口占日本进口总额的37%，这些援助对第二次世界大战后处于瘫痪状态的日本经济起到了输血作用。日本将这种援助集中投放在钢铁、煤炭和海运等基础部门，其余则用于购买小麦和棉花等轻工业原料。通过实施优先发展能源、钢铁和部分轻工业的“倾斜性”产业政策，日本经济得到迅速恢复。

（2）吸收国际信贷为主阶段（1951—1973）

20世纪50年代初，日本完成了经济恢复，开始进入基础产业整备和重化工业化时期。这一时期引进的国际资本主要投放在电力、钢铁、石油等原始重、化工业部门，政府采取了扶植和保护幼小的、有发展前途的产业的政策。为配合产业政策的实施，日本政府在利用国际资本方面较为审慎，对于外国直接投资加以严格的限制，把引进和利用国际资本的重点放在利用外国贷款上。1951—1967年，日本共引进国际资本59.51亿美元，其中国际贷款为40.99亿美元，占总额的68.87%。1967年，日本国民生产总值超过英、法，1968年又赶上联邦德国，成为西方世界中仅次于美国的第二经济大国。随着经济高速增长，日本国内企业的实力得以增强，加之外国企业对日本政府的保护行为强烈反对，日本从1967年起提出了自由化方针，包括贸易汇兑自由化和资本自由化，逐步缓和或撤销对外国企业进入日本某些行业的限制，扩大合资和合作经营形式，在以证券投资形式引进的国际资本继续增加的同时，外国公司对日本的国际直接投资也有了较快增长。

（3）吸收证券投资为主阶段（1974—1980）

20世纪70年代中期至80年代初，日本经济处于低速增长时期，但随着日本金融证券市场的成熟，外国投资者对日证券投资的规模不断扩大。1975—1980年，日本吸收外国证券投资达1 125亿美元，占吸收国际资本总额的97.87%，远远超过国际信贷2.37%和国际直接投资0.76%的规模。

（4）注重吸引国际直接投资阶段（1981年以后）

日本于1980年12月废除了《外资法》，国际资本引进进入全面自由化时期，外国投资者对日直接投资猛增。20世纪80年代以前，日本每年吸收的国际直接投资不到1亿美元，而1981—1985年吸收的国际直接投资累计额已经达到32.58亿美元，是前30年的总和。20世纪90年代日本泡沫经济崩溃以后，日本政府更加注重吸引国际直接投资以增强国内经济活力，推进经济结构调整。日本企业为了在竞争激烈的国际环境中生存发展，也开始积极引进国际资本，同跨国公司开展经营合作。2018年，日本的外国直接投资流入累计额已从1990年的98.50亿美元增至2 137.54亿美元。

3.日本对外投资的发展

日本在经济腾飞的进程中，不仅注重国际资本的引入，而且也不断地向外输出资本。第二次世界大战结束时，日本几乎丧失了全部对外投资。伴随着第二次世界大战后经济的复兴，从1951年起日本重新开始了对外直接投资，以资源开发型、商业服务型投资为主，但投资规模较小。

进入20世纪60年代后，伴随日本经济高速增长，日本形成声势浩大的对外经济扩张。1969—1979年，日本对外投资存量由20亿美元增至318亿美元，一跃成为对外直接投资第四大输出国。1985年日本对外投资存量为714亿美元，成为仅次于美国和英国的世界第三投资大国。1985年以后，由于日元大幅度升值，日本企业向海外投资急剧膨胀，1989—1991年，日本连续3年成为世界上最大的对外直接投资国。但随着泡沫经济破裂，日本对外投资进入调整阶段，其对外投资在世界投资中所占比重不断下降，且总体处于波动起伏状态。

日本对外投资的扩大是在日本国内经济实力不断增强的基础上实现的，它也反过来对日本经济增长产生了一定的积极作用：

（1）解决了日本经济发展中的资源短缺问题

日本是一个资源严重缺乏的国家，其工业生产所需的原料和燃料绝大部分依赖进口。随着经济的发展，日本对外国资源的依赖性越来越高。日本在资源丰富的国家进行投资，然后把一部分产品返销日本国内，为日本国内生产提供了重要的原材料和能源保障。

（2）扩大了日本企业资本积累的来源

日本企业的对外投资，无论是在海外建厂还是进行资源开发、金融保险业务等，都是为了最大限度地获取利润。随着日本对外投资规模的扩大，日本企业对外直接投资的收益迅速增加，资本积累来源也日益充裕。

（3）加速了日本产业结构升级的进程

20世纪90年代以后，日本的对外投资目标开始由资源获取型、贸易促进型调整为全球市场型，其投资的产业结构也由初级品和轻纺等劳动密集型行业转向以化学化工、电子、金融保险、商业贸易和交通服务等高附加值行业为主。这些转变加速了日本国内产业结构的调整和升级，但也使日本国内出现了产业空心化等问题。

三、韩国的国际资本流动

韩国是一个以借款经济为主带动本国经济快速发展的典型。东南亚金融危机之前，韩国依靠外国借款实现了经济高速增长，仅用了20多年就跃居新兴工业化国家的行列。

1.利用国际资本的政策与法规

为了更加有效地吸引国际资本，韩国从20世纪60年代起开始制定优惠的外资引进政策和法律制度。1960年1月的《外资引进法》规定了外国人在韩国进行投资的范围、优惠条件和对外资的保障措施，保证外国投资者所持有的股份的正当利润可以汇回国内。1962年7月又补充颁布了关于利用外国商业贷款的《特别措施法》，并于1965年和日本签订了《韩日条约》，为日本资金大量进入韩国扫清了障碍。1966年8月，韩国重新修订《外资引进法》，进一步充实和完善了各种长期贷款和直接投资的法律规定，起到了更好地鼓励外国贷款和投资的作用。1970年还颁布了《关于外国人投资企业中劳动组合及劳动纠纷的临时特别法》等法律法规。韩国由于重视引进外资的政策法规建设，并使之不断完善，从而为外国人在韩国进行投资提供了良好的投资环境和必要的法律保证，这是韩国能够吸引大量国际资本的重要原因。

2.利用国际资本的发展阶段

（1）接受外援为主的阶段（1945—1961）

恢复被战争破坏的国民经济和克服日趋严重的通货膨胀及外贸逆差需要大量资金，韩国在经济恢复阶段利用国际资本的主要形式是接受无偿援助。韩国在这段时期接受的巨额外援，与20世纪50年代的朝鲜战争有一定关系，如1950年前后韩国接受了国际组织和联合国的援助费用5.72亿美元。1952—1962年，韩国接受外国无偿援助相当于进口总额的69%，其中美国的无偿援助占67%，共计48.19亿美元。韩国将援助物资在国内市场销售取得巨额收入，这项收入被称为经济恢复“对应资金”，占当时韩国财政收入的30%~50%。

（2）大量引进国外贷款阶段（1962—1997）

20世纪60年代以后，韩国经济进入高速发展阶段。1962—1965年，韩国主要实行进口替代战略，企图摆脱对外国的依赖，不进口或少进口人民生活和经济建设所需要的消费品和工业品。进口替代战略的实施使一些替代进口产业有了较快的发展。1965年以后，韩国转为实行出口主导经济发展战略，使国民经济高速度发展，韩国利用国际资本规模不断扩大。这一时期流入韩国的国际资本从外援为主转向以国际贷款为主，特别是20世纪70年代后期，引进外国贷款规模达到空前水平：1965—1971年，韩国共借款35.57亿美元，1972—1976年增至93亿美元，1977—1981年增至357亿美元。20世纪80年代以后外国直接投资增长虽然较快，国际资本的流入仍以间接投资为主。庞大的外债规模使韩国经济在1997年金融危机中受到严重冲击。

（3）吸引外商直接投资与证券投资并重的阶段（1998年以后）

1997年亚洲金融危机爆发以后，韩国政府迫于IMF开放市场的压力，改善投资环境、扩大行业开放，把积极吸引外国直接投资作为吸引国际资本的重要方式。自1998年3月31日起，韩国准许外国银行和证券公司建立分支机构，并大幅度开放证券市场，国际资本流入开始进入外国直接投资与证券投资并重的阶段。

3.对外投资的发展

韩国的对外投资起始于20世纪60年代，整个历程可以分为四个阶段：

第一阶段为1968—1980年，是韩国对外投资的稳步发展阶段。这个时期企业对外投资的规模相对较小，主要集中于自然资源比较丰富的印度尼西亚、沙特阿拉伯等国家的森林资源开发、水产业、建筑业等。

第二阶段为1981—1996年，是韩国对外投资快速发展阶段。这一时期韩国经济持续高速发展，1984—1988年，韩国国民生产总值年平均增长率为9.6%，为韩国的对外投资提供了雄厚的资金保证，投资规模迅速扩大。

第三阶段为1997—1999年，是韩国对外投资不断下滑阶段。亚洲金融危机发生以后韩国经济出现衰退，其对外投资也出现下降趋势。

第四阶段为2000年至今，是韩国对外投资高速增长阶段。2000年以后，由于韩国对中国投资的快速增长及美国等发达国家经济回升，其对外投资呈高速增长态势，对外直接投资累计额从2000年的268.33亿美元增至2008年的955.40亿美元。受世界经济增长放缓影响，韩国2018年对外直接投资规模下降至389.17亿美元。

韩国企业通过对资源丰富国家的资源开发型投资，获得了确保国内经济发展所需要的原材料；通过对亚洲国家尤其是中国的投资，获得了成本效益，扩大了其靠出口未能开拓成功的市场；通过对美国及欧洲国家的投资，获得了先进技术、管理经验和市场信息。可以说，对外投资对韩国经济的快速发展起到了重要推动作用。

四、拉美国家的国际资本流动

第二次世界大战后，拉美国家形成了一套比较完整的发展战略。早在20世纪五六十年代，许多拉美国家在工业化的道路上取得了重大进展，部分国家经济增长强劲，已跨入新兴工业化国家的行列。但是20世纪80年代后，拉美国家经济遇到了严重的困难，巨额外债和经济的持续衰退成为全世界关注的问题。因此，对这一地区国际资本流动的分析，具有重要的借鉴意义。拉美国家利用国际资本的形式演变可分为以下几个阶段：

1.积极引进外国直接投资阶段（第二次世界大战后—20世纪60年代末）

第二次世界大战后拉美国家引进国际资本的战略是同当时经济发展的战略思想相关的。当时的指导思想是以普雷维什为代表的发展主义，认为单纯依靠国内资金积累，难以打破“劳动生产率低—收入水平低—资金积累慢—劳动生产率低”的恶性循环，利用外部资金是经济快速增长的必要条件。因此，拉美国家对国际资本采取较为宽松的鼓励性政策，加之拉美国家当时的经济发展水平相对较高，跨国公司在拉美地区一直较为活跃。1961—1965年每年平均流入3.30亿美元，1966—1970年年均流入7.26亿美元。

2.大量举借外债阶段（20世纪60年代末—70年代末）

20世纪60年代末以后，跨国公司的利润汇出、专利使用费和原材料进口费用支出大幅度上升导致拉美国家国际收支状况恶化。此外，由于外资控制了一部分经济命脉，削弱了拉美国家本民族的经济力量，拉美国家开始对国际资本实行较为严格的限制性政策。西方发达国家在这一阶段资金充裕、借贷成本低廉；拉美国家则为了追求经济高速增长，投资需求旺盛，与国内储蓄之间形成的缺口主要依靠大量举借外债来弥补，因此借款逐渐成为拉美国家国际资本流入的主要形式。

3.债务危机爆发与经济持续衰退阶段（20世纪70年代末至今）

到了20世纪80年代，国际资本市场借贷利率急剧上升，拉美国家还本付息负担骤然加重。许多国家难以偿还到期债务的本息，不得不借新债还旧债或将到期本金延期偿付，到期利率转为本金。负债规模的过度膨胀终于导致了20世纪八九十年代出现程度不同的债务危机和金融危机，一些拉美国家甚至至今仍未走出危机阴影。

五、几点启示

从以上各国及地区国际资本流动的发展历程，可以得到以下几点启示：

（1）各国的经济发展都不可避免地要利用国际资本，这对于克服国内资金不足、帮助实现经济起飞都起到了巨大的作用。

（2）国际资本的流入有赖于创造一个良好的投资环境，而健全的法制是良好投资环境的重要保证。

（3）在利用各种形式的国际资本时，必须考虑本国经济对不同形式国际资本的承受能力和消化能力，要与本国经济的发展状况和发展阶段相适应，量力而行，保持适度国际资本流入规模，过度借债有可能引发严重的债务危机和金融危机。

（4）各国经济和国际资本流动大体都遵循“国际资本流入—经济增长—国际资本流出”的规律，这三个阶段相互促进，形成良性循环，是经济长期健康发展的重要动力。

（5）在经济发展的早期阶段，有必要对民族工业进行适当的保护，以避免本国经济被外资所控制；在本国经济得到一定程度的发展以后，就应该顺应国内外形势，在积极引进国际资本的同时也注重对外投资，以增强国内经济活力。

因此，合理地利用外资是各国实现经济腾飞的关键。

本章小结

国际资本流动既是经济全球化的产物，又推动了经济全球化进程的不断深化。国际投资是国际资本流动最重要的构成部分，又可以进一步划分为国际间接投资和国际直接投资，其最重要的区别在于是否参与筹资企业的生产经营活动。国际直接投资的发展促进了跨国公司的发展，而跨国公司的全球化经营又反过来使当代国际直接投资有了进一步发展。从第二次世界大战后国际资本流动的发展来看，美国、日本、韩国、拉美国家作为不同类型国家的代表，其利用外资和对外投资为适应自身的情况都具有各自的特点。它们的经验和教训对于我国合理有效地利用外资、抓住机遇适时地推进对外投资有着重要的借鉴意义。

关键术语

国际资本流动　国际间接投资　国际直接投资　绿地投资　跨国并购　利润再投资　跨国公司　母公司　分公司　子公司

复习思考题

1. 国际间接投资有哪些主要形式？
2. 哪些主要因素对国际间接投资产生影响？
3. 国际直接投资有几种主要形式？
4. 当代跨国公司的特点是什么？
5. 为何日本在第二次世界大战后初期对国际直接投资流入采取了管制政策？
6. 拉美国家在利用外资中有哪些经验和教训？
7. 哪些因素使中国近年来对外直接投资迅速增长？

相关数据资料

2018年世界最大对外直接投资国（地区）与吸收外资国（地区）　　单位：亿美元

排序	对外投资国（地区）	对外投资金额	占GDP比重（%）	排序	吸收外资国（地区）	吸收外资金额	占GDP比重（%）
	世界	10 141.73			世界	12 971.53	
1	日本	1 431.61	2.9	1	美国	2 518.14	1.2
	中国	1 298.30	1.0	2	中国	1 390.43	1.0
3	法国	1 024.21	3.7	3	中国香港	1 156.62	31.9
4	中国香港	851.62	23.5	4	新加坡	776.46	22.4
5	德国	770.76	1.9	5	荷兰	696.59	7.6
6	荷兰	589.83	6.5	6	英国	664.87	2.3
7	加拿大	504.55	3.0	7	巴西	612.23	3.3
8	英国	498.80	1.8	8	澳大利亚	604.38	4.2
9	韩国	389.17	2.4	9	西班牙	435.91	3.1

续表

排序	对外投资国（地区）	对外投资金额	占GDP比重（%）	排序	吸收外资国（地区）	吸收外资金额	占GDP比重（%）
10	新加坡	371.43	10.7	10	印度	422.86	1.5
11	俄罗斯	364.45	2.2	11	加拿大	396.25	2.3
12	西班牙	316.20	2.2	12	法国	372.94	1.3
13	瑞士，列支敦士登	269.28	27	13	墨西哥	316.04	2.6
14	沙特阿拉伯	212.19	2.7	14	德国	257.06	0.6
15	意大利	205.76	1.0	15	意大利	242.76	1.2
16	瑞典	200.27	3.6	16	印度尼西亚	219.80	2.1
17	中国台湾	180.24	3.1	17	以色列	218.03	5.9
18	泰国	177.14	3.5	18	越南	155.00	6.3
19	阿联酋	150.79	3.6	19	韩国	144.80	0.9
20	爱尔兰	132.72	3.6	20	俄罗斯	133.32	0.8

注：表中数据不含开曼群岛和英属维尔京群岛。

资料来源　联合国贸易与发展会议（UNCTAD）数据库2019年数据。

第七章

世界经济传导机制

学习目标

掌握世界经济传导的渠道和四种主要的世界经济传导机制发挥作用的机理，重点在于世界经济的国际贸易传导机制、国际直接投资传导机制和国际金融投资传导机制是怎样发挥传导作用的，难点在于对国际宏观政策传导机制的理解。

第一节 世界经济传导渠道

一、世界经济传导的含义

传导概念本身有两层含义：一层是经济波动在各经济总量之间、经济部门之间的传导，如提高利率导致的货币紧缩效应在一国经济体系中各个部门之间、各经济总量之间的传导，这是常见的含义；另一层则是在世界经济体系下，国与国之间存在的经济周期或经济波动的关联，一国的经济波动向另一国扩散的过程。前一种传导被称作部门传导，后一种传导被称作国际传导。

部门传导与国际传导并不是割裂的。一方面，部门传导在国别经济周期的形成过程中起着举足轻重的作用，国别经济周期正是在部门传导机制下经济系统对外部冲击的调整过程，国别经济周期的形成，正是国际传导的表现；另一方面，国际传导的实现有赖于部门传导，经济波动在国家之间的传导是通过诸如贸易、投资等行为进行的。正是各国相关经济部门本身存在的传导机制，才使得国际传导得以实现。因此，从某种意义上讲，国际传导也是一种部门传导，只不过这种部门传导不是一国经济体系内部部门之间的传导，而是国与国之间通过经济纽带相关联的部门之间的传导，其宏观表现是经济冲击在国家之间的传导，因此称为国际传导。

世界经济传导属于国际传导，是指某种经济现象（如失业、通货膨胀、经济景气等）从一个国家转移至另一个国家，并对该国经济产生作用的过程，在当前的世界经济中则大多指经济失衡的跨国转移。由于世界各国经济联系紧密，往往经济失衡在某一国发生，通过传导会蔓延到其他国家。当代世界经济的传导机制表明，国与国之间在经济上的相互依赖不仅表现在商品、资本、技术、劳动力等实物形态上，而且表现为各国经济在波动和发展上的相互传导的无形形态。这种无形形态的相互依赖要比实物形态的相互依赖更为深刻。这种依赖是宏观经济上的相互依赖，在很大程度上又表现为政府经济政策上的相互依赖，因而这种传导机制造成了国际经济协调与合作的客观要求。

二、世界经济传导机制

世界经济传导机制是指经济波动从一个国家或多个国家的内部传播到其他多个国家，从而引起世界经济的同步性波动或共同经济周期的渠道、方式和过程的作用机制。在传导方向上也包括受传导国家对传导国家的反传导，在传导的范围上不仅指一国对其他多国的传导，也指多个国家对多个国家的同时传导，甚至是世界各国间的相互传导效应。

三、影响世界经济传导程度的因素

1.经济体制

市场经济国家因与世界市场联系更为紧密，因而受传导的影响更大；相反，中央计划经济国家则因国内市场、价格等与国际市场隔离较大，故大多不受影响或影响程度较轻。

2.经济结构

经济结构以农业、轻纺工业为主的国家受传导的影响要小些，以重化结构、服务行业为主的国家受传导的影响更大些。

四、世界经济传导渠道

世界经济的传导主要是通过国际贸易、国际直接投资、国际金融投资和国际宏观经济政策四个传导渠道来实现的。

第二节　国际贸易传导机制

在经济全球化的大趋势下，世界经济日益成为全球性的空间经济系统，一个国家发生的经济周期波动会通过各种国际经济活动在国家间传导和扩散，形成世界性的经济周期。而国际经济活动中资本的使用、科学技术的交流和服务的交换都以国际贸易为活动的中枢，世界各国的经济发展都离不开国际贸易，国际贸易和世界经济波动已经紧密地连接起来，所以国际贸易是经济波动最重要的传导渠道。

世界经济中的贸易传导是指在世界经济领域中，一国经济盛衰通过国际贸易渠道直接或间接对另一个国家的宏观经济产生影响。在世界经济领域中，国家间的经济关系已从单纯的货物交易发展成为多元化的经济关系，其中主要包括货物、资本、信贷、服务和技术等经济关系。尽管如此，国际贸易在国际经济关系中仍居重要地位。近年来，世界贸易快速发展，世界贸易的增长率几乎每年都比世界的GDP增长率高，使国际贸易占GDP的比重逐年提高，贸易在国际经济波动中的作用越来越突出。

一、国际贸易传导的途径

国际贸易传导主要通过以下两条途径来实现：

1.从需求“溢出”的角度

需求变动主要包括需求总量的变动和需求结构的变动。设有A、B两国互为贸易伙伴，A国经济发生衰退，国内总需求减少，于是进口规模萎缩，导致其主要贸易伙伴B国的出口规模缩小，产量随即下降，失业增加，经济也会陷入衰退。这样，衰退现象就从一国传导到另一国。需求结构的变化也会产生同样的效果。如果A国的消费结构发生变化，对某类商品的需求突然大幅度增加，对该类商品的进口需求也相应增加，进口需求的增加将直接影响其对B国相关商品的需求，使B国该类产品出口增加，导致B国的总产出增加，最终使B国从A国的需求结构变化中获益，B国经济也会趋于扩张。

2.以传递价格信号的方式来传递经济周期

当A国（主导国）或世界经济扩张时，往往伴随着A国或世界产品价格的相对上升。A国的通货膨胀使其出口产品价格上升，直接导致进口国B国开放部门的产品价格上升。然后，以开放部门的产品作为投入品的非开放部门的产品价格也相应上升，从而使B国也出现通货膨胀现象。反之，A国经济或世界经济发生收缩时，也同样通过其对外商品需求的变化和价格信号传递机制使B国经济受到一定影响，出现经济收缩的现象。

经济周期波动的传递是双向的，不仅世界经济波动会通过贸易渠道传递到B国，B国经济的扩张或收缩，也将通过上述贸易的两条途径传递到贸易伙伴国家（地区）或整个世界。

二、国际贸易传导渠道的作用机制

国际贸易对世界经济波动的传导，是通过各国间的出口或进口对各国经济增长的作用来实现的。但这与一定的经济条件有关，其中主要是资源利用的程度、生产能力利用率的高低以及总供求的状况等因素。

1.出口贸易传导世界经济波动的作用机制

在国内社会的资源没有得到充分利用、社会平均生产能力利用率较低时，总需求会小于总供给。在这样的情况下，出口的增加能够提高国内市场的有效需求，并带来产品市场价格的上升，但并不会引起国内要素市场上的价格水平的变化。这种情况下，出口对经济的增长影响会出现两种情况：一是产品市场价格上升，但是要素市场价格变化缓慢，这会提高社会的平均利润率，推动投资和生产规模的扩大，带来经济增长；二是因为受生产能力相对过剩的制约，产品价格上升的空间有限，对相关部门的不利影响也比较有限。即使这些部门受到一定的影响，发生一定程度的衰退，但出口及相关部门的生产扩张远远大于这些衰退。所以，在这样的条件下，出口增长会推动经济的增长。当国内社会的资源接近充分利用、社会平均生产能力利用率不断提高时，社会总需求就会大于总供给。在这样的情况下，出口增长推动经济增长的促进作用不断下降，超出一定的限度时，出口的增长就不会带来经济增长，而是引发通货膨胀。

2.进口贸易传导世界经济波动的作用机制

进口贸易影响经济波动的作用机制也是随着经济条件的变化而变化的，只是其变化与出口相反。国内社会的资源没有充分利用、就业程度和生产能力利用率较低时，进口对经济增长的阻碍性较强。这是因为，这时社会的主要矛盾是需求不足或者供给过剩。在这样的条件下，进口会加剧国内市场上的供给过剩程度，结果导致产品市场价格下降，挤占国内厂商的市场份额，引起生产萎缩。虽然进口产品引起的价格下降，会降低以这些产品为投入品的生产部门的生产成本，但是在需求不足的情况下，成本下降不能增加市场需求，生产不能扩大，这时的进口对经济增长还是起到明显的抑制作用。

当经济条件逐渐变化，经济中各种需求逐步增长，制约经济增长的将不再是需求不足，而是供给不足时，进口的增加会促进而不是制约经济的增长。

由此可知，不论是出口增加还是进口增加，不论是外贸顺差还是外贸逆差，其对经济增长和波动的作用会受到一国国内的经济条件和状况的影响。这些国内的经济条件和状况主要是指国内的资源利用程度、就业程度、生产能力利用率以及国内市场总供求状况等因素。总的说来，出口的增加和外贸顺差，在国内总需求小于总供给的情况下，才会明显推动经济的增长；而进口的增加和外贸逆差，在国内总需求大于总供给的条件下，对经济的增长产生促进作用。

3.贸易结构传导世界经济波动的作用机制

国际贸易对经济波动的国际传导不仅体现在规模和数量的变化上，国际贸易结构的构成和变化也会对国家间经济波动的传导产生很大的影响。

国际贸易结构中商品的不同类型会对国际经济的传导产生不同的作用。收入弹性比较低的商品，对经济波动的反应比较迟缓。收入弹性较低的商品在对经济波动的反应中，更多体现的是一种相对性，是相对于其他国家的替代产品而言的。它不仅仅指劳动密集型产品中的生活消费品或其他的低档产品，资本密集型产品中的众多低档产品也属于收入弹性较低的商品。当经济不景气、公众预期收入和预期支出不确定性增加时，或经济衰退导致居民的现实收入和预期收入下降时，收入弹性比较低的商品遭受的影响较小。所以，以低收入弹性商品为主的贸易结构，传导经济波动时就会需要相对较长的滞后时间，或者严重影响对经济波动的传导作用。而以高收入弹性商品为主的贸易结构，对经济波动的冲击反应较强烈，所以传导作用就会很显著。

4.国际贸易传导的间接作用机制

上述是直接贸易渠道，而在现实的经济波动传递过程中，间接贸易途径的影响也不可忽视。上例中的B国如果是一个发展中国家，它与其他发展中国家（如C国）往往在很大程度上依赖于一个共同的出口市场，这样，B国与C国通过竞争同一市场（如A国）而出现了间接的贸易关系。若A国经济出现收缩，且C国经济原本就不景气，则C国为走出经济低迷而采取加大出口支持力度，甚至不惜采取货币贬值的政策，将使B国对A国的出口商品失去竞争力，最终B国遭受A国经济收缩的冲击影响将更大。这种间接的贸易联系也往往使B国与C国的经济波动联系在一起。

三、影响国际贸易传导机制的因素

国际贸易作为世界经济传导的渠道，其效果受到一国对外开放程度、市场经济发展程度、双边贸易关系等方面的影响。

1.对外开放程度

对外开放程度，也就是一国与国际市场有直接联系的部分在国民经济中所占的比重，即一国经济与国际经济的一体化程度。一国对外开放程度越高，同其他国家产品市场有直接联系的部分在国民经济中所占的比重越大，经济上的联系越密切，则国际贸易的传导作用越大，该国经济周期就越容易影响其他国家或者受到其他国家的影响。研究者一般是从国际贸易和国际金融的角度研究经济开放程度，依次考察一个经济体的商品市场和资本市场的对外开放程度。最早度量经济开放度是从分析对外贸易依存度开始的，即用进出口贸易总额与国内生产总值的比值表示经济开放程度，包括出口依存度和进口依存度。由于这种度量方法简单、直观，所以一直为研究者广泛采用。从20世纪90年代开始，国外对如何合理度量经济开放度提出了许多不同看法。由于外贸依存度并不能真实反映贸易政策，因此一些研究者从贸易保护的效果入手，将贸易壁垒高低作为经济开放的度量指标，认为一个国家或地区的经济开放程度与其贸易壁垒高低呈负相关，一般采用关税和非关税壁垒来直接测算经济开放程度。从关税角度来度量经济开放度的指标有平均关税率、集体关税率和有效保护率。平均关税率包括名义平均关税率、加权平均关税率、关税实际征收率等指标。集体关税率被定义为关税收入对进口的比率。有效保护率是由高登（Gorden，1966）、巴拉萨（Balassa，1965）、约翰逊（Johnson，1965）首先提出的，他们试图用这个指标说明某特定产业增加值的保护率。从非关税壁垒角度来度量经济开放度的指标有数量限制平均覆盖率和非关税壁垒覆盖率。非关税壁垒方面除了考察非关税壁垒覆盖率，还要考察非关税使用率指标，即每年运用非关税政策的次数。道拉斯（Dollars，1992）利用商品实际价格对贸易开放条件下价格的扭曲程度来测定经济开放度。他认为，在贸易充分开放的条件下，同一商品在世界各地的价格都是相同的，价格差异是由于贸易保护壁垒造成的，因此可以通过比较相同商品在不同国家的实际价格差异计算出各国经济的相对开放程度。

2.市场经济发展程度

一国市场经济发展程度越高，该国接受经济传导的能力越强，越能成为经济传导的中心国家，越能发挥比较优势，经济发展越快，但受世界市场经济波动的影响也越大；一国市场经济越不发达，接受经济传导的能力越弱，越不能发挥比较优势，经济发展速度越缓慢，竞争能力越差，但受世界市场经济波动的影响也会相对较小。西方经济学家认为世界分为两类国家：市场经济国家和非市场经济国家。其标准是政府是否直接控制经济活动中的经济运行和管理；对外贸易所有权和管理权是否由政府控制。如果政府严格控制经济，那么该国就是非市场经济国家，否则属于市场经济国家。国际公认的测定市场经济发展程度的指标体系为：政府行为规范化、经济主体自由化、生产要素市场化、贸易环境公平化和金融参数合理化等。

3.双边贸易关系

在两国有贸易关系时，两国在贸易方面的依赖程度影响着传导效果。双边贸易关系与传导程度呈正相关，即较大的贸易强度意味着较显著的贸易传导效果。如果A国同B国的贸易额在B国的对外贸易中所占比重很小，那么A国的宏观经济变动对B国经济的影响也就较小。如果两国互为主要贸易伙伴，通过对外贸易，相互经济传导作用就大，如欧盟成员国之间、美国同加拿大之间、中国和美国之间，经济传导作用就很明显。

4.各国的经济政策

各国的经济政策包括货币政策、财政政策、对外贸易政策等。开放性的经济政策可使国际贸易传导作用增强；反之，闭关自守、自给自足式的经济政策的传导作用就很小。

第三节　国际直接投资传导机制

国际直接投资对世界经济波动的传导，是通过国际直接投资对东道国和母国的多方面影响实现的，而跨国公司是国际直接投资传导作用实现的最重要载体。第二次世界大战以后，跨国公司获得了巨大的发展，使跨国的现代生产和资本输出的能力大大增强，国际直接投资对世界经济波动的传导作用也大大增强。

一、国际直接投资传导渠道的作用机制

FDI传导机制主要是通过以下方式来实现的：

1.FDI对东道国和母国经济的积极传导

仍以A、B两国为例，A国为国际直接投资的母国，B国为接受直接投资的东道国。

当B国经济处于扩张期或持续稳定增长时，外国（比如A国）资本为获取较丰厚的回报而流入B国，享受B国经济扩张所带来的高额回报。B国经济的扩张通过FDI途径，会带动A国经济也向扩张的方向发展。反过来，A国FDI在B国得到丰厚回报的效应，吸引A国资本拥有者追加对B国的直接投资，从而促使B国经济更快地发展。

2.国际直接投资对东道国和母国经济的消极传导

过度的FDI流入对B国经济增长及波动产生负面影响的威胁也始终存在。当A国国内经济陷入衰退时，A国投资者在其国内设立的企业的运行状况恶化，投资能力下降，一些A国投资者会撤回或减少其在B国的投资，从而使得B国不得不面临外资突然撤出遗留下的问题，使B国经济的稳定增长受到影响，甚至也随之陷入衰退。

二、国际直接投资促进经济增长的传导机制

国际直接投资传导渠道的作用机制表现在对他国经济增长有促进作用和负面影响两种效果上。这里着重分析FDI促进他国经济增长的传导机制。FDI主要是通过技术进步、制度变革和人力资本水平提升三种媒介促进经济增长的。

1.FDI对技术进步的影响

国家间的技术外溢一直被认为是发展中国家技术进步的主要来源之一，FDI不仅可以通过补充资本影响东道国经济增长，更为重要的是通过技术溢出提升国民经济的综合生产要素，促进经济增长，使国民经济走上内生化增长的道路。对FDI的技术溢出效应可以从市场竞争、技术示范与模仿、人力资本流动及产业关联的角度来加以分析：

（1）市场竞争效应

FDI的进入，会打破发展中东道国原有的市场均衡，加剧当地的市场竞争，迫使当地企业采用更为先进的技术提高劳动生产率，或者在现有技术的基础上提高资源的利用率。所采取的方式主要包括：改进企业组织和管理方式；扩大生产规模；在现有技术基础上进行产品和工艺的模仿创新以及进行自主创新。在一些发展中东道国，由于特定的政治、经济原因，存在很多高度政府垄断或自然垄断的行业，进入壁垒非常高，市场竞争力差，效率低下，技术进步停滞。在这些行业引入FDI后，市场竞争加剧，即使FDI没有带来先进的技术，仅竞争机制就可以通过改进东道国的组织和管理方式促进东道国的技术进步。

（2）技术示范与模仿效应

技术示范是指FDI技术转移扩大了东道国当地企业的可得技术库，对促进发展中东道国技术创新或者进行技术仿制具有重要启示作用。FDI企业一般投资于最具国际竞争力的领域，获得较高的部门利润率，因此对于发展中东道国企业具有技术示范效应，这种效应不仅体现在制造工艺和产品技术领域，而且体现在FDI企业的经营方式、行业定位、市场选择等领域。技术模仿指发展中东道国企业采用与FDI企业相似的技术，包括在外资企业技术示范基础上的简单仿制和创新。这需要东道国企业首先获取并掌握相关的技术信息，然后在此基础上进行模仿创新。所采取的方式主要包括购买技术许可、参加科学和技术会议、阅读科研类杂志和专利文献、与FDI企业进行战略联盟、与FDI企业员工进行非正式交流、雇用“商业间谍”等。

（3）人力资本流动效应

国际劳动力的转移可以分为过剩人口的转移、普通劳动力的转移和智力劳动力的转移。人力资本流动主要是智力劳动力的转移，如FDI企业的雇员转移流动到发展中东道国的企业中。一般来说，一国相对过剩人口或普通劳动力向劳动力相对稀缺国家的转移，使劳动力的流入国可以得到充足的劳动力供给，有利于劳动力流入国的经济发展，但如果劳动力流入国是个劳动力同样过剩的国家，则会加剧劳动力流入国的失业现象，形成失业的国际传递。而FDI所带来的人力资本的流动是智力劳动力的转移，它可以给东道国带来技术溢出效应。FDI不仅带来生产性投资，还通过人力资本的转移带来先进的技术和管理经验，通过FDI企业培训与实践等途径，带动东道国人力资本平均水平的提高。如果经过培训的东道国雇员跳槽到东道国其他企业，还会带来企业间的技术外溢。

（4）产业关联效应

产业关联是国民经济体系中各产业部门之间内在的技术经济关系。很多外商直接投资带来的技术溢出效应是通过FDI企业在东道国的分支机构与当地供应商和客户间的前后向关联关系表现出来的。第一，跨国公司帮助当地有发展前途的供应商建立生产设施；第二，为提高产品质量或推动产品创新而向当地供应商提供技术援助或信息支持；第三，为当地供应商在原材料的中间产品采购方面提供技术和管理方面的帮助；第四，为当地供应商提供培训，并协助管理；第五，帮助供应商寻求新的客户；第六，由于许多产业技术复杂程度的加深，跨国公司在东道国的分支机构不断加强与其客户的接触。

FDI通过技术进步间接促进了经济增长。技术进步促进经济增长的途径，主要体现在以下几个方面：一是技术进步推动经济总量的不断增长；二是技术进步促进经济效益的提高，这主要体现在劳动生产率的提升上，它促进生产要素利用率和企业生产率的同时提高；三是技术进步促进了经济增长方式的转变；四是技术进步促进了经济结构的优化。

2.FDI通过制度变革间接促进经济增长

FDI的流入，不仅会促进东道国的经济增长与技术进步，而且还可以有力地推动东道国的制度变革。这是因为，FDI的流入给东道国提供了更多的制度创新方面学习和借鉴的机会，这些都有助于推动制度变革。另外，FDI不仅弥补了国内储蓄与投资的不足，而且极大地提高了经济效率，这是推动制度变革的强大动力。FDI对于东道国的制度变革的影响主要体现在以下几个方面：

（1）FDI促进东道国政府进行体制改革

FDI的大量流入，对当地市场竞争的公平性、法律法规的完备性、政府的工作效率和透明度都提出了更高的要求，这些都对东道国造成了很大的压力，从而迫使东道国政府加快体制改革的步伐，转变职能，精简机构，提高工作效率，完善市场机制，推动制度变革。

（2）FDI对东道国企业产生示范效应

FDI企业进入东道国后，其先进的管理经验和经营效率会对东道国企业产生示范效应，从而促进制度变革。这主要表现在两个方面：一是来自于国际市场的境外公司技术先进，管理科学，运作规范，经营效率显著高于东道国企业，对当地企业产生了良好的示范效应，促使当地企业自主进行改革创新，从而产生诱致性制度变迁；二是在FDI企业与东道国企业的合作过程中，外方会强制性地要求东道国企业进行符合市场经济运行方式的变革，从而产生强制性的制度变迁。

（3）FDI推动东道国制度变迁

FDI企业的进入，会使东道国居民有更多的机会接触国外企业，了解其思想观念、文化意识和风俗习惯，了解符合市场经济运行的规则和国际惯例，从而冲破传统思想观念的束缚，接受与市场经济发展相适应、符合国际潮流的新思想和新观念，通过非正式制度的变革推动制度变迁。

（4）FDI促进东道国技术进步

FDI的进入促进了东道国的技术进步，而技术进步又会促使当地企业的产业结构升级，提高经济的外向化程度，改进当地的生产方式，这些都会成为东道国制度变革的重要推动力。

制度变革可以促进经济增长。制度变革的目的在于降低交易费用，促进个人收益与社会收益之间的差距缩小，并提高资源配置效率和生产率，进而促进经济增长。在制度创新过程中，经济增长率也较高，而一旦制度体系完善之后，制度效率就会处于相对稳定的状态。

3.FDI通过人力资本水平提升促进经济增长

人力资本是指存在于人体之中，后天获得的具有经济价值的知识、技术、能力和健康等质量因素之和，或是指人们花费在人力保健、教育、培训等方面的开支所形成的资本。人力资本是经济增长的根本动力和关键因素。

（1）FDI影响东道国的正规教育

FDI对东道国人力资本的影响方式之一，就是影响东道国的正规教育。为了能够雇用到与其技术水平相适应的员工，跨国公司分支机构会对东道国的正规教育施加积极的影响，这在一定程度上会促进东道国的人力资本发展。跨国公司分支机构往往能为当地高技能的理、工、商专业毕业生提供更好的就业机会，由于被雇用者可以享受跨国公司的高工资和优越的福利待遇，从而刺激了东道国人们对高层次教育的追求。因此，跨国公司的进入会影响东道国熟练劳动力的供给和需求。

（2）FDI影响东道国的职业教育

FDI对东道国人力资本影响的另一种方式就是跨国公司所进行的在职培训。正规教育所产生的广泛利益仅能间接地与劳动生产率发生联系，而在特定职业方面的技能培训会直接和迅速地带来经济利益。正因为如此，跨国公司分支机构不遗余力地为其在东道国的雇员提供在职培训，以此促进东道国的人力资本开发。跨国公司通过培训提高了员工的技能水平，随着跨国公司生产国际化的扩展，跨国公司以职业开发的方式启用东道国的人力资本的趋势正逐步加强。

跨国公司所进行的在职教育提升了当地的人力资本水平，而人力资本水平的提升反过来又会使该地区吸引更多的FDI。也就是说，FDI与人力资本之间是相互促进的关系，FDI通过人力资本水平的提升间接促进了经济增长。

第四节　国际金融投资传导机制

国际金融投资主要是指货币资本在国际资本市场上的运动，包括国际货币市场上短期资金的流动、资本的借贷、证券投资等。国际金融投资对各国间的经济波动的传导作用主要是在国际资本市场上进行的。随着金融自由化的发展，各国资本市场开放步伐的加快，世界各国间金融联系的普遍加强，国际金融投资成为国际经济波动日益重要的传导渠道，它的传导机制主要有汇率机制和利率机制。

一、国际金融投资的传导途径

随着各国金融市场的逐步开放和金融自由化步伐的加快，国际金融渠道在世界经济波动传导中将扮演重要的角色。通过国际金融系统投资的传导途径主要包括：

1.国际信贷关系传导

国际市场信贷关系的破坏会引起国际市场资金供求和债权债务关系失衡，从而在债权国和债务国间引起连锁反应。债权国经济出现衰退时，金融资产价格下跌，使得在该国的国际投资者面临流动性困难，于是他们会从国际金融市场抽回投资资金和收回债权，当这种资金抽走较为集中时，将使债务国的金融状况趋于恶化，继而影响其整体经济运行，经济也出现衰退。如果债务国的主要贸易伙伴国陷入衰退，使债务国的出口创汇遇到困难，或者是债务国本身的经济陷入衰退期，必然使其无力偿还到期债务，出现债务危机，并使债权国的金融体系受到冲击。在国际信贷关系极为密切的今天，这一传导渠道越发显得重要。

2.跨国银行体系传导

一国经济的萧条而引起的金融风险，可能会因为国际银行间多边支付清算体系而影响别国银行的资产与负债，从而引发别国的银行风险和经济萧条。

3.证券投资组合调整传导

一国经济的扩张和收缩，将导致该国证券市场收益率的变化，会影响到国际投资者，主要是类似于投资基金这样的机构投资者调整或改变对包括该国在内的相关或相类似国家的证券投资组合，从而使经济波动向相关国家传递。

4.利率差异传导

当国际金融市场的利率与一国利率有差异时，国际资本就会流入或流出，随之又影响其他国家的资本供给和利率。由于利率差的经常存在，国际游资数额巨大，这一传导渠道不容低估。当一国利率高于国际金融市场的利率时，国际资本便会流入该国，其他国家为控制资金外流，只能提高本国利率，造成国内借贷成本提高，经济出现紧缩，这便使经济现象从一国传导到另一国。

5.汇率政策传导

汇率政策的传导机制是指汇率政策的变化影响汇率变动及汇率与其他经济变量相互作用的原理、方式和过程。在一国经济出现衰退时，如果该国为了扩大出口，减少进口，扩大有效需求而实行本国货币贬值，就会把衰退和失业传导到外国。

二、国际金融投资的传导机制

在市场经济条件下，国际金融投资传导机制通过以上五条主要传导途径起作用，而最主要的传导机制是利率传导机制、汇率传导机制和国际收支调整传导机制。

1.利率传导机制

在金融市场全球化的今天，一国利率水平的变动会通过国际金融市场迅速传导到其他国家。利率的传导机制更能体现短期资金流动的特征。在浮动汇率制和资本完全自由流动的条件下，国际短期资金总是从低利率的国家向高利率的国家流动，以追求更高的收益。所以，各国间的利率差异所引起的短期资金的流动，造成不同国家间资金供应短缺或剩余的差别，从而引起这些国家经济的紧缩或扩张，特别是国际金融市场上存在的大量游资，对利率反应十分敏感，使利率对资本流动的影响更为迅速地传导、扩散到另一国。

（1）利率平价机制

根据利率平价理论，外汇的远期差价是由两国利率的差异决定的。在其他条件不变的情况下，利率高的国家的货币远期会贴水，利率低的国家的货币远期会升水。一旦外汇市场上出现利率差异与升贴水比率不一致的情况，如外国货币利率提高，使其远期贴水比率小于利率差异，就会产生大量的抛补套利行为。在套利过程中，一方面，套利者会大量买进高利率的外国货币的现汇，同时大量出售该货币的期汇，因而使该货币的即期汇率因需求上升而提高，远期汇率因供给增加而降低，从而扩大即期汇率同远期汇率的差异；另一方面，由于短期资金不断地从利率低的本国流向利率高的外国，国内货币供应减少使利率趋于上升，外国因货币流入增加利率趋于下降，使两国间的利率差异不断缩小。这两方面作用的结果会使利率差异与升贴水比率之间的差额逐渐缩小，直至消失。此时，套利活动即停止，外汇市场和货币市场也恢复均衡。外国利率水平的提高对本国的影响是连续性的，调整过程呈现动态特征。最终本国货币市场在新的较高的利率水平上达到均衡，外汇市场也同时达到均衡。

（2）利率对汇率的影响

利率作为金融资产的价格，是影响一国汇率变动的重要因素。各国利率的相对差异会引起资金的流动，进而通过影响一国的资本和金融账户来影响汇率。而利率的升降也会带来国内经济的紧缩和扩张，并影响国际收支。利率水平的提高会使该国的投资减少，国内储蓄增加，消费也减少，总需求下降，物价水平下降，从而使进口减少，有利于国际收支逆差的改善或出现顺差，使本币升值或上浮。利率水平下降则有可能使本币贬值或下浮。

（3）利率平价条件失衡是引发金融危机的重要因素

利率平价条件的非均衡变化会直接反映在不同金融市场的资产价格上。如果资产价格的调整不能完全反映利率平价条件的变化，导致利率平价条件在较长时期内处于非均衡状态，就会产生套利机会，使投机性交易大幅增加。当投机者共同对一国的金融市场进行投机性冲击时，很容易对该国的金融市场造成巨大的冲击，如果政府不能采取有效措施予以调节，则很可能会引发金融危机。

但是，国家之间经济实力强弱不同，影响力不同，在利率的传导过程中所起的作用也不同。如果一国的经济实力弱，开放程度低，则只能被动地接受经济大国决定的世界利率，而不能维持独立利率。就外汇市场的调整来说，如果受到冲击的国家是开放的小国，或利率的浮动受利率调整国的影响较大，那么，资产市场和商品市场调整速度的差异会造成汇率的过度调整，对该国的经济产生更大的影响。

2.汇率传导机制

汇率传导机制是指汇率变动对他国经济的影响原理或过程。汇率变动是指一国货币对外价值的上下波动，包括货币贬值和货币升值。当今大部分国家都实行政府干预下的浮动汇率制，汇率的变动会引起国际连锁反应，由此影响各国经济关系，进而影响到各国经济结构的变动。

（1）汇率变动对进出口的影响

一个国家出现经济衰退时，往往会采取本币贬值的措施以扩大出口。一国货币对外贬值意味着该国出口商品以外币表示的价格相对降低，而进口商品的国内价格相对提高，这使得该国生产的产品在国内外市场上的竞争力增强，出口扩大而进口减少，该国的经济状况得以改善，但其贸易伙伴国在不采取相应措施的情况下，会出现进口的增加和出口的萎缩，贸易赤字增加，外汇储备减少，使国内失业增加，经济也会陷入衰退。同时，与其有着共同出口市场或共同出口产品的贸易竞争国的产品竞争力也会被削弱，造成出口的下降，引发经济衰退，从而导致经济衰退的国际扩散。

（2）汇率变动影响人们的心理预期

当某国汇率下浮时，人们的预期往往会倾向于该货币币值继续下降，这时会出现大量抛售该货币的现象，导致该货币供过于求，从而加剧市场上的汇率波动。

（3）汇率与利率变动对实体经济的影响机制

汇率途径实质上描述的是国际收支理论的一种标准模式，货币供给的变动导致国内利率的变动，进而影响本币的升值或贬值，影响净出口和国民收入。在浮动汇率制和资本自由流动条件下，这一传导途径的核心是利率和汇率之间的联系，其一般逻辑是：货币供给量上升使本国利率下降，引起本币贬值，净出口上升，本国产出增加，在乘数效应作用下，国民收入会大幅度增加。它的效果取决于利率的变化在多大程度上影响汇率，汇率的变化又会在多大程度上影响净出口，也就是取决于出口商品需求价格弹性的大小。

3.国际收支调整传导机制

当一国通货膨胀率高于他国的通货膨胀率时，国内货币供给大于需求，资金流向国外资金紧缺的国家以求获利，该国出现国际收支逆差，从而使国内资金供求趋于平衡，通货膨胀率下降，而他国的资金供应增多，通货膨胀压力增大。这样，本国的通货膨胀就会向外传递。反之，当一国通货膨胀率低于他国的通货膨胀率时，国内货币供给小于需求，外资流入国内，该国通货膨胀率上升，国外经济现象传导到国内。

随着金融全球化的发展，国际性金融活动日益发达，资金流动规模日趋庞大，资本流动对汇率变动的作用进一步加强。各国国内利率互相影响，国际利率与各相关国的国内利率之间也是相互作用的。40多年的实践已经证明，浮动汇率制度总体上符合现代经济运作的市场体制，适应当代经济大调整格局，适应各国经济日益开放的背景，使资本流动可以较自由地进行。随着金融全球化进程的发展，汇率变量对于世界经济发展的影响得到加强。整个世界经济由20世纪70年代的滞胀走向90年代较稳定的增长时期，在相当程度上得益于汇率的积极调节功能，而且各国在利率、汇率与通货膨胀率的变动上存在着平衡化趋势。各国通胀率与利率趋于接近，汇率运动愈加趋于稳定。在金融政策中，如果能够加强国际协调，把握好汇率运动和资本流动这两种趋势的发展状况，及时疏导，消除或减少各种不稳定因素，金融全球化的国际进程将得以顺利发展。

【案例分析】

东南亚金融危机的多米诺骨牌效应

自1997年7月起，爆发了一场始于泰国后迅速扩散到整个东南亚并波及世界的东南亚金融危机，使许多东南亚国家和地区的汇市、股市轮番暴跌，金融系统乃至整个社会经济受到严重创伤。

这场危机首先是从泰铢贬值开始的，1997年7月2日，尽管泰国政府花费了260亿美元的外汇储备来维持其固定汇率，但最终不得不宣布泰铢与美元脱钩，实行浮动汇率制度，当日泰铢立即贬值16%。9天后，菲律宾中央银行放弃了捍卫菲律宾比索的努力，当日比索贬值11.5%。3天后，马来西亚也放弃了维持固定汇率的努力。印尼盾从7月2日至14日贬值了14%，1个月后，8月14日，印尼盾汇率也开始自由浮动。1997年7月至1998年1月仅半年时间，东南亚绝大多数国家和地区的货币都出现了高达30%~50%的贬值，其中印尼盾贬值达70%以上。同期，这些国家和地区的股市跌幅达30%~60%，出现了严重的经济衰退。冲击波很快波及我国台湾。在花费了50亿美元的救市资金后，10月18日，中国台湾被迫宣布放弃固定汇率制，当天新台币贬值3.3%，股市下跌165.55点，10月20日，新台币贬至30.45元兑1美元，股市再跌301.67点。10月23日，港元受到前所未有的压力，尽管这一冲击波没能冲垮港元汇率，但引起了香港股市的暴跌，10月27日和28日，香港恒生指数分别下跌1 200点和1 400点。10月28日，日本、新加坡、韩国、马来西亚和泰国股市也分别下跌4.4%、7.6%、6.6%、6.7%和6.3%。东亚各国（地区）的货币贬值和股市大跌，不仅使东南亚金融危机进一步加剧，而且引发了包括美国股市在内的全球股市大幅下挫。10月27日，美国道·琼斯指数暴跌554.26点，迫使纽约交易所9年来首次使用暂停交易制度。11月17日，韩国政府也放弃了“不让韩元跌至1 000韩元兑1美元以下”的努力，韩元汇率立即崩溃，11月20日开市半小时就狂跌10%，创下了1 139韩元兑1美元的新低。至11月底，韩元兑美元的汇价下跌了30%，韩国股市跌幅也超过20%。与此同时，日本金融危机也进一步加深，11月日本先后有数家银行和证券公司破产或倒闭，日元兑美元也跌破1美元兑换130日元大关，较年初贬值17.03%。直到1998年2月初，东南亚金融危机恶化的势头才初步被遏制。

资料来源　谢世清. 东亚金融危机的根源与启示［M］. 北京：中国金融出版社，2009.

案例思考题：

1. 东南亚金融危机的主要传递渠道是什么？

2. 危机期间东南亚各国货币为何竞相贬值？

第五节　宏观经济政策传导机制

货币政策、财政政策和汇率政策是一国调控宏观经济的基本手段。国际宏观经济调控政策存在显著的互动关系，即一国的宏观经济调控政策在全球经济交往迅速发展的时期，已逐渐失去独立性，国家宏观经济政策调整必须考虑他国的经济政策行为并做出适当回应。各国在世界经济的整体环境中寻求保持本国经济的平稳运行的同时，必须考虑通过各国政策的协调，促进世界经济整体的协调发展。在国际宏观经济调控手段相互响应和互动下，形成了国际宏观经济政策对世界经济波动的传导，并且这种传导机制所发挥的作用将会进一步增强，日益成为世界经济不可忽视的传导机制之一。

一、宏观经济政策对世界经济的传导途径

随着国际经济交往的迅速发展，国际宏观经济联动显著增强，一国或多国宏观经济的波动将导致更多国家的宏观经济产生相同方向的响应或相反方向的逆转，进而引发世界性的经济周期运动，国家屏蔽外部经济冲击的能力减弱。然而，努力保持国家和世界经济的平稳运行是宏观经济管理当局所追求的重要目标。

宏观经济政策对世界经济的传导主要通过以下途径：

1.国民收入的变化

一国宏观经济政策的变化会影响一国的总需求，国内居民的消费和投资行为也将发生变化，从而影响其他国家的产出。一个有一定影响的大国如果实行紧缩性的货币政策或财政政策，会使国内总需求受到抑制，国民收入下降，进口减少，从而使主要贸易伙伴的出口受到影响，产出下降，甚至引发经济衰退；该国实行扩张性的宏观经济政策会使国内总需求上升，国民收入增加，进口需求扩大，可以带动贸易伙伴国的出口增加、经济增长加速。

2.资产收益的变化

宏观经济政策的变化也会改变国内金融资产的收益率，这就形成了国际市场的资产收益差，套利行为将导致国际资本的流动，资本流动会把国内经济政策信息传递至国外，并产生互动反应。

3.价格水平的变化

宏观经济政策的变化会通过不同的渠道影响国内一般物价水平，通过价格信号传递至国外，引起国际经济波动的传递。

二、国际宏观经济政策传导的互动机制

由于一国的宏观经济政策的实施会对其他国家产生影响，其他国家需要做出相应的反应，其结果就是各国的宏观经济政策有很强的互动性。各国经济政策的互动往往容易导致经济波动的趋同，使经济周期的变化趋于同步。

1.货币政策的国际互动机制

一个有一定国际影响的大国运用货币政策工具如法定准备金率、贴现率和公开市场业务对本国的宏观经济进行调控，会引起货币市场利率和货币供应量的变动。货币市场利率和货币供应量的变动会引起消费需求和投资需求的变动。在开放经济条件下，通过国际贸易中贸易条件的变化、国际金融渠道中资本收益率的变化以及汇率机制等的传导，将引起对其他国家商品进出口需求的增减和国际资本流量的变动，使其他国家国内商品供给和需求失衡，国际收支失衡，汇率发生异常变动，并最终导致宏观经济的整体波动。这将引起他国政府对宏观经济实施干预，于是他国货币政策将做出响应，以应对外国货币政策变动所引发的冲击，因而形成国家间货币政策的互动。例如，一国为了应对通货膨胀实行紧缩性的货币政策，利率水平上升，所形成的利差会引起国外资本的流入，使其他国家的资金出现外流，国际收支失衡。为了减少资本外流，维持国内货币供应的稳定和国际收支的平衡，其他国家也要相应提高本国的利率水平，出现信用紧缩。

2.财政政策的国际互动机制

一国政府可以通过改变支出来实施财政政策，也可以通过在本国或他国以负债方式融资来达到财政政策目标。

（1）改变政府支出

政府支出是政府作为行为主体对国内宏观经济状态实施改变，如在国内消费和投资低迷时自身作为消费和投资的主体来带动国内的经济转向。这种政府行为会直接导致国内商品供给和需求的变动，并基于乘数效应以放大的方式引起国民收入的变化。

（2）国内负债融资

国内负债融资将改变流通中的现金量并引起利率等相关经济变量的变化，改变经济主体的经济行为成本，进而导致国内商品供给和需求的变动。

上述国内政策效应会通过国际贸易中贸易条件的变化、国际金融渠道中资本收益率的变化以及汇率机制的传导，引起他国国内商品供给和需求的变化、国际收支的失衡和汇率的变动，最终导致他国宏观经济的整体异常波动。

（3）在他国负债融资

一国在他国以负债方式融资，将直接改变他国流通中的现金量和利率等经济变量，引起商品价格和资本利润率的变动，进而引起他国商品供给和需求的变动，最终成为引起他国宏观经济整体异常波动的重要因素。

这些异常变化将引起他国政府对宏观经济实施干预，其中之一就是启动国内的财政政策以应对外国财政政策变动导致的经济冲击，因而形成了国家间财政政策的互动机制。

3.国家间货币政策、财政政策和汇率政策的整体互动机制

货币政策通过改变货币价格和资本收益率等来影响经济主体的行为，进而改善商品供给和需求的关系，以调控宏观经济；财政政策能够通过税收调节或转移支付等手段直接影响经济主体的行为，而且政府负债能够显著影响货币供给量进而改变货币价格等变量，从

而具有和货币政策同一的调控效用；同时货币政策和财政政策具有不同的实施路径和运行特征，两者也可能发生互动冲突而导致对宏观经济调控效果的抵减。

货币政策和财政政策的实施将影响国家的利率水平、资本边际收益和贸易条件等变量，这些变量又将显著影响国家的商品进出口需求从而导致国际收支的经常项目发生变动，并且改变国际资本的流动状态从而导致国际收支的资本项目发生变动，这些变动的综合作用将导致国际收支的失衡，影响一国干预汇率水平的汇率政策实施。

三、宏观经济政策的变动与世界经济周期

1.政策失当会加剧周期性波动

一国货币和财政政策的运用如果不当，如货币市场基准利率、存款准备金率、贴现率和公开市场行为等的实施力度和实施时间不当，政府支出和负债融资的规模等的不当，以及这些调控手段本身的运行时滞等，有可能会对微观经济主体产生误导，造成经济波动的加剧，如使微观经济主体的行为非理性膨胀，导致信贷的过分膨胀，资本价值的过度虚拟和实际生产领域及消费领域的盲目扩张等，形成经济的非均衡高涨；或者导致微观经济主体的行为非理性收缩，如信贷的过度收缩，投资和消费的过度收缩等，导致经济的低迷和衰退。政策失当所导致的经济高涨和衰退使经济周期性波动加剧。

2.政策协调可减缓周期波动的影响

世界经济周期对国际宏观经济政策的变动也产生主动性要求，各国政府和世界经济组织致力于经济的稳定发展，为了避免世界经济周期对国家经济的波动性冲击，各国宏观经济管理当局主动采用货币政策、财政政策或汇率政策对外生冲击进行调整，以维护本国宏观经济运行的稳定；世界经济组织亦可运用自己的经济或政治资源对世界经济周期的发源国和传导因素实施影响，以尽可能缩减世界经济周期的延展周期、波动幅度和发展范围等。

3.季风效应

马松（Masson）在1998年将共同的冲击产生的传导称为“季风效应”（Monsoonal Effects），即一国对一次经济冲击所做的调整可能迫使与之有紧密联系的国家采取类似的政策。

当然，世界经济波动的传导途径并不局限于上述这些。世界经济也可以通过旅游、房产等其他渠道传导经济波动或经济危机。甚至如果投资者的预期发生了改变，即使一国的经济基本面良好，也会导致危机的发生并影响到其他国家，即所谓预期传导。各类传导渠道在世界经济波动的互动中所扮演的角色有所不同。各国在世界经济波动中的相互影响程度取决于上述各传导渠道的畅通与否，是各类传导渠道综合作用的结果。

【案例分析】

危机怎样从美国传递至全球

从2008年第3季度开始，美国次贷危机演变为全球范围内的金融危机。欧洲金融市场率先受到传染，其主要原因包括：第一，欧洲商业银行大量投资于美国次贷金融产品，资产价值大幅缩水；第二，欧洲商业银行与雷曼兄弟之间进行了大量的衍生产品交易，雷曼兄弟的倒闭使得欧洲商业银行面临巨大的交易对手风险；第三，欧洲商业银行对通过债券市场进行批发融资的依赖程度较高，全球金融市场陷入流动性短缺削弱了欧洲商业银行通过发债进行融资的能力。欧洲实体经济对银行融资的依赖程度远高于美国，一旦商业银行集体陷入危机，欧洲的金融市场与实体经济就面临强烈冲击。由于欧盟各国基本上是各自为战，短时间内难以形成一个统一的跨国财政刺激计划，导致危机迅速蔓延与深化。

由于欧美发达国家和地区主要金融机构均遭受大量亏损，它们不得不主动收缩财务杠杆。这意味着国际机构投资者将出售在新兴市场国家的风险投资，并将这些资金调回本国金融市场。国际短期资本流动发生逆转，开始由新兴市场国家流回发达国家。这种转向对新兴市场国家形成了两大冲击：第一，大量的短期国际资本外流导致新兴市场国家股票市场指数不断重挫，资本项目收支状况出现逆转；第二，大量的短期国际资本外流造成新兴市场国家货币相对于美元大幅贬值，恶化了新兴市场国家的外债负担。东亚的韩国，西欧的冰岛，东欧的乌克兰、匈牙利、白俄罗斯，拉丁美洲的阿根廷与巴西均面临严重的资本外流，各国的本币汇率、国债与股市均直线下跌，有的国家甚至面临"国家破产"的风险。以上这些遭遇危机的国家有一个共同特点，就是大量举借外债来为本国居民、企业与政府部门融资。一旦外资大量撤出，这些国家就面临资金链断裂的风险。

一旦东欧、拉美与亚洲国家爆发金融危机，会进一步冲击欧洲的商业银行。西欧国家商业银行对上述新兴市场国家的跨国贷款占到这些国家贷款总额（4.7万亿美元）的3/4。如果新兴市场国家陷入债务危机，则欧洲商业银行将承受新一轮的冲击。

随着美国经济步入衰退，出口对于欧元区与日本经济的拉动作用将会继续减弱。预计欧元区与日本经济将在2009年全年继续保持负增长。根据IMF在2009年4月最新公布的预测，欧元区2009年与2010年的GDP增长率分别为-4.2%与-0.4%。日本2009年与2010年的GDP增长率分别为-6.2%与0.5%。

发达国家实体经济增速的下降将通过进口渠道影响发展中国家，进而发展中国家实体经济增速的下降将通过进口渠道影响到原材料与能源出口国。国际短期资本从新兴市场国家的流出可能冲击后者的金融市场，进而拖累新兴市场国家的实体经济。

资料来源 张明，付立春．次贷危机的扩散传导机制研究［J］．世界经济，2009（8）．

案例思考题：

1. 危机从美国向全球的传递涉及哪些传递渠道？

2. 美国次贷危机对中国经济造成了哪些影响？

本章小结

本章介绍了世界经济传导机制的类型、传导途径和作用机制。国际贸易传导机制通过需求溢出和价格信号途径在出口贸易、进口贸易和贸易结构等方面传导经济波动；国际直接投资传导机制通过技术进步、制度变革和人力资本水平提升三种媒介影响东道国的经济增长；国际金融投资传导机制通过利率传导和汇率传导来发挥传导作用；国际宏观经济政策传导使各国的货币政策、财政政策和汇率政策等宏观经济政策的联动性和趋同性加强，国家间的政策协调日显重要。

关键术语

世界经济传导机制　国际传导　国际贸易传导机制　季风效应

复习思考题

1. 世界经济传导机制主要有哪几种？
2. 简述世界经济的国际贸易传导的作用机制。
3. 国际直接投资传导机制是怎样实现经济增长的？
4. 试述国际金融投资的传导途径和传导机制。
5. 宏观经济政策对世界经济的传导表现在哪几个方面？
6. 简述国际宏观经济政策传导的互动机制。

第三篇
不同类别国家经济

第八章

发达国家经济

学习目标

了解第二次世界大战后发达国家的经济发展历程，当前发达国家经济发展的制约因素以及发达国家宏观经济调节的目标和手段；重点掌握“滞胀”和“新经济”的成因以及主要发达国家的经济体制模式。本章的难点是美、德、日三大市场经济体制模式的异同。

发达国家是指科学技术和生产力高度发达，具有成熟的市场经济体系，产业结构先进，社会经济结构十分稳定成熟的资本主义国家，主要包括美国、加拿大、日本、法国、德国、意大利、英国、澳大利亚等国。这些国家的人口只占世界人口的1/5，但其经济在世界经济中居主导地位，在很大程度上支配着世界经济的运行和发展，它们的经济体制模式及其变革对世界经济的发展具有极其深远的影响。

第一节　第二次世界大战后发达国家经济发展的回顾

第二次世界大战后，发达国家经历了曲折的经济发展过程，大体分为五个阶段：从第二次世界大战结束到20世纪50年代初的经济恢复时期；从50年代中期到70年代初的经济高速增长时期；从70年代中期到80年代初的经济“滞胀”时期；从80年代中期到90年代初的经济调整和缓慢增长时期；90年代后的新经济时期。

一、经济恢复时期

第二次世界大战后初期，除了德国和意大利两个战败国以外，西欧国家在短短3年的时间里就恢复到了第二次世界大战前的经济水平。日本经济的恢复较慢，但到1956年也恢复到了第二次世界大战前的水平。西欧和日本之所以能够迅速恢复经济，一是由于美国的大力扶持，二是西欧和日本自身的原因。

1.美国的大力扶持

第二次世界大战后初期，美国为了巩固资本主义制度和体系，实现其对欧洲和亚洲的战略部署，对西欧和日本采取了一系列的援助和扶持政策。1947年，美国国务卿马歇尔提出《欧洲复兴计划》，1948—1952年，美国向欧洲16国提供了总额为131.5亿美元的援助，这笔巨款对西欧的经济复兴起到了重要的作用。此外，第二次世界大战后美国奉行“不赔偿主义”，从1947年起多次修改赔偿方案，减少日本作为战败国的赔偿金额和用于赔偿的工厂数量，1949年5月宣布停止日本的一切赔偿。1946—1951年，美国还以各种方式援助日本21.8亿美元。

2.西欧和日本自身的原因

西欧和日本虽然遭到战争的严重破坏，但多数国家的经济基础在一定程度上仍然保留了下来，而且战争期间各国都进行了大规模的固定资本投资，生产资料总量大幅增加。此外，西欧和日本政府积极采取国有化、经济计划化等措施，有力地促进了经济复苏。以法国为例，1945年法国开始了大规模的国有化运动，把战时同法西斯德国密切合作的企业一律收归国有，到1946年年底，政府在工商业中所占股份达50%以上。1947—1950年，法国在经济学家让·莫奈主持下实施了第一个经济计划，政府将煤炭、电力、钢铁、水泥、运输、农业机械设备确定为优先发展对象，对基础产业实行投资倾斜政策，国家对上述重点部门共投入资金1 412亿法郎，占同期国家总投资的37%。

二、经济高速增长时期

在度过了艰难的经济恢复期之后，发达国家迎来了持续近20年的经济快速增长，创造了前所未有的经济繁荣。在此期间，发达国家GDP年均增长率接近5%，1948—1973年，工业生产的年均增长率为6%，日本的工业增长最快，年均增长率高达15%，1950—1973年，发达国家的失业率保持在4%~5%，通货膨胀率保持在2.5%~5%。经济快速增长主要是由于以下三方面原因：

1.科技进步提高劳动效率

第二次世界大战后，以微电子技术、新材料、新能源的应用为核心的第三次科技革命在世界范围内蓬勃发展并不断扩展，各主要资本主义国家都将大量人力、物力投入到研究新工艺、新技术方面。先进的科技成果在生产中的迅速采用，极大地促进了劳动生产率的提高，加速了生产的发展。随着劳动生产率的提高，发达国家的产业结构也发生了深刻变化，即农业在国民经济中的比重不断下降，工业的比重由上升转为下降，而以服务业为中心的第三产业的比重则不断上升。

2.国家加强经济干预

20世纪30年代的大萧条宣告了自由市场经济时代的终结，主张政府加强宏观调控的凯恩斯主义经济学很快被各国政府所接受。第二次世界大战后，发达国家普遍实行扩张性的财政和货币政策来刺激投资和消费，从而促进了经济增长。扩张性的财政政策主要是通过提高工资、增加就业、实施社会保障制度来扩大国民消费需求，购买力的提高促进了生产的增长。扩张性的货币政策主要是实行各种鼓励投资的政策，使企业固定资本投资不断扩大，同时，劳动生产率的提高使企业的利润增加，激发了投资需求。

3.世界经济秩序相对稳定

第二次世界大战后，在美国的主导下形成了新的国际金融和国际贸易秩序，结束了20世纪上半叶世界经济的混乱局面。以美元为中心的布雷顿森林体系，确定了国际储备资产、汇率制度和国际收支调节的规章和制度，对国际资本的流动、世界货币的稳定、贸易的扩大都起到了重要作用。1948年《关税与贸易总协定》的签订，标志着一个以贸易自由化为宗旨、囊括国际贸易诸多领域的多边贸易体制基本构建起来，这对消除各国贸易壁垒，促进世界贸易的发展具有重大意义。

这一时期是第二次世界大战后发达国家实现经济现代化的决定性阶段，几乎所有国家都出现了经济的大发展局面，但各国经济的增长速度差异很大。日本增长最快，其次是联邦德国和法国，美英两国最慢。发达国家之间的实力对比也发生了明显变化，日本凭借着年均10.1%的高速增长，取代联邦德国成为资本主义世界第二大经济体。美国尽管仍保持着第一大经济体的地位，但其领先优势逐渐被日本削弱。

三、经济“滞胀”时期

1974—1975年的世界性经济危机中断了发达国家经济的快速增长，70年代中后期到80年代初发达国家进入历史罕见的经济“滞胀”时期。这一时期的特点是经济停滞、失业增加和严重的通货膨胀同时发生和存在，这是一种不符合以往经济理论和经济发展实践的怪现象。1973—1983年，发达国家的GDP年均增长率只有2.4%，而消费物价年均上涨率则高达9.9%，法国、英国、意大利三国物价上涨甚至超过10%的水平。失业率普遍上升，1982年英国的失业率高达12%，美国、联邦德国、意大利的失业率分别为9.7%、7.5%、9.1%。经济滞胀之所以出现，主要有以下四个方面的原因：

1.发达国家长期推行扩张性政策

第二次世界大战后，发达国家在凯恩斯经济理论的指导下，实行扩张性的宏观经济政策刺激经济的增长，扩张性经济政策通常采用增加政府财政支出和扩大信贷的办法，这些措施会造成巨额财政赤字和严重的通货膨胀。例如，20世纪50年代美国政府的财政赤字只有几亿美元，而到了70年代增加到几百亿美元，1976年高达655亿美元。为弥补财政赤字，发达国家不得不增加税收和大量发行公债，货币的超额发行大大高于实际生产的发展需要，形成了“滞胀”时期的通货膨胀。

2.科技革命的推动作用减弱

20世纪70年代初，在第三次科技革命中形成的一系列新技术、新工艺都已经在生产中得到普及，钢铁、石化、汽车、家电等支柱产业已经度过成熟期，市场也基本饱和。新的科技革命尚处于酝酿和准备阶段，新的技术群和产业群尚未形成，影响了生产的发展和经济的增长速度，而且，发达国家在财政赤字不断增加的情况下，对科技的投入不足也不利于科技的进步。

3.石油和原料价格上涨

前一时期发达国家经济的快速增长，在很大程度上是建立在廉价石油的基础上的，

"比自来水还便宜"的石油源源不断地运往发达国家，造成发达国家工业发展对石油的高度依赖。1960年石油输出国组织成立后，产油国收回石油的生产和定价权，多次迫使西方石油公司同意石油提价。1973年10月中东战争爆发后，石油价格从每桶3.011美元提高到11.65美元。石油价格的提高带动粮食等原材料价格上涨，使发达国家的经济受到巨大冲击，生产成本骤增，物价全面上涨。

4.国际经济秩序恶化

从20世纪60年代起，美国国际收支连年逆差，黄金大量外流，不断发生美元危机，迫使美国政府不得不在70年代初宣布停止各国政府和中央银行用美元向美国兑换黄金，并使美元两次贬值，从而导致以美元为中心的国际货币体系趋于瓦解，引起发达国家货币金融市场的动荡和混乱。此外，随着欧洲和日本的经济崛起，美国的总体经济实力相对下降，资本主义世界内部的摩擦和矛盾增多，第二次世界大战后初期比较稳定的国际经济环境开始出现变化。1979—1982年，在经济滞胀条件下又爆发了第二次世界大战后最严重的一次世界性的经济危机，发达国家的失业率和企业倒闭率都创下20世纪30年代大萧条以来的历史最高纪录，国际贸易和国际金融局势在危机中更加动荡不定。

四、经济调整和缓慢增长时期

在经历了20世纪70年代的滞胀和80年代初的经济危机之后，发达国家经济相继在1982年年底和1983年年初走出低谷，进入了经济缓慢增长时期。这种低速的经济增长一直持续到90年代初，虽然持续时间长，但平均增长速度较低，普遍低于前几个经济增长周期的平均速度。1983—1990年，OECD国家经济年均增长率为3.4%，其中美国为3.2%，加拿大为3.6%，法国为2.7%，德国为3.0%，意大利为2.9%，英国为3.1%，日本情况稍好一些，达到4.6%。

这一时期，发达国家的政策倾向发生重大变化，凯恩斯主义经济学在"滞胀"时期受到严厉抨击，货币学派和供给学派兴起，将国家干预经济的重点从需求管理转向供给刺激，随后出现的所谓"撒切尔主义"和"里根经济学"就是这股潮流的反映。发达国家实行的新政策主要包括：紧缩性货币政策，削减福利供给和减税；对国有企业实行私有化，放松对经济的管制；削弱工会组织，限制工资增长等。紧缩性政策虽然使危机加深和延长，但对抑制通货膨胀起了一定作用。从1983年开始，各国通货膨胀率先后受到抑制，物价上涨率逐步下降，到80年代末，年平均上涨率下降到3%的低水平。除了调整经济指导方针和改变政策之外，发达国家还采取了一系列措施：为了缓和石油提价的冲击，大力勘探和开发新油田，节约石油消耗；调整产品结构，加速从传统工业向高科技部门的转变；为缓和失业，加强对青年失业者的培训，限制外籍工人的流入；为加强各国经济政策的协调，从1975年开始，西方七国首脑每年定期举行会议，广泛讨论世界经济发展所面临的各种问题。

【世界经济之窗】

七国集团（G7）的演变

七国集团由西方七国首脑会议演变而来。20世纪70年代初，西方国家经济形势严重恶化，先后发生了“美元冲击”“石油冲击”和世界性经济危机。为了共同研究世界经济形势、协调各国政策、重振西方经济，在法国的倡议下，法、美、德、日、英、意六国领导人于1975年11月在法国巴黎郊外的朗布依埃举行了首次最高级经济会议。1976年6月在波多黎各首府圣胡安举行第二次会议时，增加了加拿大，形成“西方七国首脑会议”，也被称为“七国集团”。此后，七国首脑会议作为一种制度固定下来，每年一次轮流在各成员国召开。1991年苏联总统戈尔巴乔夫，1992年和1993年俄罗斯总统叶利钦都应邀同与会的七国首脑在会后举行会晤。1994年第20次会议时，叶利钦正式参加政治问题讨论，形成了“7+1”机制。1997年在美国丹佛举行七国首脑会议时，克林顿总统作为东道主邀请叶利钦以正式与会者的身份自始至终参加会议，并首次以“八国首脑会议”的名义共同发表“最后公报”。从此，“西方七国首脑会议”演化为“八国首脑会议”。1998年在德国科隆举行的首脑会议上，俄罗斯成为正式成员，八国集团首脑会议宣告定型。2005年7月6日在英国苏格兰首府爱丁堡举行的八国峰会首次采取了8（八国集团）+5（中国、印度、巴西、南非与墨西哥）的形式，目的是加强发达国家与发展中国家之间的对话，在一系列重大国际问题上加强沟通、了解和合作。1999年9月25日在华盛顿召开的八国集团财长会议宣布成立二十国集团，由原八国集团以及其余12个重要经济体（欧盟、中国、阿根廷、澳大利亚、巴西、印度、印度尼西亚、墨西哥、沙特阿拉伯、南非、韩国和土耳其）组成。二十国集团的GDP总量约占世界的85%，人口约为40亿。其主要活动为“财政部长及中央银行行长会议”，每年举行一次。2019年6月27日至29日，第25次峰会在日本大阪举行，会议有八大主题，分别是全球经济、贸易与投资、创新、环境与能源、就业、女性赋权、可持续发展以及全民健康。

五、新经济时期

20世纪90年代初，主要发达国家逐渐进入新一轮的经济增长期，据国际货币基金组织统计，1994年全球经济增长率为3%，高于过去20年来的年均2.8%的增长速度，其中以美国的经济表现最为突出。1991年3月到2001年6月，美国实现了长达120多个月的持续经济增长，高经济增长的同时，伴随着低失业率、低通货膨胀和低财政赤字，这种与以往截然不同的经济增长现象被人们表述为“新经济”。新经济至今没有明确的定义，通常是指在信息技术革命和制度创新基础上，由经济全球化推动的经济结构调整促进了劳动生产率的提高，形成了微观经济和宏观经济良性互动的新的经济增长方式。新经济首先出现在美国，其原因是多方面的。

1.信息产业的迅速发展

20世纪90年代，以信息技术为核心的科技革命极大地促进了美国信息产业的发展。信息产业取代汽车、建筑业等传统产业成为美国新的经济增长点。信息技术和设备投资成为美国企业投资的重要组成部分。1990—1995年，美国私人固定资本投资中有关信息处理和设备的投资增加24.1%，到1996年全美信息产业的资本占资本总量的40%，远远超过其他产业的投入。同时，信息产业的迅速发展还推动了就业的增加，1998年美国信息通信产业所吸纳的工人已达740万，占美国工人总数的6.1%。

2.制度创新

信息技术革命推动的产业结构调整要求与之相适应的体制变革和制度创新。美国的制度创新主要从两个层面展开：一是企业制度创新，通过知识入股来清晰界定知识的所有权，并在此基础上形成企业所有权由“资本家”和掌握知识的“知本家”共享的产权结构，知识作为最重要的生产要素获得了与成本相对应的收益，从而最大限度地激发了知识拥有者的积极性和创造性；二是金融制度创新，包括以创业板市场为主要退出机制的风险融资制度和以股权融资为主的宏观金融体系，这种独特的金融制度使大批拥有高新技术的中小企业在短期内迅速崛起。

3.经济全球化

第二次世界大战后世界经济发展的最突出特点是经济全球化的不断发展和深化，美国作为经济全球化最有力的推动者，以其强大的经济实力为基础，充分利用经济全球化的机遇实现了经济的高速增长。美国的大型跨国公司广泛参与全球竞争，不断扩大投资规模，利用最佳场所降低成本和提高质量，规模经济效益明显提高。越来越多的中小企业，特别是服务行业也直接面向海外经营，使得美国对外投资和对外贸易的依存度逐渐增加。1985年，美国从一个净债权国变成净债务国，目前仍然是世界上引进外国直接投资最多的国家。1985—1999年，美国对外直接投资和吸引外资累计额占GDP比例从11%提高到24%，进出口额占GDP比例从14%提高到24%。

4.宏观经济调控

1992年11月，克林顿当选美国总统后，实行了积极而有效的经济调控，对新经济的产生和发展起到了至关重要的作用。

（1）政府的干预

克林顿政府奉行自由主义的干预措施，既反对完全自由放任，又反对过度干预。一方面，放松对贸易、金融、通信等部门的管制，减少经济运行成本，提高企业组织的灵活度；另一方面，加强对科技、教育、环保的积极干预，延续科技革命的生命力，促进高新技术产业的可持续发展。

（2）结构性财政政策

为解决长期困扰美国的财政赤字的难题，克林顿政府实行了与以往历届政府不同的措施，一方面增收，对高收入者增税、对低收入者减税，使90%的新增税由高收入者承担；另一方面节支，在减少行政费用和军事支出的同时，增加基础设施、教育和培训的投入。财政政策成效十分显著，20世纪90年代财政赤字大幅度下降，到1998年财政赤字不仅消失，而且实现了629亿美元的盈余。

（3）中性货币政策

进入20世纪90年代，在美联储主席格林斯潘的主持下，美国的货币政策在宏观经济调控中的地位不断提升。这一时期货币政策的目标是坚决抑制通货膨胀和促进经济适度增长，为此实行了所谓的“中性货币政策”，即通过控制货币供给的增长速度，使利率保持在对经济既不起刺激作用又不起抑制作用的“中性状态”。据美联储的分析，美国潜在的自然年均经济增长率为2.5%左右，如果实际经济增长率超过这一比率，就有通货膨胀的危险。因此，货币政策的任务就是适时调整利率使经济增长率基本稳定在2.5%左右。利率微调的政策营造了相对稳定的低利率环境，使通货膨胀有效地被控制在较低的水平上。这有利于促使私人实际可支配收入的增加，从而使消费信贷稳步扩大，同时避免了经济增长和物价水平的大起大落，减少了金融市场动荡带来的风险，为90年代美国经济实现低通货膨胀下的持续增长创造了有利条件。

（4）贸易政策

为解决贸易赤字，克林顿政府奉行实用主义的公平贸易原则。贸易政策的核心是积极扩大出口，为此政府专门制定了“国家出口战略”，成立了由19个部门参加的“贸易促进协调委员会”，并确定了电信、汽车等六大出口重点产业，对出口企业给予资金支持。从20世纪90年代中期到2005年，美国是世界第一大进口国和出口国，其进出口分别约占世界进出口总值的10%和17%。

【案例分析】

第二次世界大战后美国联邦基金利率的调整

20世纪70年代中期以前，在布雷顿森林体系的固定汇率制度下，货币政策的独立性受到限制，美国政府主要采用扩张性财政政策来刺激经济。进入20世纪80年代，随着布雷顿森林体系的崩溃和“滞胀”带来的凯恩斯主义的失宠，货币政策地位逐渐提高，政府可以通过控制货币供给量的增长速度来稳定通货膨胀率。20世纪90年代，美国实行中性货币政策，促进经济适度增长。21世纪初，美联储连续7次降息，实行信用扩张，刺激了美国次级房贷市场的发展。从2004年6月至2006年6月，美联储又连续17次加息，实行信用紧缩，此举被认为与次贷危机的形成有直接关系。2006年8月8日，美联储停止加息，直到2007年9月，利率一直维持在5.25%。2007年9月18日，为化解次贷危机可能引发的经济衰退风险，美联储将联邦基金利率由5.25%降到4.75%；此后，美联储连续4次降息，直到2008年12月16日，将利率下调至历史低点0~0.25%。在这之后长达7年的时间里，美联储一直维持零利率政策。2015年12月16日，美联储将利率上调至0.25%~0.5%，由此开启了新一轮的加息。在经历8次加息后，2018年12月19日，美联储将利率上调至2.25%~2.5%，这一利率水平一直维持到2019年7月31日。2019年8月1日，美联储将利率下调至2%~2.25%，这是2008年金融危机以来首次降息。2019年9月19日和10月31日，美联储又两次降息，将利率下调至1.50%~1.75%。

案例思考题：

1.试找出美国各次利率调整与当时经济状况之间的联系。

2.试评价20世纪80年代以来美国货币政策的得失。

第二节 当前发达国家经济发展的制约因素

2000年下半年，随着美国长达10年的高速增长期的结束，发达国家进入新一轮的周期性经济衰退期，但这次衰退仅仅持续了不到一年的时间，是第二次世界大战后持续时间最短的衰退之一。此后，发达国家经济步入低幅、缓慢的复苏轨道，直到2007年美国次贷危机引发全球金融风暴时为止。1980—2019年部分发达国家经济增长率的变动情况见章后“相关数据资料”。目前，影响发达国家经济发展的主要因素有：

一、金融危机的影响仍未消退

当前的这场全球性金融危机源于2007年美国的“次贷危机”。2003年6月，美联储曾将利率下调至1%，这是1958年以来的最低水平。低利率促使美国住房市场异常繁荣，一些金融机构向那些信用等级不高、经济实力不够的消费者提供住房抵押贷款服务，这被称为“次级房贷市场”。2004年6月起，美联储紧缩银根，连续17次提高联邦基金利率，房贷利率也相应上升，致使许多购房者付不起贷款，住房需求下降，由此造成房地产市场疲软。许多从事次级抵押贷款的金融机构陷入危机而被迫申请破产。2007年3月初，美国第二大次级抵押贷款公司——新世纪金融公司，因濒临破产被纽约证券交易所停牌，标志着“次贷危机”正式爆发。为避免危机蔓延，美联储紧急向金融市场连续注入巨额资金，并下调联邦基金利率。然而，金融危机并未被遏制，2007年8月危机席卷欧盟、日本等主要发达国家和地区的金融市场，并逐渐波及世界其他国家，形成了自1929年大萧条以来最严重的全球性金融危机。发达国家在金融危机中普遍陷入增长困境。从全球经济总量结构看，发达经济体的总体份额出现明显下降，美、欧、日的经济总量分别从2009年的25%、28%和8.8%下降到2010年的23.3%、25.9%和8.7%，2011年再降到21.7%、25.2%和8.4%。自2012年起，发达国家逐渐摆脱衰退，特别是美国经济恢复势头强劲。但从整体看，发达国家仍未恢复到危机爆发前的经济增长水平，且发达国家内部各国经济恢复极不平衡。2018年，美国GDP实际增长2.9%，约占全球经济总量的24.2%；欧盟28国GDP实际增长1.49%，约占全球经济总量的22.1%；日本GDP实际增长0.7%，约占全球经济总量的5.9%。

二、公共债务高企

自20世纪70年代以来，发达国家公共财政状况持续恶化，平均公共债务占GDP比例由40%增加到76%，已经超过60%的警戒线。2008年以来，受全球性金融危机的直接影响，发达国家整体公共债务水平急剧攀升，其公共债务占GDP的比重平均增幅30%。截至2018年年底，美国公共债务占GDP比重达到120%，欧元区达到85.1%，日本则高达

238%。如果把发达国家作为一个整体，其政府债务占GDP的比重接近100%，超过了第一次世界大战和20世纪30年代大萧条时期的水平。研究表明，当一国公共债务占GDP的比重超过90%以后，利息支出占财政支出的比重会不断上升，对该国经济增长产生显著拖累。同时，由于财政资金对私人投资的挤出效应，重债国政府为维持债务可持续，将大量资金用于购买政府债券，无法投资于生产领域，资金利用效率降低，经济增长缺乏投资拉动。因此，公共债务高企不利于发达国家的经济恢复。

三、发达经济体潜在产出下降

潜在产出是指稳定通货膨胀（无通货膨胀压力，亦无通货紧缩压力）条件下的产出水平。短期内，当经济遭受冲击时，实际产出将短暂偏离潜在产出。这种偏离主要是因为工资和价格对冲击的调整较慢，这也意味着，产出恢复到潜在水平是一个逐渐的过程。在本轮金融危机爆发前，发达经济体的潜在产出已经有所下降，主要是由于20世纪90年代的信息技术创新的生命力逐渐减弱，所带来的超速增长逐渐放缓。在危机之后，发达经济体的潜在产出继续下滑，其潜在增长率从危机前（2006—2007年）的略低于2%降至2013—2014年的大约1.5%。对于发达经济体整体而言，潜在产出增长率的下滑可以在很大程度上归咎于全球金融危机对投资及资本增长的影响以及长时间的需求低迷抑制劳动力供给和投资。发达经济体潜在产出增长率的下降将使其居高不下的公共债务比率更难削减。

四、全球贸易紧张局势不断升级

美国总统特朗普2017年就职以来，持续推进“美国优先”执政理念，频频出台贸易限制措施，导致全球贸易紧张局势不断加剧。2018年1月，美国宣布对进口光伏产品和大型洗衣机分别采取为期4年和3年的全球保障措施，并采取严苛的征税措施，使韩国和墨西哥承受巨大损失；2018年3月，美国认定进口钢铁和铝产品严重威胁美国国家安全，决定对所有来源的进口钢铁和铝产品全面征税，税率分别为25%和10%，引发欧盟、加拿大、巴西、中国、俄罗斯等多个国家和地区的反对；2018年3月，美国依据对华知识产权“301调查”结果，宣布对从中国进口的价值600亿美元商品征收关税，中国不得不采取反制措施，在此后一年多时间里，双方你来我往，贸易摩擦不断升级。美国采取的一系列贸易保护措施，违反世界贸易组织规则，损害多边贸易体制，严重干扰全球产业链和供应链，阻碍新技术的传播，给全球经济复苏带来严峻挑战。受贸易保护的直接影响，全球贸易增速放缓，2016年全球贸易量仅增长1.6%，2017年回升至4.6%，2018年增长3.0%，增幅较2017年回落1.6%。此外，北美自由贸易协定以及英国与欧盟其他国家之间的经济安排正处于重新谈判之中，由此带来的政策不确定性上升可能挫伤商业和金融市场情绪，引起金融市场动荡，并导致发达国家投资和贸易减缓。

五、英国脱欧悬而未决

2013年1月23日，英国首相卡梅伦首次提及脱欧公投；2016年6月23日，英国就是否脱欧举行公投，投票结果显示脱欧支持率超过51.9%；2017年3月29日，英国脱欧程序正式启动；2018年11月25日，英国与欧盟达成脱欧协议，约定在2019年3月29日正式脱欧；2019年1月15日，英国议会下院投票否决脱欧协议；2019年3月12日，英国议会下院再度投票否决脱欧协议；2019年4月10日，欧盟同意将脱欧期限延长至10月31日；2019年10月17日，欧盟与英国就新的脱欧方案达成一致；2019年10月28日，欧盟同意将英国脱欧日期延长至2020年1月31日。英国脱欧之路一波三折，给英国和欧洲的劳动力市场管理、对外贸易、金融监管和国际资本流动机制等带来更多不确定性。在欧债危机影响未尽、经济复苏依然低迷的形势下，这些不确定性将使欧盟经济发展更加缺乏稳定性，削弱了欧盟的经济实力。

除以上因素外，全球需求疲软、金融市场情绪波动、欧洲难民危机、日本自然灾害频发、德国汽车产量下滑等特定因素可能会对发达国家未来经济发展产生不利影响。

第三节 发达国家的宏观经济调节

在经济发展过程中，国家的作用从来都是不可或缺的。第二次世界大战后，几乎所有的发达国家都加强了国家对经济的调节和干预。发达国家对宏观经济调节方法、方式和政策的改革，目的不是削弱市场调节机制，而是使宏观经济调节和市场调节的结合更趋完善。

一、宏观经济调节的目标

发达国家宏观经济调节的目标主要有四个，即充分就业、物价稳定、经济持续增长和国际收支平衡。

1.充分就业

充分就业是指所有愿意工作的人都能按照他们愿意接受的工资条件找到职业；同时，包括劳动力在内的各种生产要素，都能按照它们所愿意接受的价格全部用于生产。充分就业包括一定程度的失业，即“摩擦性失业”和“结构性失业”。这两种失业与充分就业并不矛盾，是正常现象。它们在劳动力大军中所占的比重称为自然失业率。实现充分就业，就是要把失业率保持在自然失业率的水平。

2.物价稳定

物价稳定并非是所有商品价格静止不变，而是要保持“一般价格水平”的稳定。一般价格水平是指各类商品和劳务的价格加总在一起的平均数。计算平均价格需要编制物价指数。目前，发达国家主要用消费物价指数来确定通货膨胀率。一般情况下，消费物价指数的上涨幅度在3%以内，可以视为物价基本保持稳定。

3.经济持续增长

经济持续增长是指一定时期内社会所创造的人均产量和人均收入的持续增长。衡量经济产量的最佳尺度是国民生产总值。计算国民生产总值的增长，要使用不变价格，考察人均产量增加时，还需剔除人口增加的因素，用人均国民生产总值来衡量。由于经济发展过程是周期性波动的，在周期的扩张阶段产量增加，在周期的收缩阶段产量减少，因而一定时期的经济增长至少是一个完整的周期长度内的产量增加。

4.国际收支平衡

国际收支平衡通常是指国际收支自发项目的平衡。国际收支中有两类不同性质的交易，一类是自发性交易，如商品、劳务的进出口、单方面转移等，它们都是客观上已经发生并列入各有关项目内，不能随意增减的。由于这类交易是自发进行的，因此经常项目出现差额（顺差或逆差），会造成国际收支“缺口”。为了弥补缺口，保持国际收支平衡，就要进行第二类交易——调整性交易，即设法引起短期资本和储备资产的移动。显然，调整性交易是为了人为达到国际收支平衡的目的，真正的国际收支平衡是指自发性交易项目的平衡。

二、宏观经济调节的手段

经过第二次世界大战后半个多世纪的实践，发达国家建立了比较健全的国家宏观经济调控体系，其手段也日益全面，功能日益强化，对现代西方市场经济的运行和发展产生了重大影响。

1.制度调节

所谓制度调节，就是从所有制关系上进行调节，通过对企业进行国有化和非国有化的途径进行调节。不论是国有化还是非国有化，制度调节作为西方国家调节社会经济生活的一种重要手段，发挥了如下的作用：一是维护和促进社会经济的稳定运行；二是为社会经济发展提供技术条件、基础条件和社会稳定条件；三是引导私人投资，开发落后地区。

第二次世界大战后，从20世纪50年代到80年代初，西方发达国家特别是西欧国家，都曾实行过企业国有化政策，或通过国家投资建立国有企业，使国有经济有了相当大的发展。20世纪80年代初，发达国家国有经济的平均规模占国民生产总值的10%左右，其中美国和日本比重较低，只占2%~5%；西欧国家国有经济发展规模较大。20世纪80年代以来，在西方国家又出现了企业私有化的浪潮，许多国家将国有企业股份的大部分或一部分出售给了私人，使国有经济的比重大为下降。例如，20世纪70年代末英国国有经济曾占国内生产总值的15%左右，而到90年代初只占了不到5%。国有化与私有化作为国家调节的手段，在发达国家交替运用，恰恰表明发达国家利用国有经济调节经济生活的政策更为有效和灵活。

2.政策调节

政策调节是发达国家调节经济的主要形式。第二次世界大战后，发达国家对经济的政策性调节有了进一步发展，但由于各国社会经济状况不同，经济运行机制也存在差异，因而各国所采取的政策重点亦有区别。总的来说，第二次世界大战后发达国家调节经济运行的主要政策可以概括为四类，即财政政策、货币政策、收入政策和产业政策。

（1）财政政策

财政政策是指利用财政支出政策和财政收入政策，直接影响某些经济总量来消除通货紧缩缺口或通货膨胀缺口，以达到需求管理目标。财政支出政策的主要措施包括调整政府采购、转移支付和国家直接投资等。增加政府支出，可以刺激总需求，从而增加国民收入；反之则压抑总需求，减少国民收入。财政收入政策主要是通过改变税率来达到调节经济的目的。增加政府税收，可以抑制总需求从而减少国民收入；反之，则刺激总需求，增加国民收入。

（2）货币政策

货币政策是通过中央银行对货币供应量和利率进行管理和调节，进而影响社会总需求变动，其主要的政策手段包括调整法定存款准备率、调整中央银行贴现率、公开市场业务和“择类控制”。法定存款准备率是银行法规定的银行准备金对银行存款的比率，中央银行可以通过降低准备率来扩大货币供应量，刺激经济增长；也可以通过提高准备率来抑制经济过热。中央银行的贴现率是中央银行对商业银行申请票据再贴现时所规定的利率。贴现率提高会抬高利率，紧缩信贷；反之便会产生放松信贷的效果。公开市场业务是指中央银行在公开市场上买卖政府债券。当经济衰退时，中央银行在公开市场买进政府债券，商业银行就会得到同中央银行买进的债券等值的存款，使货币供应量增加，利率下降，刺激经济复苏；相反，当经济增长过快、通货膨胀率上升时，中央银行则出售政府债券，减少货币供应量，收缩总需求。“择类控制”是指对信贷资金流向和利率水平的一种特殊管制，发达国家往往通过择类选择的政策手段来控制银行资金的用途，调节特定企业融资成本，以达到扶植某些产业或企业的目的。2008年金融危机以来，美联储不断推出量化宽松政策，引起全球高度关注。量化宽松（Quantitative Easing，QE）主要是指中央银行在实行零利率或近似零利率政策后，通过购买国债等中长期债券，增加基础货币供给，向市场注入大量流动性资金的干预方式。

（3）收入政策

收入政策是政府为了影响或控制价格、货币工资和其他收入的增长率而采取的财政金融政策，其主要手段包括：对工资和物价实行管制，企业和工会不经政府同意不得提高工资和产品价格；对工资和物价实行指导，由政府规定工资和物价的指导指标，指令企业和工会参照执行；对企业和工会进行“道德规劝”和“协商恳谈”，劝说企业和工会自动限制价格和工资的上涨。

（4）产业政策

产业政策是指国家通过对产业间的资源分配和特定产业内的产业组织的调节，对本国经济运行施以影响。产业政策的核心是产业结构政策和产业组织政策。产业结构政策是为纠正市场经济对资源配置的盲目性，实现产业间资源的合理配置，由政府制定的一定时期内要达到的产业结构的理想目标，以及为实现这一目标而采取的各种措施。例如，对重点产业的扶植和保护政策以及对长期萧条、衰退产业的调整、援助政策。产业组织政策是政府为了保证资源有效配置和公众利益，指导和干预企业行为和产业市场结构，调整企业关系而制定的产业政策。产业组织政策包括互相配套的两方面政策：一是鼓励竞争、限制垄断的市场秩序政策，一般被称为反垄断政策；二是鼓励规模经济、防止过度竞争的政策，即产业合理化政策。

3.经济计划化

经济计划化是指发达国家制定的一定时期的社会经济发展目标和政策措施。通过这些计划的实施，对社会经济运行进行综合性的调节。第二次世界大战后，发达国家所制定和实施的经济计划主要有两类，即长期计划和短期计划。长期经济计划一般以4~5年为一期，主要是对国民经济进行预测性、方向性和结构性调节的综合性计划。第二次世界大战后，日本和法国都先后实行了这种长期经济计划。短期经济计划是国家根据当时国内外经济形势，规定为期一年左右的经济计划，以调节当时的经济运行。综观西方国家的计划调节，尽管各国在计划调节的具体范围、程度和手段上各有不同，但有以下三个共同特征：①计划调节的主要对象是私人企业，因而计划调节的实施以不损害私人垄断企业的利益为前提；②计划并不是统一的、企业必须执行的计划，计划本身是预测性、指导性的，其主要作用在于向企业传递经济信息，计划调节的实施主要依靠市场机制来实现，因而从一定意义上说，西方国家计划调节的手段比计划本身更重要；③在计划调节过程中，有一整套经济手段予以配合，使企业在各种经济杠杆的调节下趋向计划目标，从而达到国家计划调节与企业行为的协调与一致，并有一套较为严密的法律体系予以配合，特别是涉及协调社会各阶层的经济利益时，往往较多地运用行政、法律等手段。

4.社会调节

社会调节是指由政府出面采取一系列政策措施，缓和社会各阶级和各阶层之间的各种社会矛盾和社会紧张关系，为经济发展创造和确保稳定的社会条件。第二次世界大战后发达国家的社会调节主要是通过推行管理“民主化”和“社会福利制度”来调节两个关系，即雇主与雇员之间的关系和“富者”与“贫者”之间的关系。

第二次世界大战后，特别是从20世纪60年代开始，在政府的干预下，西方国家的企业普遍实行了所谓民主管理，即吸收职工参与企业的部分决策、监督与管理。其主要形式是通过设立工人代表制，实行“共同决定权”。所谓“共同决定权”，是指让雇员参与企业的管理，与雇主一道就企业经营中的一些问题共同做出决策。与此同时，发达国家特别是欧洲国家广泛确立并推行了“社会福利制度”。社会福利名目繁多，各国的具体项目和规定也有很大差别，并且在不同时期也有所变化。从总体上看，可归纳为以下三类：

（1）社会保险

由国家举办的社会保险，是指在投保者就业期间，按其应课税年薪的一定比例向国家缴纳社会保险税并构成独立的社会保险基金，用于投保者因规定的原因丧失收入后，向投保者及其家属提供一部分补偿收入和服务，以保障和维护他们的生活。社会保险是“社会福利制度”中最核心、最重要的部分。

（2）社会照顾

在西方国家，社会照顾的对象是那些不是由于个人原因而受到损失的人，一般地说，他们的损失由国家来承担。例如，在联邦德国，由于第二次世界大战中有许多人遭受了重大损失，政府通过对其他人征收“负担平衡税”予以部分补偿。

（3）福利补贴

凡符合规定条件的公民，不论参加社会保险与否都可以得到这种补贴。福利补贴一般有两种情况：一种是不以个人经济状况为转移的普遍性的公共福利补贴，主要是在医疗、教育和抚养子女等方面的国家补贴；另一种是只为贫困者和贫困家庭提供的救济性补贴。

第四节　发达国家的市场经济运行模式

尽管发达国家经济都是建立在私有制基础上的资本主义市场经济，但在其各自的经济发展过程中形成了各具特色的经济运行模式。根据国家干预和调节经济的方式、范围和手段的不同，可将发达国家的经济运行模式划分为三种：以美国为代表的自由市场经济模式、以德国为代表的社会市场经济模式和以日本为代表的政府主导型经济模式。

一、美国的自由市场经济模式

这种模式起源于亚当·斯密的“自由放任”思想，以美国和英国为典型代表。其基本特征是：以私有制为基础，以自由企业经营为主体，以政府的宏观调控为辅助手段，政府尽量让市场机制发挥作用，充分鼓励自由竞争，依法对企业经营活动进行必要的监管。

1.政府的宏观调控

相对于欧洲和日本，美国政府对经济的管制较弱。美国政府没有采取过大规模的国有化，也没有通过经济计划的方法来引导或指导经济发展，而主要是利用财政政策和货币政策等手段对经济进行间接调控。

（1）宏观需求管理

第二次世界大战后，美国政府以凯恩斯主义经济理论为依据，将宏观调控的重心放在总需求上，即通过调节社会总需求来影响国民收入、就业和物价等总量水平，从而实现增加总需求、充分就业和经济增长的目标。这种管理模式又被称为“宏观需求管理模式”。宏观需求管理通常从两方面展开：一方面通过增加政府支出来刺激消费和投资；另一方面通过鼓励私人消费和投资来刺激经济增长。20世纪50年代，宏观需求管理曾对美国经济的快速增长起到了非常重要的作用，但这种忽略供给的宏观调控方式也为美国经济运行埋下了隐患，如供给方面易受经济波动的冲击、过热时产生巨大的通胀压力、萧条时形成较长时间的低迷等。20世纪70年代“滞胀”后，美国政府已经意识到仅靠宏观需求管理已不足以使美国经济摆脱困境，于是从20世纪80年代开始，美国政府的宏观调控转向调节总供给和总需求相结合，同时关注和解决结构性问题。

（2）为自由经济创造条件

美国政府直接经营并向全社会提供的基础设施和公共服务主要包括：道路、机场、城市供水供电、邮政、教育、环保、图书馆、博物馆、国防、治安、消防、大学实验室拨款等。税务、工商管理等政府职能部门定期发布统计公告，如《总统经济报告》《联邦储备公报》等，使私人企业及时掌握国内外经济活动的最新信息和政府决策的动态。为了保护公平竞争，美国早在1890年就颁布了著名的《谢尔曼法》，其中规定“任何从事垄断，或企图从事垄断，或与他人联合或共谋以垄断州际贸易或对外贸易的任何部分者，都构成重罪”。根据此法，在大垄断公司的垄断程度过高时，政府便通过法律手段将其分解为若干个公司，削弱其垄断力量。

（3）推行社会保障制度

为了保障市场经济的稳定运行，美国政府实行了一整套的社会保障制度，包括社会保险、社会福利、社会救济三个部分。通过社会保障制度对老年人、贫困者、残疾人等给予救济和补助，对劳动者普遍实行了社会保险计划，使大多数人拥有医疗保险、退休保险等。社会福利保障制度加强了社会的稳定性，特别是在市场处于萧条和衰退阶段时，可以使失业者能够维持生计；当市场繁荣时，又能够保持足够的劳动力供应。尽管美国政府对收入分配和社会保障的调节作用较以前有了很大的发展，但与欧洲国家相比，美国政府在这方面的调节作用仍然较弱。

2.微观经济运行

（1）私人垄断企业

美国经济有别于其他国家的显著特征是：经济的私人垄断程度高，大多数工业部门被为数不多的大企业所支配。第二次世界大战后，美国生产的集中和垄断程度较第二次世界大战前大为提高，私人垄断不仅打破了部门和行业的限制进行跨部门经营，而且已经打破国家界限进行跨国经营。20世纪70年代以来，私人垄断资本的集中过程进一步加快。1977年最大的500家工业公司的销售额已突破1万亿美元大关，相当于美国国民生产总值的一半。近年来，美国私人垄断资本实力虽然有所下降，但仍是其他国家难以相比的。2008年世界50强企业中，美国有17家企业上榜，在前十强中美国占了5席。

（2）自由企业制度

美国的自由市场经济模式充分体现在“自由企业制度”上。作为美国经济活动主体的私营企业，以个体业主制、合伙制、公司制等组织形式，独立而自由地从事多种行业的生产经营活动，为整个社会提供各种各样的商品和服务。自由企业制度的核心是私人财产所有制，私人财产受法律保护。在美国，每个人都有权创办和经营企业，企业的经营方向、产品和服务的定价以及生产经营的规模，均由企业自行决策，自负盈亏，严重亏损的企业可依法申请破产。当然，自由企业制度不排除政府对企业的管理，但这种管理不是对企业内部事务进行直接干预，而是通过法律保护企业和个人合法权益。

（3）股东资本主义

在美国企业中，股东对企业管理有很大的发言权，股东对公司管理层施压，要求利润最大化，经营管理人员的年薪视利润多少而定。股东出钱、企业家和经理出脑力、工人出劳力，三者平等结合。其中，美国企业筹措资金侧重于发行股票和债券，众多的私营企业依靠庞大多变的证券市场生存。美国金融市场发育较成熟，大多数居民手中都持有股票和债券，表现出较强的风险意识，追求获得丰厚的分红收益。美国证券公司种类很多，股票价格的升降反映企业经营的好坏，推动企业必须追求经济效益。由于以上的特征，美国的经济运行模式又被称为“股东资本主义”。

二、德国的社会市场经济模式

这种模式以德国、法国和瑞典为代表，其主要特征是自由竞争与政府控制并存、经济杠杆与政府引导并用、经济增长与社会福利并重。该模式追求的目标是：创造高利润、利益分配平衡和较高的收入水平。

1.政府的有限干预

在国家和市场的问题上，德国社会市场经济的原则是国家尽可能少干预或只给予有限干预。德国政府通常不提出经济高速增长的目标，更不通过产量、投资和消费来控制经济的发展。政府的主要职能是保证自由竞争和社会均衡。社会均衡包括两个方面：一是通过政府的干预和调节实现经济的均衡发展；二是通过经济政策和社会政策的均衡，实现社会的公平和公正。国家有限干预的目的是在一定程度上克服完全自由竞争所产生的消极作用，为市场运作规定总的框架。德国政府对经济的有限干预体现在以下三个方面：

（1）稳定的货币政策

与美国的宏观需求管理不同，德国政府干预经济的重心在于追求货币的稳定。德国甚至把通货的稳定作为公民权利，这是因为20世纪20年代和第二次世界大战期间，德国曾两次遭受恶性通货膨胀，第二次世界大战后德国民众迫切希望在物价稳定的环境下生产和生活。保持币值的稳定，控制通货膨胀是德国中央银行的首要职责。为了确保货币政策的连续性，德国中央银行对政府享有其他国家少见的独立性，政府不能对该行发布指示，政府的领导人可以参加中央银行理事会的会议，但没有表决权。历届德国政府都把通货的稳定作为其经济政策的核心内容之一，即便是在1974—1981年的发达国家经济滞胀时期，德国的通货膨胀率也只有4.9%，远远低于美国的9.4%和英国的15.4%。

（2）有效的竞争秩序

有效的竞争秩序是社会市场经济的核心。竞争秩序包括两个内容：一是公开的市场；二是价格的自由协定。竞争秩序不会由市场自行贯彻，必须由法律的原则加以保护。德国的《反对限制竞争法》《反不正当竞争法》《折扣法》等法令使社会市场经济中的垄断行为受到约束，竞争秩序相对稳定。

（3）完善的社会保障体系

社会市场经济在强调效率的同时，也重视社会平衡与社会进步。在德国，社会公平作为一项制度原则得到较充分的体现。通过财富分配促进社会人人公平，人人享有社会保障。德国有庞大的社会保障制度，几乎所有的社会成员都享有社会保障方面的福利。同时，德国政府非常注重职业培训和就业指导等社会服务。据统计，德国青少年在接受免费的9年教育后继续升学深造的只占8%，绝大多数是经过职业训练而就业的。按照德国职业培训法的规定，凡15~18岁的青少年在工厂学徒期间均须每周接受10~16小时的职业学校培训，其费用由政府拨给。有效的职业培训对提高德国的劳动生产率有着重要的促进作用。

2.微观经济运行

社会市场经济体系中，市场供给活动的主角仍是私人企业，国有企业在市场中也占有重要地位。企业组织的法律形式主要有三种：个人业主制企业、合伙制企业和公司制企业。公司的股权结构以法人持股为主。公司内部的组织管理实行"双层治理结构"，即包括董事会和监事会，公司经营和监督的责任被分别授予董事会和监事会，董事会对日常事务负责，监事会主要负责任命和监督董事会。企业实行"共同决策制度"，由职工代表参加公司的监事会，直接以监事的身份参与公司重大问题的决策。这种制度有效地缓和了劳资双方的矛盾，使劳动者在收入再分配方面有一定的发言权，也体现了社会的公平公正。

在德国，银行与企业的关系密切，银行对企业大力支持，以股东和放款人的双重身份对企业实行监督。银行在吸收居民存款和对企业放款中发挥关键作用，而股票、债券市场，社会集资方面比较薄弱，因而又被称为"银行资本主义"。

三、日本的政府主导型经济模式

这种模式以日本为典型代表。基本特征是政府运用严厉的规则要求企业遵守市场规则，利用利益机制诱导企业行为，使用经济计划和产业政策引导企业的发展方向，通过有效的官民协作来实现政府规划的经济发展目标。这是一种国家指导的高速增长体系，许多后发型国家在追赶发达国家时都采取了这种较为有效的经济运行模式。

1.政府对经济的导向作用

在政府主导型经济模式下，政府具有制订社会经济计划和经济政策的决策权。国家干预和市场机制能够协调统一，既发挥私人企业的活力又实行各种行政限制。

（1）经济计划和产业政策

政府主导型经济模式有别于美国、德国模式的突出表现是，政府通过产业政策和经济计划指导经济活动。

日本的产业政策是世界公认的最为系统、成功的产业政策。其侧重点是干预资源在产业间的配置与实现产业结构转换的目标。在第二次世界大战后恢复时期，以煤、钢这两种产业为优先发展产业，带动整个工业和国民经济的恢复与发展。20世纪50年代初，日本提出以结构调整和资源合理配置为目标的产业合理化政策。20世纪50年代后期，制定了以培育出口产品和经济起飞为目标的产业振兴政策。在高速增长期，则提出产业结构高级化的政策体系。石油危机后，日本政府大力鼓励发展节能技术和高技术产品，将资本密集型的"工业化结构"转换成技术和知识密集型的"后工业化结构"。1982年以来，由于日元升值和贸易摩擦，日本政府开始采取结构调整措施，实行"内需扩大主导型"战略。

日本政府还根据市场规律，以强有力的经济计划来协调经济运行。经济计划的形式包括：中长期经济计划、年度经济计划和国土开发、地区开发计划等。计划的内容有主要发展目标、达到目标的基本政策和方针、经济增长速度、国民收入的增长速度等。日本政府的经济计划基本上是诱导型的，这种计划在很大程度上是宏观经济预测，计划的宗旨是指明经济的走向，表明政府的政策主张，向企业提供可靠的信息，协调各方的利益关系，统一各界的认识，引导企业的投资方向。

（2）财政政策和金融政策

日本政府对于经济的宏观调控，也依靠财政和金融两大政策手段，只是调控的具体方式和侧重点不同于美、德等国。日本的财政政策主要包括：税收政策，体现为增减所得税和租税特别措施；支出政策，主要体现为对财政支出的增减；公债政策，指政府为了扩大有效需求而增加财政支出时，将发行公债作为资金的主要来源；有偿性财政资金，是政府以信用方式集中，并以有偿方式加以运用的特殊形式的财政资金。

日本在第二次世界大战后重建并逐步完善的金融体制，是一种典型的政策金融体制。这种体制使金融成为政府对经济进行宏观调控的重要手段，主要内容包括：①“窗口指导”。它是日本银行根据当时的经济情况，对民间金融机构每季度的贷款增加额给予指导和告诫，以此来调节银行信用的总量。②官定利率。它是日本银行为商业银行办理抵押贷款或未到期票据再贴现时规定的利率。③公开市场业务。

2.独具特色的企业制度

企业制度是日本经济保持活力的一个重要因素。其特色在于：

（1）垂直型企业群体结构

日本企业形成了以大企业（母企业）为顶点，中坚企业（一般为子企业）为骨干，广大中小企业为基础的“垂直型”企业群体结构。日本企业之间竞争激烈，同时它们之间也很重视合作关系，尤其在国际市场上是“竞争加合作”的关系。

（2）法人资本主义

日本企业强调集体作用、集体决策，一般先自下而上提出经营管理中的问题，然后请有关人员参加讨论，再由经理阶层集体做出决策。日本企业股东作为企业的所有者，对企业经营的影响很弱，只提供资本，董事会作用不大，实际管理公司的是经理阶层，他们在企业中拥有至高无上的权力，因此又被称为“法人资本主义”。

（3）相互持股

日本企业与银行集团关系密切，企业筹集资金主要依靠储蓄和银行。企业与银行通过复杂的互相持股网联系在一起，公司管理者受到保护，从而使其能够不受股东影响进行长线投资。日本模式侧重企业利益，主要目标是最大限度地占有市场份额和获得尽量多的利润。

（4）终身雇佣制和年功序列制

日本大企业普遍实行终身雇佣制，小企业的固定工也很少被解雇。年功序列制就是不按能力而按年龄、学历、本厂工龄支付工资或晋级的制度。这两种制度使职工与企业建立起一种长久稳定的关系，每一个职工都要为企业的生存和发展而奋斗。

【案例分析】

日本“失去的三十年”?

“失去的三十年”的说法，来自于日本，最初的说法是“失去的十年”，泛指20世纪80年代中后期到90年代日本经济持续萧条的十年。之后，日本经济没能走出低谷，长期维持着低速甚至是负增长，直到三十年后的今天，也没有起色，于是就有了“失去的三十年”。日本经济陷入停滞的直接原因是20世纪80年代后期的房地产和股市泡沫破灭。1985年广场协议签订后，日元大幅升值，为了缓解日元升值的压力，日本央行实行了错误的货币政策，不断降低利率和贴现率，导致货币超量发行，超量的货币流入房地产和股市，使房地产和股市价格暴涨。日本政府意识到房地产和股市均已出现了巨大泡沫，便出台多轮金融紧缩政策，股市和楼市在价格高位被突然打压，走向崩盘。股市、楼市的崩盘，带来一系列恶性的连锁反应：先是日本居民的私人财富大幅缩水，接着以土地作抵押贷款的企业由于土地价格暴跌而财务恶化，大量破产。与此同时，房地产价格的下跌和企业的破产又引发之前为企业提供融资的金融机构接连破产，银行坏账激增。此时的日本政府为了挽救危机又不得不采取逆周期的扩张政策，这直接导致日本政府债台高筑。政府、企业和居民的高额负债使日本陷入了长期的通货紧缩状态。除了经济泡沫破灭这一直接原因外，日本陷入经济停滞还有一个更加深远的原因，便是日本的老龄化、少子化问题导致的社会负担加重，青壮年劳动力短缺，消费动力长期不足。此外，曾经称霸世界的日本制造业在这二十年间逐渐丧失了竞争力，原因之一是日本的劳动力市场过于僵化，终身雇佣制对于正式员工的保护过度，不利于人力资本流动和良性竞争，导致社会不平等问题加剧，进而阻碍了产业结构调整。经过日本政府和国民的艰苦努力，2002年日本经济终于挣脱了长期萧条。从2002年2月至2008年2月，日本经历了长达73个月的第二次世界大战后最长的经济复苏期。虽然持续时间很长，但经济增长率始终徘徊在2%左右。2008年受全球性金融危机的影响，日本经济急剧恶化，2008—2009年连续出现负增长，日本经济陷入第二次世界大战以来最严重的衰退。2011年和2014年日本经济仍出现负增长，其后缓步复苏。IMF相关数据显示，2016年至2018年，日本经济增长率分别为0.61%、1.94%和0.81%，2019年约为0.89%，仍处于经济的缓慢复苏期。

“失去的三十年”的说法仍存在一定争议，尽管GDP增速放缓甚至停滞，但日本目前仍是全球第三大经济体，日本民众享受着高质量的生活水准，日本在IT、自动化、汽车等方面仍然具有领先全球的技术优势。

资料来源　世界银行数据库（https：//data.worldbank.org.cn）。

案例思考题：

1.试分析日本过去三十年的经济历程给中国的启示。

2.试分析终身雇佣制和年功序列制的优缺点。

四、三大市场经济模式的比较

以上三种市场经济模式都是典型的现代市场经济模式。其共同特征包括：第一，市场机制在资源配置中起基础性作用。以私有制为基础，鼓励自由竞争，在保证市场机制的前提下，政府对经济运行进行适度干预和调节。第二，都重视经济增长、充分就业和通货稳定；都追求经济效益和社会公平的平衡；都以财政政策和货币政策作为调节经济的基本手段。由于各种因素的制约，各国的经济模式也各具特色，其主要区别见表8-1。

表8-1　三大市场经济模式的比较

代表国家	基本理念	政府的角色	干预经济的重心	企业特征	干预经济的目标
美国	自由市场	弱 市场主体	需求	私人垄断企业 自由企业制度 股东资本主义	刺激经济增长
德国	社会市场	社会公平 自由竞争	通货的稳定	双层治理结构 共同决策制度 银行资本主义	实现经济稳定和社会公平
日本	政府主导	经济导向	产业和金融	相互持股 终身雇佣制 年功序列制 法人资本主义	优化资源配置 赶超其他发达国家

本章小结

第二次世界大战结束后的半个多世纪，发达国家的经济发展大体经历了五个阶段：经济恢复期、经济高速增长期、经济滞胀时期、经济调整和缓慢增长时期以及新经济时期。21世纪初，随着美国长达10年的高速增长期的结束，发达国家进入新一轮的周期性衰退期，但这次衰退仅仅持续了不到一年的时间。此后，发达国家步入低幅、缓慢的复苏轨道，直到2007年美国次贷危机引发全球金融风暴为止。第二次世界大战后，几乎所有的发达国家都加强了国家对经济的调节和干预。在经济发展过程中，发达国家逐渐形成了三种典型的市场经济运行模式，分别是以美国为代表的自由市场经济模式、以德国为代表的社会市场经济模式和以日本为代表的政府主导型经济模式。

关键术语

滞胀　新经济　次贷危机　自由市场经济模式　社会市场经济模式　政府主导型经济模式　充分就业　产业政策

复习思考题

1.第二次世界大战后发达国家的经济发展经历了哪几个阶段？各个阶段有哪些主要特点？

2. 简述发达国家20世纪70年代经济滞胀的主要成因。

3. 简述新经济的实质及成因。

4. 当前制约发达国家经济复苏的因素有哪些？

5. 发达国家宏观经济调控常用的手段有哪些？

6. 阐述发达国家的不同市场经济模式的异同点。

相关数据资料

G7经济发展情况（1980—2019部分年份）

国别	项目	单位	1980	1990	2000	2010	2015	2016	2017	2018	2019
加拿大	GDP	亿美元	2 760	5 961	7 446	16 173	15 565	15 300	16 499	17 125	17 309
	GDP增长	%	2.16	0.16	5.18	3.09	0.69	1.11	2.98	1.88	1.55
	人均GDP	美元	11 280	21 571	24 296	47 627	43 626	42 439	45 217	46 290	46 212
法国	GDP	亿美元	7 022	12 724	13 662	26 473	24 394	24 722	25 917	27 801	27 070
	GDP增长	%	1.81	2.92	3.92	1.95	1.11	1.10	2.26	1.73	1.25
	人均GDP	美元	13 069	22 490	23 212	42 178	37 937	38 348	40 108	42 953	41 760
德国	GDP	亿美元	8 537	15 986	19 488	34 024	33 622	34 681	36 645	39 513	38 633
	GDP增长	%	1.27	5.72	2.91	4.19	1.74	2.23	2.47	1.52	0.54
	人均GDP	美元	11 109	20 249	23 924	42 379	41 159	42 115	44 333	47 662	46 563
意大利	GDP	亿美元	4 827	11 710	11 451	21 288	18 332	18 699	19 507	20 758	19 886
	GDP增长	%	3.10	1.98	3.71	1.69	0.92	1.12	1.68	0.86	0.01
	人均GDP	美元	8 560	20 654	20 116	35 655	30 153	30 823	32 195	34 320	32 946
日本	GDP	亿美元	11 053	31 328	48 875	57 001	43 894	49 266	48 597	49 717	51 544
	GDP增长	%	3.18	4.89	2.78	4.19	1.22	0.61	1.94	0.81	0.89
	人均GDP	美元	9 466	25 379	38 535	44 673	34 568	38 804	38 342	39 303	40 846
英国	GDP	亿美元	6 046	11 910	16 513	24 553	28 970	26 691	26 400	28 288	27 435
	GDP增长	%	-2.03	0.74	3.45	1.71	2.35	1.79	1.82	1.40	1.24
	人均GDP	美元	10 734	20 808	28 043	39 122	44 494	40 657	39 976	42 579	41 030
美国	GDP	亿美元	28 573	59 631	102 523	149 920	182 247	187 150	195 194	205 802	214 394
	GDP增长	%	-0.26	1.89	4.13	2.56	2.91	1.64	2.37	2.93	2.35
	人均GDP	美元	12 552	23 847	36 317	48 402	56 787	57 901	59 999	62 868	65 111

注：2019年数据为IMF专家估计值。

资料来源　IMF World Economic Outlook数据库（2019年10月）。

第九章

发展中国家经济

学习目标

了解发展中国家的类型、基本经济特征和经济发展战略以及发展中国家第二次世界大战后的经济发展状况，重点掌握新兴工业化经济体的发展模式。本章的难点是发展中国家经济绩效迥异的原因。

发展中国家是指那些过去长期遭受发达国家殖民统治和剥削，现已获得政治独立，但经济发展水平相对落后，面临着经济发展问题的国家。世界上发展中国家有140多个，大多分布在亚洲、非洲和拉丁美洲的广大地区。第二次世界大战后，发展中国家致力于发展民族经济，经济实力迅速增强，成为世界经济的重要组成部分，不仅推动了世界经济的发展，也改变了世界经济力量的对比。

第一节　发展中国家的类型和经济特征

一、发展中国家的类型

发展中国家数量众多，经济发展水平存在着巨大差异。根据各国的经济发展战略和经济发展特点不同，可以将发展中国家分为原料和初级产品生产国、石油输出国、新兴工业化经济体、综合发展型大国和最不发达国家五种类型。

1.原料和初级产品生产国

原料和初级产品生产国以农业或矿业为主导产业，以生产和出口单一的经济作物或矿产品作为外汇收入来源，换取本国必需的生产资料和生活资料。例如，科特迪瓦生产和出口咖啡可可，农业占国民经济的比重高达46%；刚果的黄金、钻石等有色金属矿业占其国民经济的33%。这类国家的出口收入和经济增长受制于国际市场原料和初级产品价格的波动。近年来，一些国家积极采取措施改变单一经济结构，生产和出口逐渐呈现多样化趋势，如泰国出口产品中，农矿初级产品所占比重从95%降到48%。

2.石油输出国

石油输出国是指以石油开采和石油加工业为主要生产部门、以石油及其产品出口为主要收入来源的发展中国家。这类国家有30多个，多集中在中东地区，如沙特阿拉伯、科威特、阿联酋、伊朗等。石油输出国的人均国民生产总值极高，有的居于世界前列，但其工业很不发达，是单一的石油出口型经济，其国民收入受国际石油价格的限制，经济结构不合理。20世纪80年代以来，石油输出国大力发展石油化工和其他工业，逐步形成了以石油开采和石油化工为主的生产体系。

3.新兴工业化经济体

新兴工业化经济体是指那些经济增长较快，经济发展水平较高，在工业化程度上已经接近发达国家的发展中国家和地区，包括拉美的巴西、墨西哥、阿根廷以及亚洲“四小龙”——新加坡、韩国、中国台湾和中国香港。这类国家或地区在大力引进外资、技术和管理经验的基础上，积极发展加工制造业，通过进出口贸易带动经济增长。新兴工业化经济体的经济发展得益于诸多因素，从国际环境看，发达国家的科技进步、资本的国际化、西方货币汇率的涨落等都为它们的经济发展提供了各种各样的机会；从其自身看，它们利用国际产业调整的机会，调整自己的产业结构，采取适合本国或本地区的经济发展战略，取得了令人瞩目的经济飞跃。但是，20世纪90年代以来，随着国际经济形势的变化，新兴工业化经济体自身的结构性问题逐渐暴露出来，主要问题是国民经济过于依赖海外市场和外部资金，容易受到国际市场需求波动和金融动荡的冲击。

4.综合发展型大国

综合发展型大国属于自然条件和社会条件都比较优越的发展中国家，一般自然资源比较丰富，劳动力充裕，并有着广阔的市场潜力，使其有条件建立完整的工业体系，依靠自己的优势全方位地发展经济。中国、巴西、印度和南非等少数发展中国家属于这一类型。近年来，这些国家的工业化速度加快，取得了惊人的经济发展成就（详见章后“相关数据资料”）。但由于人口众多、幅员辽阔、经济发展不平衡，这些国家的人均收入明显低于新兴工业化经济体。

【世界经济之窗】

金砖国家

传统的“金砖四国”是指巴西（Brazil）、俄罗斯（Russia）、印度（India）和中国（China）四国，因这四个国家的英文名称首字母组合而成的“BRICs”一词，其发音与英文中的“砖块”（Bricks）一词非常相似，故被称为“金砖四国”。“BRICs”一词最早由高盛证券公司首席经济学家吉姆·奥尼尔在2001年11月20日发表的一份题为《全球需要更好的经济之砖》（The World Needs Better Economic BRICs）中首次提出。2003年10月，该公司在题为《与BRICs一起梦想：通往2050年的道路》（Dreaming with BRICs：The Path to 2050）的全球经济报告中预言，BRICs将于2050年统领世界经济风骚。其中：巴西将于2025年取代意大利的经济位置，并于2031年超越法国；俄罗斯将于2027年超过英国，

2028年超越德国；中国可能会在2041年超过美国成为世界第一经济大国，印度可能在2032年超过日本；BRICs合计的GDP可能在2041年超过西方六大工业国（G7中除去加拿大），而“金砖四国”的经济规模在2001年还只相当于美、日、德、英、法、意6国的15%。到2050年，世界经济格局将会大洗牌，中国、美国、印度、日本、巴西和俄罗斯将成为全球新的六大经济体。高盛的这份经济报告，使中国、印度、俄罗斯、巴西四国作为发展中国家的领头羊受到世界更多的关注，由此“金砖四国”的称谓便风靡世界。2010年12月南非加入后，五国英文首字母缩写为“BRICS”，并改称为“金砖国家”。“金砖国家”国土面积占世界领土面积近30%，人口约占全球总人口的42%。2018年，五国经济总量约占世界经济总量的23.52%，贸易总额占16.28%，对世界经济增长贡献约为43%。

自2009年起，“金砖国家”每年都会举行政府首脑会议。2019年11月13日至14日，“金砖国家”领导人第十一次会晤在巴西巴西利亚举行，主题为“金砖国家：经济增长打造创新未来”。五国领导人就“金砖国家”合作及共同关心的重大国际问题深入交换意见，并发表了《巴西利亚宣言》。

近年来，金砖国家合作机制不断完善，已发展成为新兴市场和发展中国家在经济、金融等领域交流与对话的重要平台，在G7、G8主导的世界经济中，“金砖国家”让人们看到了正在崛起的另外一极。

5.最不发达国家

最不发达国家主要是指那些长期遭受发展障碍的低收入国家，特别是人力资源开发水平低和有严重结构性缺陷的国家。联合国《2018年最不发达国家报告》根据人均收入、人力资产以及经济脆弱性三个标准，确定了安哥拉、莫桑比克、坦桑尼亚、乌干达、孟加拉国和尼泊尔等47个“最不发达国家”。这些国家拥有超过10亿人口，占全球比重约13%，但GDP总和全球占比仅为1.3%，对外贸易总额全球占比仅为1.1%。最不发达国家经济单一，生产方式落后，无力抵御自然灾害的侵袭和人口的过快增长，每年需要用大量的出口收入甚至贷款来进口粮食。为帮助最不发达国家摆脱贫困，国际社会积极采取措施，包括减免债务、提供官方发展援助、帮助其发展贸易等。但是，由于最不发达国家所面临的外部经济条件没有明显改善，发达国家的援助指标和减轻债务负担的安排未能兑现，加之最不发达国家本身受国内政治动乱、武装冲突等不利因素影响，最不发达国家的贫困状况仍在恶化。

二、发展中国家的基本经济特征

数量众多的发展中国家经济发展的特点各有不同，但与发达市场经济国家相比，它们具备一些共同的基本特征。

1.生产力水平低下

绝大多数发展中国家过去长期遭受西方国家的殖民掠夺，经济基础薄弱，生产力发展的起点很低。获得民族独立后，虽然经济增长较快，但与发达国家相比，生产力水平仍然很低。尽管发展中国家拥有世界人口的3/4，世界土地总面积的60%，但仅拥有世界国民生产总值的30%。发展中国家的整体劳动效率仅为发达国家的1/20，发展中国家每一个农业劳动人口所生产的粮食只有发达国家相应产量的1/21。

发展中国家生产力水平低下的根本原因在于生产技术落后和劳动者文化素质低下。以农业为例，大多数发展中国家的农业生产仍以手工劳动为主，耕作技术落后，农业机械化程度远远低于发达国家。在科技人员数量和信息技术等方面，差距也很明显，发展中国家每百万人中科学家和工程师的数量只有发达国家的1/5左右。发展中国家的文盲率也明显高于发达国家。

2.产业结构落后

产业结构是指一个国家和地区所拥有的劳动力资源、固定资产及其他资源在各产业部门配置的比例关系，一般由两个指标来体现：一是价值指标，即在国民生产总值或国民收入中各部门产值所占比例；二是就业指标，即各产业部门就业人数占总就业人数的比例。从价值指标看，发展中国家经济中农业和初级产品产业所占比重较大，而制造业，特别是服务业所占比重小。据世界银行统计，到2003年，中低收入国家农业增加值占GDP比重为13%，制造业和服务业增加值比重为87%，而高收入国家这两个比值分别为2%和98%。从工业发展看，除少数几个发展中国家有比较完整的工业体系外，大多数国家的工业主要还是以农矿原料为基础的加工工业。近年来，发展中国家高新技术产品出口增长较快。据联合国贸发会议统计，1994—2004年，发展中国家高新技术产品出口的增长幅度平均达到23.5%，明显超过发达国家10.8%的增幅。尽管如此，发展中国家的高新技术产业主要还是为西方跨国公司进行加工和装配的工序。从就业指标看，发展中国家就业分布从高到低分别是第一产业、第二产业和第三产业，发展中国家农业人口比重一般为50%~70%，而发达国家则低于10%。

3.经济形式单一

在殖民地时期，帝国主义国家为满足自己对廉价原料的需求，在殖民地大力推广种植少数品种的经济作物或者掠夺性地采掘当地富有的矿藏，使发展中国家逐渐形成畸形的单一经济。其主要表现是：一国大量生产某几种或一两种农矿原料产品，这类产品的生产占用全国相当多甚至大部分劳动力，出口在全国出口总额中占很大比例并成为国民收入的主要来源。例如，孟加拉国的黄麻及其制品占全国出口额的60%，赞比亚铜矿区的工人占全国产业工人的20%，铜出口额约占全国出口总额的90%以上。由于生产结构单一，这些国家常因国际市场贸易条件的恶化和农矿产品价格下降而影响经济的稳定和发展。许多发展中国家在独立后，都要求改变畸形发展的单一经济结构，但这种经济结构的改变，不是短期内所能完成的，对单一经济的依赖仍是发展中国家经济发展中存在的突出问题。

4.经济结构二元化

经济结构二元化是指在一个国家内，落后甚至原始的经济成分与先进甚至现代化的经济成分并存。前者分布在广大农村地区，以农业为主，生产规模小，工具简单，产品用于自我消费；后者多分布在城市，以工业为主，生产规模大，工具先进，采用现代生产技术和管理制度，劳动生产率和人均收入都较高，产品主要进入市场销售。二元经济结构是发展中国家经济发展的普遍现象。它的形成与发展中国家经济发展初期采取的不平衡发展战略有关。许多发展中国家在经济发展初期都实施了牺牲农业和农村，发展工业和城市的不平衡发展战略，这是在国力有限的情况下，为实现经济增长而做出的一种现实选择。不平衡发展战略带动了城市工业经济和整个国民经济的繁荣，同时也造成了农业对工业、乡村对城市的依附。

相对于传统农业经济，二元化的经济结构是一种进步。随着经济的发展和工业化的推进，二元经济必然要向一元化的现代化经济转化，即农业部门的劳动力不断被工业部门和服务业所吸收，传统农业变成现代农业。目前在发展中国家中，最不发达国家和多数中等收入国家的二元经济结构依然存在，而某些新兴工业化国家和地区正朝着经济结构一元化的方向转化。

5.人口和债务负担严重

爆炸性人口增长是发展中国家面临的严重问题。根据IMF的统计，2018年发展中国家人口总数高达63.9亿，而发达国家人口约为11亿，全球新增人口90%以上集中在发展中国家。今后几十年内，发展中国家的人口规模还将迅速增长，到2050年，发展中国家人口将达到约90亿。过快膨胀的人口，对发展中国家社会经济造成了诸多不利影响：一是赡养负担加重，导致消费膨胀，储蓄和投资减少，从而抑制了经济增长；二是人口增长过快使就业压力增加；三是人口增长抵消了经济增长，使人均实际福利水平提高缓慢，贫困阶层经济状况很难得到改善；四是人口增长过快引发粮食严重不足的困难。

此外，发展中国家发展民族经济需要大量资金。一国筹集资金的渠道主要包括自身积累、官方援助、西方银行贷款、引进外资等。绝大部分发展中国家的资金都来自于发达国家的官方援助和引进外资。尽管大量引进外资在一定程度上推动了经济的发展，但一些发展中国家政府对外资的使用缺乏监管，导致外资利用效率低下，加上20世纪70年代中期以来，发达国家采取贸易保护主义政策，使发展中国家出口收入减少，造成还本付息困难，债务明显增加。巨额债务成为发展中国家的沉重包袱，对其经济发展极为不利。

【案例分析】

中国二元经济结构的特殊性

中国作为一个发展中大国，二元经济结构是国民经济结构的基本特征。但中国的二元经济有别于传统的二元经济，尽管总体上体现为农业部门和现代城市部门并存的二元特性，但每一元中又分为两层：在城市表现为现代工业层次与传统工业层次并存；在农村表现的是传统农业层次和以乡镇企业为代表的现代农业层次并存，而且不同部门和不同层次之间呈现出刚性特征。这种特殊结构的二元经济被称为“转型双层二元刚性经济结构”。结构刚性表现在1952—2003年，经过50多年的发展，中国第一产业的产值比重从50.5%下降至14.6%，劳动力比重从83.5%下降至49.1%，但在此期间中国的二元对比系数却从20.3%减小至17.9%，二元经济结构不但没有消减，反而出现一定程度的强化。

中国的特殊二元经济结构形成的根本原因在于农业劳动力转移缓慢，就业转换严重滞后于产值转换。一方面，我国大量劳动力滞留在农业，造成农业生产的低效率，导致农民收入增长缓慢，城乡收入差距难以缩减；另一方面，如果我国农业发展受阻，则会导致国民经济发展失衡，从而牵制其他产业发展，造成经济运行不稳定，经济潜力难以最大限度地释放。

资料来源 侯风云，张凤兵. 不平衡发展与中国新型城乡二元经济［J］. 理论学刊，2006（11）；汪威毅. 中国二元经济结构的阶段特征及对传统理论的发展［J］. 福建论坛，2007（3）.

案例思考题：

1. 中国的特殊二元经济结构的形成是否有其必然性和合理性？

2. 改变中国二元经济结构的关键是什么？

第二节 发展中国家的经济发展战略

第二次世界大战后，发展中国家的民族解放运动风起云涌，延续几百年的殖民主义体系土崩瓦解。在获得民族独立后，发展中国家普遍面临着发展社会经济、提高国民福利、改造传统社会使其向现代化社会转变的任务。而要完成这些任务，关键就在于根据本国的具体情况，制定和实施适当的发展战略。

一、经济发展战略的类型

不同的发展中国家根据各自的国情、指导思想以及对国际经济环境的不同认识，采取了不同的经济发展战略。从主导产业发展方向、工业发展模式和政府在经济发展中所起的作用等角度出发，可将发展中国家的经济发展战略分为不同的类型。

1. 根据主导产业的发展方向来划分

根据主导产业的发展方向，可以把发展战略分为传统农业型、工业化类型、第三产业开发型等。由于传统农业本身的局限，发展中国家很少采用传统农业型发展战略。绝大部分发展中国家都将工业化作为经济发展的重要目标，采取了工业化发展战略。它又可分为资源开发型战略和资源加工型战略。资源开发型战略侧重于依靠自然资源优势，生产和出口资源产品，以此作为本国的经济支柱；而资源加工型战略更注重于通过发展本国的民族工业特别是制造业部门来调整原来落后的经济结构，实现国民经济的工业化和现代化。采取第三产业开发型战略的国家或者地区，通常自然资源和劳动力资源比较贫乏、不具备发展大规模制造业的条件，但在地理位置、环境等方面存在有利条件，如泰国、中国香港等。它们通过重点发展金融、旅游、转口贸易等服务业部门，事半功倍地实现经济发展目标。

2. 根据工业发展模式来划分

根据工业发展模式，可以把发展战略划分为进口替代型和出口导向型。进口替代战略是指一国采取各种措施限制某些外国工业品进口，促进国内有关工业品的生产，逐渐在国内市场上以本国产品替代进口品，为本国工业发展创造有利条件，实现工业化。出口导向战略是指国家采取各种措施促进面向出口的工业部门的发展，以非传统的出口产品来代替传统的初级产品出口，扩大对外贸易，使出口产品多样化，以推动工业和整个经济的发展。进口替代战略通常采取保护性贸易政策，实行比较严格的限制进口的措施，工业生产面向国内需求，因而又被称为内向型工业化战略；而出口导向战略通常选择相对自由的贸易政策，采取鼓励出口的措施，工业生产面向国际市场，是一种外向型的工业化战略。

3.根据政府在经济发展中所起的作用来划分

根据政府在经济发展中所起作用的不同，可以把发展战略划分为政府集权控制、政府主导下的市场经济和市场经济为主这三种类型。其主要区别在于政府在资源配置过程中所发挥的作用不同。一般说来，在经济发展初期，市场本身的发育不足和政府的赶超心态，往往促使发展中国家采取政府主导型的发展战略，政府对经济的干预作用较强。随着市场的发育和经济活动的日趋复杂化，政府干预成本将不断提高，其决策的及时性和正确性也更难以保证，处于这一阶段的发展中国家更有可能降低政府干预经济的强度，鼓励市场机制发挥更大作用。

二、发展中国家选择经济发展战略的依据

第二次世界大战后初期，发展中国家为维护经济主权，消除西方国家对本土经济的控制，普遍推行国有化和土地制度改革。在发展民族经济的过程中，除了那些资源充裕的国家采取了资源开发型战略之外，许多发展中国家都选择了政府主导型发展模式，并且实施了进口替代或出口导向的工业化发展战略。发展中国家之所以进行了这样的选择，既借鉴了其他国家经济实践的历史经验，也受到当时流行的经济理论的影响。

1.其他国家的经济实践

（1）发达国家的国有化

20世纪30年代的大萧条以后，许多发达国家接受凯恩斯主义的政策主张，对经济活动进行积极的政府干预，以刺激经济增长。第二次世界大战后初期，英国和法国等发达国家都曾出现了国有化浪潮，这对发达国家经济的快速恢复与重建起到了积极的推动作用。

（2）苏联的计划经济模式

苏联在斯大林执政时期形成了严格的计划经济体制，政府直接对经济活动实行全面的管制，计划经济体制可以在短期内高效率地将资源集中于重点建设的国民经济部门。这种体制使苏联的重工业迅速发展，成功地实现了工业化的目标，并在20世纪60年代一跃成为仅次于美国的全球第二大工业强国。

（3）美国、德国的贸易保护政策

美国和德国在早期的工业化发展过程中，都曾长时间实施严格的贸易保护政策，以此来限制进口，对本国的工业加以保护。从它们的实践经验看，贸易保护政策对于后进国家实现工业化确实可以起到重大的作用。

2.发展经济学理论

随着第二次世界大战后发展中国家纷纷独立，出现了一系列研究发展中国家经济发展的理论。这些理论对于发展中国家经济发展战略的制定和实施起到了一定的作用和影响。

（1）经济增长阶段学说

经济增长阶段学说出现在20世纪60年代，其代表人物是美国的经济历史学家华尔特·惠特曼·罗斯托。他在其著作《经济增长阶段》中指出，所有国家从不发达到发达的过渡都必须经过六个阶段，即传统社会阶段、起飞准备阶段、持续增长阶段、成熟阶段、高消费阶段和追求生活质量阶段。对于发展中国家来说，起飞准备阶段是最困难的，也是最重要的。罗斯托认为，经济起飞要具备三个条件：一是较高的积累比例。生产投资要占国民收入的10%以上，这是起飞的第一个先决条件。而增加积累的方式就是吸引更多的国内储蓄和外国资本。二是建立起飞的经济主导部门。经济主导部门通常是那些在国民经济中有着举足轻重的作用，本身有较高的增长率，技术先进、出口创汇能力强，并能带动其他部门增长的行业。三是制度上的改革。也就是要有一种为起飞创造条件的制度，改革体制上束缚经济发展的障碍，才能保证经济起飞。发展中国家也可以利用发达国家的先进技术、资金，以加速经济起飞的进程。

（2）中心-外围论

这一理论是阿根廷经济学家劳尔·普雷维什在分析拉美地区社会经济发展的基础上所提出的有关发展中国家经济发展的见解和主张。普雷维什认为，世界经济是建立在“中心”和“外围”的不合理的国际分工基础上的，“外围”的发展中国家经济是以服从“中心”的利益和牺牲自身的利益为特点的。这种关系使“中心”更加发展，而“外围”地区受其支配成为原料供应地。对此他提出发展中国家的贸易战略应是实行进口替代和适当的保护主义措施，改善贸易条件；建立出口替代工业，大力发展制成品出口，并有效地利用外资，加强发展中国家间的合作和区域性合作。普雷维什的理论对于发展中国家特别是拉美国家经济发展战略的选择产生了重要影响。

（3）依附论

这一理论是20世纪60年代后期形成的激进发展经济学理论。其代表人物有弗兰克（Andre Gunder Frank）、桑托斯（Don Santos）等。他们认为，发展中国家在国际经济关系中处于不平等的依附地位，这是其经济长期落后的主要原因。正是这种依附关系阻碍了发展中国家经济的发展，拉大了发展中国家和发达国家间的差距。经济学家们对此提出了一些政策主张：首先，发展中国家应改变经济的单一性结构，因为内部经济结构的不合理是其依附性产生的主要原因之一；其次，加强发展中国家之间的合作，建立新的国际经济秩序，并选择以本国资源为基础的自力更生的道路。

第三节　第二次世界大战后发展中国家的经济发展与改革

一、20世纪70年代末以前发展中国家的经济增长

20世纪50—70年代，发展中国家不仅取得了政治独立，而且在发展民族经济上都取得了不同程度的进步，其经济发展成就主要表现在以下三个方面：

1.经济增长较快

据世界银行统计，1960—1980年，发展中国家国内生产总值年平均增长率为6.0%，发展中国家的文化、教育、卫生、健康等指标都有所提高。工业特别是制造业的增长，成为这一时期许多发展中国家经济发展的主要推动力量。1950—1960年发展中国家制造业年均增长率为6.9%，1960—1970年上升为8.1%，超过了同期西方发达国家制造业的增长速度。

2.出口结构改善

据世界银行统计，1970年，发展中国家出口贸易总额只有550亿美元，到1980年增加到5 540亿美元，增加了9倍多。20世纪70年代后，由于制造品出口能力增强和石油的大幅度涨价，发展中国家的出口增速明显高于发达国家，在世界出口贸易中的比重从1970年的17.9%上升到1980年的28.1%。同时，发展中国家的出口商品结构也发生明显变化，初级产品所占比重下降，从1965年的78%降到1980年的48%，而制成品所占比重从20%提高到51%。

3.产业结构优化

虽然农业在发展中国家经济中仍占很大比重，但工业的增长快于农业。1965—1984年，在发展中国家的国内生产总值中，农业的比重由31%下降为21%，工矿业的比重由29%上升为37%，以服务业为中心的第三产业由40%上升为42%。与此同时，各产业部门的内部结构也发生了变化。在农业中，粮食的比重基本未变，经济作物的比重略有下降，畜牧业的比重略有上升。在工矿业中，采矿业的比重逐渐下降，制造业的比重有所上升。在制造业中，轻工业比重有所下降，重工业比重有所上升。不过，发展中国家原有工业基础一般比较落后，在制造业中，食品、纺织和石油提炼仍是三个最大的部门。在第三产业中，传统服务业的比重有所下降，咨询、信息等新兴服务业的比重有所上升。

二、20世纪80年代发展中国家的经济困境与调整

20世纪70年代末80年代初，发展中国家的生产、贸易、国际收支和经济生活等许多方面都出现了恶化的趋势，在世界经济中的地位明显下降，处境非常困难。

1.发展中国家面临的主要经济问题

(1) 经济增长速度放缓

1965—1974年发展中国家的国内生产总值年均增长率为6.2%，1975—1977年降为4.9%，1980—1983年降为1.3%。发展中国家各地区经济发展不平衡，东亚地区人均国民

生产总值增长率为6.3%；而拉美地区却出现负增长，为-0.5%；撒哈拉以南的非洲由于人口增长超过经济增长，人均国民生产总值年均增长率为-1.2%。

（2）通货膨胀加剧

20世纪70年代后半期，发展中国家的通货膨胀率一般都在25%以上，而拉美国家则高达40%左右。进入80年代以后，发展中国家的通货膨胀进一步加剧，1985—1988年发展中国家的通货膨胀率从47%上升到58%。拉美国家尤为严重，1985—1988年通货膨胀率从161%上升到213.8%。

（3）债务负担沉重

为了弥补资金的不足，发展中国家大举借债，80年代的债务总额不断增加。据世界银行统计，发展中国家的债务总额占货物和劳务出口的比率从1980年的134.4%提高到1989年的191.7%；债务还本付息总额占货物和劳务出口的比率从1980年的21.8%提高到1989年的22.4%；为偿还债务本息，发展中国家1980—1989年共支付13 393亿美元。由于借债远远超过其经济能力，导致政府的财政赤字增加，工业生产停滞。1982年，墨西哥、巴西等重债国宣布无力偿付到期债务，引发大规模的债务危机。

（4）贸易环境恶化

20世纪80年代，发展中国家的贸易环境恶化表现在两个方面：一是初级产品价格下降。据IMF统计，发展中国家出口的初级产品价格总指数在1980—1989年下降10.4%，许多产品价格跌幅达50%以上。二是贸易保护主义盛行。发达国家对发展中国家加强了贸易保护，特别是对纺织品和服装实行歧视性的进口配额制，使发展中国家出口收入锐减，阻碍其经济发展。贸易环境的恶化使发展中国家的出口贸易在世界贸易中的地位严重下降，国际收支经常项目逆差不断扩大。

2.发展中国家经济恶化的原因

发展中国家经济恶化的原因是多方面的，既有外部原因，也有内部原因。

（1）外部原因

发展中国家的经济发展严重依赖于发达国家市场，但20世纪70年代，发达国家陷入经济滞胀，80年代初又再次发生金融危机，发达国家商品市场和资本市场的动荡使发展中国家面临的外部经济环境恶化。美国的高利率政策也加重了发展中国家的债务负担。

（2）内部原因

经过多年的实践，多数发展中国家采取的政府导向型战略和进口替代战略已经出现了一些结构性的和深层次的弊端，使它们没有能力应付外来的冲击，外部冲击激化了经济内部存在的矛盾。这是发展中国家经济恶化的根本原因。这些弊端主要表现在：企业的国有化引起大量外资抽逃，使得原本资金短缺的一些国家陷入更加困难的境地；人为的贸易保护措施使制造业效率低下，缺乏竞争力；盲目举借外债，进行长期大型工程项目建设，使外债的投资效率低下；重视工矿业，忽视农业，不注重国民经济的均衡发展；片面追求经济增长，忽视收入的合理分配和社会问题的解决，大多数民众的生活没有得到改善。

3.发展中国家的经济调整

发展中国家的经济恶化，促使其对经济发展战略、经济体制及产业结构进行调整和改革。改革的目的是从根本上解决在外部冲击下暴露出来的经济内部的种种结构性缺陷和弊端。

（1）调整经济发展战略

面对严峻的经济形势，发展中国家开始强调从本国国情出发调整经济发展战略，由单纯追求经济增长速度转向注重经济的均衡发展，在将工业化作为发展方向的同时，以人为中心实现公平分配，促进社会经济综合发展。实行从内向型经济向外向型经济的转变，加强对国际市场的参与。除东亚的新兴工业化经济体早已实施外向型战略外，其他地区的发展中国家也先后实行了贸易自由化改革。智利在1974—1975年取消了进口品的数量限制，墨西哥取消了3/4以上的进口许可证限制，关税平均降低了约一半。

（2）优化产业结构

发展中国家过去片面强调工业化，忽视农业发展，使工农业比例失调，经济结构比较脆弱。20世纪80年代以后，发展中国家采取相应政策措施调整产业结构，发展多样化经济，促进各部门的均衡发展。一些新兴工业化经济体为提高本国产品的国际竞争力，加强技术改造、人才开发和产品升级换代，特别是加强以电子计算机为核心的新型产业的发展。石油生产国在发展石油开采、冶炼的同时，加强石化工业，并积极发展基础工业和消费品工业。

（3）推行国有企业的私有化

私有化可以减少政府对经济的过度干预，充分发挥市场机制的作用。20世纪80年代，拉丁美洲的一些国家掀起了私有化的浪潮。1985年巴西决定出售47家国有企业，到1991年，墨西哥已有2/3的国有企业进行了私有化；墨西哥把21家国有企业出售给私人，并在短期内关闭、出售、合并或转让430余家国有企业；阿根廷宣布拍卖400家国有企业。

（4）放松商品价格管制

价格放开能够刺激短缺商品的生产，稳定市场供求。以越南为例，越南曾是一个大米净进口国，20世纪80年代后期放松了农产品价格的管制，到1989年越南成为仅次于美国和泰国的世界第三大大米出口国。

（5）金融自由化改革

20世纪70年代中期，阿根廷、智利等国实行了激进的金融改革，取消对利率和资本流动的限制，取消指导性信贷计划，开放资本账户。但由于这些国家的宏观经济状况并不稳定，金融改革导致利率攀升，本币大幅升值，通货膨胀加剧，引发金融体系的动荡。与此相反，东亚的许多发展中国家采取了渐进式的改革。韩国于1982年放弃了优惠放款利率，但直到1997年金融危机后才进行了更为彻底的金融改革。印度尼西亚1983年开始放松金融管制，但直到1988年，中央银行才允许商业银行在规定的上下限内自定大部分存放款利率。尽管渐进式的改革没有引起重大的经济动荡，但其进展有限，改革不彻底。

三、20世纪90年代发展中国家的经济恢复

发展中国家经过一系列的政策改革与调整，经济逐渐从停滞衰退中恢复过来。发展中国家的经济恢复主要表现在以下三个方面：

1.经济持续增长

尽管在20世纪90年代中期受亚洲金融危机和墨西哥金融危机的影响，亚洲和拉美国家的经济增长率曾有所放缓，但整个90年代发展中国家经济出现了稳定增长的势头。从不同地区看，亚洲经济增长势头强劲，在90年代上半期一直以高于发达国家两倍以上的速度在发展；拉美经济在整个90年代的年均增长率高达3.3%，大大高于80年代的1%；非洲在90年代初一度呈下降趋势，到1994年开始回升，1994—1999年非洲国家的平均经济增长率为4%。

2.通货膨胀有所缓解

在经济增长的同时，发展中国家的通货膨胀率普遍下降，从1995年的32.8%降低到1999年的9.8%，特别是拉美国家的恶性通货膨胀基本得到控制，由1993年的888%、1994年的1 120%，逐步下降到1995年的25%、1996年的18%，1997年更降到10%左右，是近50年以来的最低点。非洲的通货膨胀率也有所下降，从1995年的21%降到1996年的20%。东亚国家的通货膨胀率也都保持在10%以内。

3.贸易状况改善

发展中国家在国际贸易中所占的份额逐步提高，在世界贸易中所占的比重从20世纪80年代的20%上升到1990年的23.5%和2003年的近30%。发展中国家逐渐成为世界贸易增长的主要动力。从地区来看，拉美国家在1995年、1996年连续两年国际收支保持顺差；亚洲虽然出口增长速度在1996年低于前两年的水平，但出口增长率仍达到7%；由于1996年国际市场石油价格上升，非洲的石油输出国出口收入显著增加。

四、21世纪以来的发展中国家经济

进入21世纪以后，发展中国家的总体经济形势大好，许多国家的人均GDP增长率都超过了发达国家。根据联合国贸发会议的报告，2003—2007年发展中国家的人均GDP增长了近30%，而7个最发达国家的人均GDP仅增加了10%。2007年全球143个发展中国家中，只有10个国家的人均实际收入有所减少，其余133个发展中国家的人均GDP都普遍提高。其中，增长最快的是中国和印度，经济增长率分别为11.4%和9.0%。发展中国家经济的稳定增长得益于世界经济形势的好转，2003—2007年，世界经济增长率一直保持在4%以上。世界经济形势的好转有利于发展中国家扩大出口，1998—2006年发展中国家的对外出口翻了一倍，这对发展中国家缓解财政困难十分有利。此外，中国和印度的需求增加也是带动发展中国家经济快速发展的强劲动力。随着两国经济的高速增长，它们对于原油、铁矿石和有色金属等原材料的需求大幅增加，中东产油国、部分拉美和非洲国家的出口也随之扩大。

2007年下半年以来，美国的次贷危机在短短一年的时间里，迅速演变成一场全球性

的金融危机。由于发展中国家金融体制不完善，一些国家过早地推行金融自由化以及发展中国家普遍缺乏应对严重金融危机的经验，此次危机也对发展中国家的经济造成严重冲击，主要表现在以下四个方面：

1.经济增长明显放缓

由于受到国际金融危机的冲击，以出口为导向的发展中国家的增长速度明显放缓。根据国际货币基金组织在2011年9月发布的《世界经济展望》，2009年新兴和发展中经济体的经济增长率仅为2.8%，远低于2008年的6.1%；亚洲发展中经济体的情况略好于其他发展中经济体，但也从2008年的7.7%降至7.2%；中东和北非、撒哈拉以南非洲的经济增长率分别降至2.6%和2.8%；拉丁美洲和加勒比地区的情况最为糟糕，经济增长率为-1.7%，巴西和墨西哥也都出现负增长，分别为-0.6%和-6.2%。

2.外来投资大幅下滑

全球经济动荡导致流入发展中国家的资金减少，一些发达国家的金融机构为了维持自身生存，需提高资本充足率以备不时之需，也会收回流入发展中国家的资金。据世界银行统计，发展中国家的私人资本净流入量从2007年的1.2万亿美元降至2008年的7 070亿美元。

3.对外贸易严重萎缩

发达国家进入经济衰退期，对产品的需求减少，使得发展中国家出口减少。据世界银行的统计，发展中国家2009年一季度的出口额与上年同期相比下滑幅度超过20%。出口的下降导致发展中国家的外汇储备减少，削弱其购买国外商品、技术、劳务的能力，进而阻碍发展中国家缩小与发达国家的差距，使发展中国家在更长的时间内受制于发达国家。

4.就业情况恶化

金融危机使发展中国家的就业情况严重恶化，进而导致大量贫困人口出现。据联合国的统计，在东亚和南亚地区，分别有约5 600万和8 000万人由于失业而面临贫困；在非洲这一数字在1 200万到1 600万之间；在拉美和加勒比地区新增贫困人口的数量可能达到4 000万。据世行统计，因为这场危机，全球极度贫困人口（每天生活开支不足1.25美元）增加了5 500万到9 000万。

面对金融危机造成的严重影响，发展中国家积极采取措施，如推行较为宽松的货币政策来鼓励投资；刺激国内的个人消费，依靠内需拉动经济复苏；加强与发达国家的经济合作；深化南南合作等。国际社会也更加关注金融危机对发展中国家造成的损害，并纷纷伸出援助之手。世界银行承诺自2009年起3年的时间里，为发展中国家增加高达1 000亿美元的援助贷款，用于支持预算严重不足的国家并对维持复苏和长期发展所依赖的长期投资提供帮助；欧盟在2009年提前支付43亿欧元的援助款，帮助发展中国家克服经济危机，并且承诺到2010年官方发展援助总额将从2008年的490亿欧元升至690亿欧元。

近年来，新兴市场和发展中经济体经济增长强劲，成为推动世界经济增长的重要力量。根据国际货币基金组织的统计，2015—2018年，新兴和发展中经济体经济增长率依次为4.3%、4.4%、4.8%、4.5%，而同期发达国家的经济增长率仅为2.1%、1.7%、2.4%、2.2%。新兴经济体在世界经济中的地位和作用不断提升。2010年，中国取代日本成为仅次于美国的世界第二大经济体。在世界经济论坛公布的全球竞争力排名中，中国的表现越来越出色，从2004年的第46位跃升至2018年的第28位，南非、墨西哥、印度、巴西等发展中经济体的排名都有所上升。随着新兴市场经济体的崛起，世界经济格局正朝着相对均衡化和多极化的方向演进。

第四节 新兴工业化经济体的发展模式

"新兴工业化经济体"是指亚洲"四小龙"、东盟国家及拉美的巴西、墨西哥、阿根廷、智利等国家。20世纪60年代以来，这些国家的制造品生产和出口迅速增加，人均国民生产总值已接近发达国家水平，被认为是新兴工业化经济的代表。新兴工业化经济体的迅速崛起是20世纪世界经济中最为引人瞩目的变化之一。

一、新兴工业化经济体的基本特征

1.经济增长时间长、速度快

从20世纪三四十年代起，拉美的巴西、墨西哥、阿根廷开始了为期40~50年之久的进口替代工业化，经济获得高速增长，到20世纪80年代前的40年时间内年均经济增长率高达8%~10%。经过20世纪80年代的债务危机和经济改革，进入90年代后，这些国家的经济进入适度增长时期，1990—1997年的年均经济增长率达到3.5%左右，仍高于2%的世界平均增长率。

亚洲"四小龙"的经济从20世纪60年代起先后步入起飞阶段，60年代到70年代的平均经济增长率达到9%左右。1980—1988年，面对世界性经济危机的冲击，亚洲"四小龙"仍保持着年均6%~9%的经济增长率。进入20世纪90年代后，亚洲"四小龙"经济发展的总体速度略有降低，但还是明显高于其他发展中国家和地区。

2.出口贸易增长迅速

20世纪60年代后，亚洲"四小龙"相继由内向型经济转向外向型经济，并实行与之相适应的出口导向战略，出口贸易增长迅速。1965—1973年，中国香港和新加坡的出口贸易年均增长率在11%以上，中国台湾为33%，韩国为32%；1973—1983年受到石油危机的影响，它们的出口贸易增长速度有所下降，但仍高于世界其他国家和地区。1983年以后，出口贸易强劲增长的势头持续不减。随着出口贸易的增长，其对经济发展的积极影响与日俱增，以至成为带动经济发展的火车头。

拉美国家在20世纪80年代之后开始重视发展对外贸易，出口贸易有长足的发展。以墨西哥为例，1982年起墨西哥把扩大出口作为推动经济增长的中心环节，至1992年，其出口量已从1980年世界第35位跃升到第20位，1990—1993年的出口增长率平均达15.5%，大大超过7.5%的世界平均增长率。

3.产业结构不断升级

新兴工业化经济体的工业，特别是制造业在国内生产总值中所占的比重都较高，各国在工业化进程中一直致力于产业结构的调整，产业结构日趋完善。亚洲“四小龙”的产业结构升级大体经历了三个阶段：20世纪70年代以劳动密集型产业为主；80年代中期开始，由劳动密集型产业转向资本和技术密集型产业；进入90年代由中等资本和技术密集型向知识技术密集型方向发展，重点发展高附加值的新型产业和第三产业，尤其是国际金融及商业服务业。亚洲“四小龙”能根据需要及时调整产业结构，比拉美国家经济具有更强的适应能力和应变能力。

4.广泛参与国际经济活动

新兴工业化经济体以制成品生产为基础，主动参与国际分工，通过进出口贸易、资金的国际融通等方式与世界各国广泛联系。由于资源贫乏、市场狭小，亚洲“四小龙”非常重视同世界各国的经贸往来，其国民收入的50%以上都是通过对外贸易来实现的。拉美国家虽然有广阔的市场和丰富的自然资源，但也重视同世界各国间的经济联系。无论是亚洲“四小龙”还是拉美国家，它们以往的贸易对象主要是以美国为主的发达国家。20世纪90年代后，新兴工业化经济体重视加强同广大发展中国家的经贸关系，以改变长期严重依赖于发达国家的局面，并取得了日益明显的效果。

二、新兴工业化经济体的经济发展模式

1.东亚模式

东亚的新兴工业化经济体在相近的历史传统和文化背景下，形成了致力于经济发展的“强政府”模式。这种模式通过政府对经济的较大力度的干预，实现经济的赶超和跳跃式发展。其基本特征如下：

（1）政府的选择性干预

在经济发展初期，东亚经济体普遍存在着市场失灵的问题，如市场短缺，市场规模扩大受到抑制，市场机制无法正常运作等。在这样的条件下，需要依靠政府强制扭曲某些市场价格及其资源配置，对特定部门进行积极的扶植和干预。以韩国为例，20世纪60年代政府鼓励企业生产并出口劳动密集型产品；70年代，鼓励大型企业转向钢铁冶炼、造船、电子、化工等产业，并加速工业集中化的趋势。印度尼西亚、马来西亚和泰国政府也都广泛干预信贷市场，并对重点扶植产业执行倾斜性的激励政策。

（2）实行出口导向战略

东亚经济体实行典型的出口导向战略，将出口导向产业作为主导产业加以大力发展，对外贸易采取“加工组装型”模式。它们利用有利的地理条件和廉价而充足的劳动力资源，利用第二次世界大战后科技革命和世界经济大发展的有利形势，积极发展面向出口的加工制造业，并通过对外贸易的发展带动整个国民经济的增长。政府对出口战略部门从资金、税收、设备、原材料和技术进口等方面给予支持和扶植；建立工业基地和出口加工区；根据世界经济的发展变化趋势，不断优化出口工业结构。

（3）实行低税率政策

实行低税率的优惠政策是东亚经济体对外资制定的最具吸引力的措施。中国香港长期以来实行低税率政策，在亚洲地区属税率最低的地区；新加坡则是仅次于中国香港的低税率国家；韩国对外国投资企业在所得税、法人税、财产税方面实行“免五减三”的待遇。低税率政策给投资者带来较高的利润，使亚洲“四小龙”成为全球最具投资吸引力的地区之一。1975—1985年，中国香港的资本市场年均回报率达19.3%，居于世界首位；新加坡为18.3%，列世界第二。而同一时期，美、法、英则分别为6.3%、6.0%和7.5%。

（4）充分发挥金融货币政策的作用

由于亚洲“四小龙”的贸易依存度较高，物价和汇率的稳定直接关系到经济的正常运行。因此，金融货币政策的一个重要方面就是稳定汇率，严格控制货币的发行量，抑制通货膨胀。亚洲“四小龙”主要是借助于金融货币手段间接控制通货膨胀，包括：严格控制货币发行；根据资金需求实行浮动利率；控制信贷规模等措施。这些金融货币政策对稳定经济、抑制通货膨胀发挥了重要作用。韩国曾是东亚地区通胀最高的国家，1973—1979年，年均通胀率高达18%，但该国通过控制货币发行、提高利率、管制公共事业费和冻结物价等措施，到1983年后将消费物价上涨率降到一位数。

（5）重视公共政策

东亚各国政府非常重视基础设施、教育等公共产品的提供，强调通过政策调整收入分配，建立相对合理的收入结构。以教育为例，东亚经济体普遍重视人才培养，教育投资比重都较大，用于初等、中等教育的比重又比高等教育大。通过大力发展初、中等教育来培养熟练的劳动力，提高劳动生产率，并为其迅速吸收外来技术以及提高自身技术开发能力奠定了人力基础。

2.拉美模式

拉美的新兴工业化经济体自然资源丰富，人口众多，经济起步较早，形成了与亚洲“四小龙”不同的经济发展模式。

（1）制订经济计划，实施扩张性经济政策

拉美政府也对经济进行积极的干预，但更侧重于通过制订经济计划、实施扩张性经济政策来刺激需求。为实施进口替代战略，重构经济管理体制，实行了一系列国有化和市场化措施，包括建立国有企业；提高关税，限制进口；实施国家外汇管理制度；将农产品出口收入投资到工业部门；在财政、税收、外汇等方面给私营企业各种优惠。与东亚经济体相比，拉美的政府管理、执行政策的能力较弱，没有足够的力量与有效的手段维持政治环境和宏观经济环境的稳定，财政赤字和通货膨胀问题未能得到有效控制。

（2）实行进口替代战略

从20世纪30年代到80年代初，拉美国家曾长期推行典型的进口替代战略。这是拉美新兴工业国经济发展中最为重要的阶段。在此时期它们强调进口替代的升级，从一般消费品的进口替代转向耐用消费品的进口替代，从轻工业品的进口替代转向部分重工业品的进口替代。实施进口替代经济发展战略，对拉美经济体实现自主工业化，改变在殖民地时期形成的单一的经济结构，发展民族经济起到了积极作用。但是这种促进作用因进口替代战略本身的弊病而难以长期持续。其弊病主要有两个方面：一是进口替代阶段的工业化是在国家高度保护下发展的，进口替代产品的出口竞争能力较弱，而大量工业原材料和中间产品又要依靠进口，影响国际收支平衡；二是进口替代阶段把经济发展的基点仅仅放在本国有限的人力、物力和财力上，无法积极参与国际经济活动，丧失了利用外部条件发展本国经济的可能性。1982年债务危机之后，拉美大多数国家不得不调整发展战略，实施市场化、私有化、自由化的经济改革，奉行以非传统产品为基础的出口导向发展模式。

（3）借债增长型经济

为保持经济的高速增长，拉美一些国家提出“债务发展”模式，即鼓励国内银行通过举借外债为各种投资项目融通资金，以实现国家工业的现代化。20世纪70年代，巴西、墨西哥、阿根廷等国都采用了这一模式。拉美国家借债发展模式的特点是：外债远远超过外国直接投资，后者仅占借债数额的4%~20%；官方贷款少，商业贷款的比例超过一半，而商业贷款期限短且利率高；拉美很多国家的债务中，公共债务占很大比例。由此可见，拉美国家的举债风险较大，再加上很多国家对债务管理较差，外债利用效率低，借债发展战略造成拉美的外债迅速膨胀，外债负担急剧上升，偿还能力发生问题。据拉美经委会统计，1975年拉美外债总额为780多亿美元，到1982年迅速增至3 080多亿美元；1980年，拉美地区的偿债率（即当年的还本付息额占商品和劳务出口的比例）达到37%，远高于国际公认的警戒线（20%）。

【案例分析】

从“拉美奇迹”到“拉美陷阱”

“拉美奇迹”起始于20世纪50年代，当时拉美各国大力推进现代化，普遍实行进口替代战略，经济增长迅速。1950—1980年，拉美地区经济年均增长5.6%。1980年拉美人均GDP达2 288美元，居发展中国家前列。拉美主要国家离高收入国家只有一步之遥，其发展成就令世界瞩目，被称为“拉美奇迹”。

进入20世纪80年代，以“债务危机”为标志性事件，拉美各国出现了持续的社会动荡和政局不稳，严重的经济危机和外债危机使拉美国家经济增长速度急速下滑，80年代拉美地区GDP年均增长率仅为1.2%，人均GDP则是负增长0.9%；90年代这两个数据分别为3.2%、1.4%。“债务危机”后的30多年时间里拉美地区社会分化日趋严重，发展能力不断下降，拉美各国仍徘徊在发展中国家行列，离高收入国家的一步之遥历经30多年始终没有跨过，这就是“拉美陷阱”，又被称为“中等收入陷阱”。“拉美陷阱”主要表现为：产业缺乏创新能力；社会收入分配不公，贫富分化严重；过度城市化造成城市贫困现象和环境恶化；过多吸收利用外资，外资依赖度高。

21世纪以来，2003—2008年，在初级产品出口繁荣等因素推动下，拉美国家的经济终于扭转了自债务危机以来的长期低迷局面，经历了一个扩张期，年均增速达到4.8%。

2009年受国际金融危机冲击，拉美经济出现负增长（-1.2%），但在反周期政策刺激下2010年即强劲复苏，增速达到6.1%。自2011年起，拉美经济又转入持续下行态势，2011—2016年持续6年经济增速下滑。总体来看，拉美地区2000—2016年的GDP年平均增长率为2.8%，远低于同期其他55个新兴经济体（增长率4.8%，不包括中国）。拉美国家经济下滑的主要原因有：过度依赖资源；教育质量低下，创新能力不足；贫富分化严重，社会矛盾突出；经济结构性失衡日益凸显；产业结构调整的延误等。2017—2018年，得益于国际原材料价格上涨以及政治趋于缓和等因素，拉美国家经济出现复苏，经济增长率分别达到1.2%和1.0%。

案例思考题：

1.拉美国家经济发展战略的主要失误在哪里？

2.拉美经济发展模式对中国有何启示？

本章小结

发展中国家是指那些过去长期遭受发达国家殖民统治和剥削，现已获得政治独立，但经济发展水平相对落后，面临着经济发展问题的国家。按照经济发展战略和经济发展特点的不同，可以分为原料和初级产品生产国、石油输出国、新兴工业化经济体、综合发展型大国和最不发达国家五种类型。尽管类型不同，但与发达市场经济国家相比，发展中国家经济具备一些共同的基本特征，包括生产力水平低下、产业结构落后、经济形式单一及经济结构二元化。第二次世界大战后，不同类型的发展中国家选择了不同的经济发展战略，也取得了令人瞩目的经济发展成就。其中，新兴工业化经济体的表现尤为突出，它们的经济发展模式被概括为“东亚模式”和“拉美模式”。

关键术语

经济结构二元化　进口替代战略　出口导向战略　中心-外围论　新兴工业化经济体　东亚模式　拉美模式

复习思考题

1.发展中国家有哪些基本特征，其主要类型有哪些？

2.怎样认识发展中国家经济发展战略的变化趋势？

3.第二次世界大战后，发展中国家的经济发展经历了怎样的过程？

4.阐述“东亚模式”与“拉美模式”的区别和联系。

相关数据资料

金砖国家经济发展情况（1980—2019部分年份）

国别	项目	单位	1980	1990	2000	2010	2015	2016	2017	2018	2019
中国	GDP	亿美元	3 053	3 986	12 149	60 663	112 261	112 218	120 622	133 680	141 401
	GDP增长	%	7.91	3.89	8.53	10.56	6.90	6.73	6.76	6.57	6.14
	人均GDP	美元	309	348	958	4 524	8 166	8 115	8 677	9 580	10 099
俄罗斯	GDP	亿美元	n/a	n/a	2 784	16 357	13 568	12 805	15 792	16 572	16 378
	GDP增长	%	n/a	n/a	10.05	4.50	−2.31	0.33	1.63	2.26	1.08
	人均GDP	美元	n/a	n/a	1 903	11 446	9 261	8 722	10 750	11 289	11 162
印度	GDP	亿美元	1 894	3 266	4 766	17 085	21 036	22 898	26 523	27 187	29 356
	GDP增长	%	5.28	5.53	3.98	10.26	7.99	8.17	7.17	6.81	6.12
	人均GDP	美元	276	385	462	1 422	1 639	1 761	2014	2 037	2 171
巴西	GDP	亿美元	1 458	4 552	6 554	22 076	17 999	17 954	20 528	18 678	18 470
	GDP增长	%	9.19	−4.17	4.38	7.55	−3.55	−3.31	1.06	1.11	0.88
	人均GDP	美元	1 229	3 105	3 771	11 327	8 846	8 751	9 926	8 959	8 797
南非	GDP	亿美元	830	1 155	1 365	3 753	3 176	2 963	3 494	3 681	3 588
	GDP增长	%	6.62	−0.32	4.16	3.04	1.19	0.40	1.42	0.79	0.66
	人均GDP	美元	2，854	3 140	3 039	7 312	5 732	5 267	6 120	6 354	6 100

注：2019年数据为IMF专家估计值。

资料来源　IMF World Economic Outlook 数据库（2019年10月）。

20世纪70—80年代发展中国家的债务情况

年份	总额（亿美元）	占GNP（%）	利率（%）	年份	总额（亿美元）	占GNP（%）	利率（%）
1970	841	18.0	5.3	1980	6 500	27.8	9.4
1971	989	19.3	5.7	1981	7 490	34.0	11.1
1972	1 164	20.3	5.8	1982	8 390	35.7	10.3
1973	1 421	20.1	6.4	1983	9 050	40.5	9.1
1974	1 846	20.7	6.4	1984	9 360	41.8	8.9
1975	2 217	21.1	6.9	1985	10 410	45.6	7.8
1976	2 713	23.7	7.0	1986	11 460	48.9	6.9
1977	3 908	30.4	6.9	1987	12 920	50.5	6.4
1978	4 847	32.2	7.8	1988	12 840	43.9	6.5
1979	5 736	32.0	9.2	1989	129 00	44.1	—

资料来源　世界银行。

第十章

转型国家经济

学习目标

了解和掌握经济转型的含义和经济转型的目标，转型国家所采取的不同转型模式及其特点，俄罗斯、东欧各国经济转型的内容及其效果，转型国家的经济发展状况与前景；重点掌握休克疗法的内容及其影响；难点是激进与渐进转型模式效果的比较及其启示。

第一节　转型经济概述

一、经济转型与转型经济

20世纪80年代末90年代初，随着苏联的解体和东欧的巨变，绝大多数原来实行中央计划经济的国家都相继开始向市场经济过渡，经济转型成为世界经济中一个新的潮流。在原有发达国家和发展中国家的划分上，又出现了一个新的国家类型——转型国家（Transit Economy）或转轨国家。

1.经济转型的含义

“转型”就是通过改变事物的结构而增加或减少事物功能的过程。经济转型一词根据研究对象与侧重点的不同，其内涵也有所不同。它可以指从较低层次的经济发展阶段向较高层次的经济发展阶段的转变过程，如从传统农业社会向现代工业社会的转型，也可以指经济制度的变化。根据本章的研究对象，经济转型在这里主要是指从传统的以计划手段配置资源的计划经济向以市场手段配置资源的市场经济的转变，是一种经济制度和经济运行机制的变革。

2.转型经济的含义

转型经济泛指20世纪80年代末90年代初开始从中央计划经济向“市场导向型经济”过渡的主要经济体，也称为“转轨经济”、“转型国家”或“转轨国家”。20世纪末，从计划经济向市场经济转型的国家有30多个，主要包括以波兰等国为代表的中东欧国家，以俄罗斯为代表的独联体国家和以中国为代表的几个亚洲国家。“转型经济”已经构成世界经济中的一个独特而重要的组成部分。

3.转型与改革的联系与区别

学术界对于改革与转型的内涵看法并不一致。原来实行计划经济的国家从20世纪50年代起就在不断对高度集中的计划经济体制进行改革。中国从20世纪70年代末开始启动从计划经济体制向市场经济体制过渡的进程，目前社会主义市场经济体制已基本确立，但在整个转变过程中一直都沿用“改革”一词，因此很多人将改革与转型看成是同一含义，都是从计划经济向市场经济的过渡。

也有的学者认为改革与转型不同，两者之间有着重大区别。其主要区别在于：改革的目标是改进和完善原有的计划经济体制，而不是从根本上改变这一体制；转型则意味着用市场经济体制替换原有的计划经济体制。前者是在原有体制下的量变过程，而后者是从旧体制转向新体制的质变过程。但两者都是对原有事物的一种改变，有一定的内在联系，改革可以为转型提供理论上的准备和实践经验与教训方面的借鉴。

二、经济转型的起点

根据上述定义，传统的计划经济体制是经济转型的逻辑起点。作为一种经济制度，传统的计划经济体制一般包括三个基本要素：生产资料的国家所有制、高度集权的政治体制和高度集中的经济管理体制。在这个体制下，国家所有制或者叫全民所有制居绝对主导地位，私人经济的发展受到扼制，经济决策权高度集中于中央计划当局手中，国家通过指令性计划和行政命令对经济活动进行调节，市场机制受到排斥。

传统计划经济体制的主要优点是可以集中人力、物力资源，在短时间内建立起国家的工业化基础，在一定时期内促进经济的快速增长。但这种体制不利于发挥微观经济主体的主动性和创造性，很容易造成经济结构的扭曲、社会生产与社会需求脱节、生活必需品短缺及资源配置效率低下，长期看不利于经济的可持续发展，甚至会造成经济的停滞。面对传统计划经济体制在其运行过程中所暴露出来的矛盾和问题，转型是一种必然选择。

三、经济转型的目标

转型是计划经济向市场经济的过渡，经济转型的目标就是建立起市场经济体制。但这种说法显然过于简单，亚当·斯密所倡导的纯粹的古典市场经济模式在现代经济生活中并不存在。第二次世界大战之后，几乎所有主要资本主义国家都发生了从自由竞争的市场经济向政府干预的市场经济的转变，是“看不见的手”与“看得见的手”相结合的“混合经济”。正如我们在第八章所看到的，世界各国的市场经济模式并不完全相同，如美国的自由市场经济模式、德国的社会市场经济模式以及日本的政府主导型市场经济模式等。因此，经济转型的目标实际上就是要从传统的计划经济体制过渡到一种符合本国国情的混合型市场经济模式。通过对国有企业的改造，改变单一的所有制结构，实现多种所有制形式并存，使企业成为独立的商品生产者；由传统计划经济条件下形成的行政机制转换成市场机制，使市场机制在实现社会资源优化配置方面起决定性作用；改变政府调控宏观经济的手段与方法，由直接的行政方法的调控改为间接的经济方法的调控；在形成与培育市场经济的同时，建立起完善的社会保障体系。

四、经济转型的方式

由于经济转型国家的历史文化背景、经济发展水平和转型之初所面对的条件不同，各转型国家所选择的转型方式也有所不同。按照速度标准划分，可以把转型的方式分为激进式转型和渐进式转型。

1.激进式转型

激进式转型是指在尽可能短的时间内进行尽可能多的改革，如尽快实行私有化，放开价格，实现货币自由兑换及取消经济控制等，一步实现从计划经济到市场经济的过渡。俄罗斯和波兰等中东欧国家均采取了激进式的转型，也被称为"休克疗法"，或"大爆炸"(Big Bang)。

休克疗法（Shock Therapy）本来是医学术语。美国哈佛大学教授杰弗里·萨克斯（Jeffrey Sachs）创造性地将其用于经济改革实践中，指通过实施财政货币紧缩政策，治理恶性通货膨胀的一系列严厉经济措施，后来成为计划经济国家实行的激进经济改革的纲领，指采取一步到位的激进方式实现从计划经济向市场经济的过渡。

在东欧和俄罗斯所实行的激进式转型的具体过程各有不同，但一般都具有以下特征：

（1）经济转型以新体制的形成为基本目标，忽略暂时的经济增长绩效。20世纪90年代初，采取激进式转型的国家普遍经历了破坏性极大的"阵痛期"，并伴随着大规模的经济衰退和生活水平的下降。

（2）经济转型与宪政转轨同时进行，平行推进。激进式的经济转型往往与政治制度的转轨同步进行，从根本上否定原有的社会制度。

（3）经济转型把稳定化、私有化和自由化作为主要政策目标，即稳定宏观经济、经济自由化和产权私有化。

【案例分析】

休克疗法在玻利维亚的经验

1985年，玻利维亚出现恶性通货膨胀，通胀率达25 000%，人民生活水平大幅度下降，人均国民收入下降了25%，财政收支出现大幅赤字，外债负担沉重，本币汇率动荡，经济秩序混乱。时任玻利维亚总统帕兹经济顾问的萨克斯针对玻利维亚出现的这些"病状"，为该国政府开出了克服经济危机的非常激进的"药方"：实行紧缩的财政政策，限制政府支出；实行紧缩的货币政策，通过货币贬值实现汇率稳定；取消价格管制，实行价格自由化；取消进出口限制，实行外贸自由化；改革公营部门和国有企业，实行私有化；重新安排债务和接受外援，缓和债务危机。由于这一系列措施具有强烈的冲击性，使整个经济和社会在短期内受到极大震荡，处于"休克"状态，因而被称为"休克疗法"。休克疗法在玻利维亚的最初实施，收到了令人难以置信的奇效。该疗法实施不到一周，恶性通货膨胀便得到了强有力的遏制，物价从暴涨趋于稳定。1987年，通货膨胀率从1985年的25 000%降至10.7%，国民经济通过短暂的下降也逐步回升，社会产出增长

2.3%，结束了连续7年的下降，首次实现了正增长，随后几年也都保持了2.5%左右的增长。同时，由于采取了有效措施，债务问题也得到了明显缓解，并最终使玻利维亚克服了严重的债务危机。玻利维亚发生的惊人变化，被世人称为“玻利维亚奇迹”，萨克斯本人也被誉为“国际金融界的金童”，“休克疗法”也由此享誉世界，备受世人瞩目。

资料来源　景维民，孙景宇. 转型经济学［M］. 北京：经济管理出版社，2008.

案例思考题：

1.休克疗法在玻利维亚取得成功的前提条件是什么？

2.休克疗法为什么不适合中国的改革？

2.渐进式转型

渐进式转型指通过部分的和分阶段的改革，在尽可能不引起社会震荡的前提下循序渐进地实现转型的目标，它注重的是转型的过程。中国和越南等国是采取渐进式转型的代表。与休克疗法不同，渐进式转型一般并没有一套事先设计好的完整的方案，转型进程并不是事先设计的结果，而是探索的产物。

渐进式转型一般具有以下特征：

（1）在转型过程中力求保持经济发展的连续性和社会的稳定性。把社会的稳定、生产力的发展和人民生活水平的提高作为转型的基本目标和改革是否成功的检验标准。

（2）转型采取循序渐进的方式，通过各种过渡性安排，最终走向市场经济体制。

（3）转型采取先经济，后社会，再政治的路径。如中国和越南在转型过程中都首先把注意力放在经济上，在上层建筑方面动作很小。在微观经济主体形成之后，社会结构出现了分化，然后才考虑启动社会管理体制的改革以及政治体制的改革。这是渐进式改革能够保证社会和政治稳定的基本条件。

激进或渐进，都只是手段与方式，激进与渐进也是相对的。激进的措施具有局部性与临时性的特点，即使是激进的改革也有渐进的性质。采取渐进式改革，在各个领域、不同时期，改革的速度也不都是一样的，向市场经济渐进式的过渡也不会拖得很长。不论采取哪种方式向市场经济过渡，过渡的主要内容是相同的。从传统的计划经济体制向市场经济体制过渡，不可能一蹴而就。经济稳定化和自由化可以以激进方式实现，而结构改革、制度安排与现存生产力的微观结构重组则必须是渐进的。纵观由计划经济体制向市场经济体制过渡的国家，其经济体制的转轨实质上都是一个渐进的过程。

第二节　俄罗斯的经济转型与发展

苏联是世界上第一个社会主义国家，最早构建了高度集中的计划经济管理体制，也称斯大林模式，并被第二次世界大战后建立起来的东欧和亚洲的社会主义国家所效仿。从20世纪50年代起，赫鲁晓夫在其执政期间曾对苏联的政治与经济体制改革进行了大胆的尝试，但没有取得成功。20世纪80年代末戈尔巴乔夫的改革最终导致了苏联的解体，从此，俄罗斯与其他独联体国家一道踏上了经济体制转型之路。

一、俄罗斯经济转型的背景

俄罗斯的经济转型并不是一个突发事件。事实上，从20世纪50年代起，苏联对传统经济体制的改革探索从未停止过。最早向苏联传统政治经济体制发起冲击的是赫鲁晓夫。1953年3月斯大林逝世，赫鲁晓夫把斯大林的继任者马林科夫赶下台，并开始在苏联实施"非斯大林化"。在他执政的10年里，他一直试图对传统体制进行全面的改革，并在政治体制改革、经济体制改革和农业管理体制改革等许多方面进行了大胆的尝试和有益的探索。但由于缺乏足够的思想理论准备，也没有对改革做出合理的总体设计，改革缺乏明确的目标，加上赫鲁晓夫本人工作作风上的缺陷，在其执政期间，苏联的改革进程往往是政策上前后矛盾，执行上有始无终，最后都没有取得成功。他的继任者勃列日涅夫执政达18年之久，虽然也一直进行改革的尝试，但没有任何实质性的突破，并造成了经济的长期停滞。

1985年3月戈尔巴乔夫上台担任苏联最高领导人，开始对苏联的经济体制和政治体制进行"根本性"的改革尝试。戈尔巴乔夫的改革以企业为基本环节，以提高计划的效果和发挥商品货币关系的作用为基本方向，以建立"完整、有效、灵活的管理体制"为目标。在企业的经济地位问题上，企业将从单纯的计划执行者变成相对独立的、自负盈亏的经济实体；在计划与市场的关系上，取消指令性计划；在国家与企业的关系上，企业的经营活动脱离对上级行政部门的依附关系；在国家管理经济的方法上，由行政手段改为经济手段，运用各种经济杠杆调节经济利益关系。这一改革在初期取得了一定效果，1985—1987年，苏联经济的各项指标均有所改善，国民生产总值年均增长3.9%，改变了勃列日涅夫时期的经济停滞局面。但由于在推行经济体制改革中，没有重视国民经济比例失调的问题，经济结构更加不合理，农业改革滞后，企业改革遇到困难，没能从根本上解决企业经营机制的转换问题，在1989年以后苏联陷入了改革与发展的双重困境之中。1990年出现了苏联历史上经济的首次负增长，重要产品减产，商品奇缺，消费品市场更加紧张，财政状况恶化。1989年苏联的通货膨胀率接近20%，导致人民生活水平下降。面对日益恶化的政治经济形势，苏联领导人认为，经济困难的原因主要是经济体制模式没有得到根本性的改变。在总结和吸取历次改革的经验和教训的基础上，决定从建立市场经济中寻求出路，并于1990年10月19日原则上通过了《稳定国民经济和向市场经济过渡的基本方针》，亦称《总统纲领》。但是，由于"8·19"事件的爆发导致苏联解体，上述纲领并未得到贯彻实施。

1991年8月19日，以副总统亚纳耶夫、总理帕夫洛夫、国防会议第一副主席巴克拉诺夫为首的8位领导人宣布成立国家紧急状态委员会，发表告苏联人民书，声称"国家面临致命的危险"，由戈尔巴乔夫发起的改革已经"陷入死胡同"，并宣布戈尔巴乔夫因健康原因不能履行总统职务，由以叶利钦为首的紧急状态委员会肩负起扭转祖国命运的责任。8月24日戈尔巴乔夫宣布辞去苏共中央总书记职务，苏共中央"自行解散"。同日，乌克兰率先宣告独立，其他加盟共和国纷纷效仿；12月8日，俄罗斯、白俄罗斯和乌克兰3国领导人签订“独立国家联合体协议”；12月21日，除格鲁吉亚外的11个国家签署了建立独立国家联合体协议议定书，苏联宣布解体，独联体各国也纷纷踏上了经济转型之路。

二、俄罗斯的经济转型

1.俄罗斯经济转型历程概述

俄罗斯经济转型大体上经历了三个阶段。

第一阶段（1992年1月—1994年3月）是市场浪漫主义时期，即实行所谓休克疗法。这一阶段的主要特点是大刀阔斧地实施经济自由化、私有化改革以及宏观经济稳定政策。俄政府希望借此在较短时间内实现经济稳定、市场供应改善、人民生活水平提高，实现向市场经济体制的过渡。从实际效果来看，“休克疗法”改革非但没有实现当初预想的目标，反而使原本严峻的经济形势更加恶化，造成了经济严重下滑和恶性通货膨胀，最高通胀率达到2 500%。

第二阶段（1994年3月—1999年12月）是经济调整和震荡时期，以切尔诺·梅尔金当选总理宣布放弃“休克疗法”为标志。第二阶段对“休克疗法”的经济自由主义思想进行了修正，开始重视凯恩斯主义的国家干预政策，加大了政府宏观调控的力度。政策调整止住了第一阶段的经济下滑和恶性通货膨胀，但是经济仍然处于萧条状态。1997年俄经济增长有些起色，但是1998年的金融危机扼杀了这一势头。由于经济改革的不力，波及了俄罗斯的政治稳定，在1998年3月到1999年8月不到18个月的时间里，叶利钦更换四任总理，俄政府在政治、经济上面临的压力由此可见一斑。

第三阶段（2000年1月—2008年）进入稳定与发展时期。从2000年初普京当选俄罗斯总统后，俄罗斯的经济转型从“激进”转为“渐进”，强调转型的可控性，转型的目标从自由市场经济体制转为混合经济体制。在普京的八年任期内，俄罗斯不但摆脱了转轨以来经济持续下滑的局面，实现了持续稳定的增长，使俄罗斯经济进入了一个新的发展阶段，“休克疗法”的后遗症也基本得到了“医治”。

2.俄罗斯激进改革方案的主要内容

苏联解体后，俄罗斯面临通货膨胀、财政危机、债台高筑等严重经济问题。鉴于“休克疗法”在玻利维亚所取得的成功，由激进民主派代表人物盖达尔等人主持的俄罗斯新政府聘请美国哈佛大学教授杰弗里·萨克斯为政府经济顾问，并在1992年初提出并开始实施以“休克疗法”为基础的内容庞杂的激进的经济改革方案。这一方案给“休克疗法”又赋予了新的内容。除了以强硬的紧缩性财政政策和货币政策控制赤字，抑制通胀，稳定宏观经济外，更主要的目标是以一步到位的方式迅速实现价格自由化和国有企业的私有化，尽快完成计划经济向市场经济的过渡，建立一个自由的市场经济体系。其基本思想是通过“休克”这种极端手段，尽快和尽可能彻底地打碎旧制度，迅速建立起他们所向往的资本主义制度。

俄罗斯激进改革方案的基本内容可概括为稳定化、私有化和自由化。

（1）稳定化

通过实行严格的紧缩性货币和财政政策，控制通货膨胀，减少政府预算赤字，稳定卢布，进而稳定整个宏观经济。

（2）私有化

1992年6月11日通过了《私有化纲领》以及一系列法令法规，通过出售和处理国有企业和国有资产，在1992年内要把20%~50%的国家财产私有化，在1995年之前使70%左右的国有企业转型为私有企业，建立起以私有制为主体的所有制结构，培育出一个强大的有产者和企业家阶层，作为新政权的社会经济基础。私有化是经济转型的基础与核心内容。

（3）自由化

自由化指经济自由化，包括价格自由化、经济联系自由化、对外贸易自由化，其核心就是全面放开价格。从1992年1月2日起，90%的零售商品价格和85%的工业品批发价格由市场供求关系决定。彻底废除产品计划调拨制，取消国家计划和国家计划管理机构，断绝国家对企业的投资和一切其他资助。实现卢布在俄境内的可自由兑换，放开进出口贸易，给企业以充分自由，让企业在国内外市场上自由竞争，自谋生路，尽快形成一个与自由市场体制相适应的微观经济群体。

3.俄罗斯激进式转型的后果

休克疗法的主要成果就是在俄罗斯初步建立起市场经济体制。但纵观整个20世纪90年代，在叶利钦执政的近10年经济转型过程中，尽管初步形成了市场机制，但付出的代价是极其沉重的。

（1）“稳定化”的结果是紧缩性的经济政策造成经济长期衰退，国力下降

在经济转型之初，由于骤然开放市场，放开价格，为遏制通货膨胀，适当紧缩银根是必要的。但俄政府将这种紧缩政策长期化，实行货币紧缩长达7年之久，这就使俄罗斯经济长期处于“休克”状态，“稳定”在经济衰退之中。俄罗斯自1992年实行激进的经济改革以来，除1997年经济有1.4%的小幅回升，1999年和2000年经济略有起色外，在20世纪90年代俄罗斯经济一直大幅度下滑，呈现为负的增长率，并常伴有恶性通货膨胀。1997年与转型前的1991年相比，国内生产总值下降了50%，下降幅度大大超过苏联卫国战争时期的25%、美国1929—1933年大危机时期的30%，整个国民经济倒退了将近20年：工厂设备和基础设施陈旧，无钱更新；科技人才大量流失，从原来250万下降到80万；经济结构与出口结构严重扭曲，只能靠出口石油、天然气、原材料和电力来支持经济增长；高技术制造业在世界民用科技型工业品市场所占比重不到1%。1997年经济略有起色，但1998年5月金融危机爆发，使卢布汇率下降近2/3，通货膨胀率高达200%以上，多年的紧缩“成果”顷刻间化为泡影。休克疗法在使俄罗斯迅速走向市场经济的同时，也导致俄罗斯经济长期萧条，社会秩序混乱，国际地位严重下降。

（2）“自由化”导致价格失控

在旧有的传统计划经济体制和相应的组织制度被废除之后，新的适应于市场经济的组织制度却难以在短时期内迅速建立，因而大规模的经济与金融的自由化以及狂风暴雨式的私有化运动是在一种“制度真空”（Institutional Vacuum）的状态下运作的，因而不可避免地造成经济主体的行为紊乱和预期紊乱。在长期的指令性价格及商品极度匮乏的形势下骤然放开价格的闸门，导致商品价格飞涨。在价格自由化实施的第一年，即1992年，全年的通胀率高达2 510%，老百姓存款贬值所受到的损失超过5 000亿卢布，俄罗斯人民的生活水平倒退了20年。

（3）“私有化”的结果是国有资产的流失，贫富分化加剧

俄罗斯的私有化进程是在居民的购买力极其有限，没有任何原始资本积累的背景下，由政府强制推行的。在短短5年里，俄罗斯在几乎不存在私人资本的情况下，将其占国民经济90%以上的国有经济，削去了60多个百分点。私有化的过程变成了单纯地出售和处理国有资产和消除国有企业，而私有化后如何转变企业经营思想和经营方式、提高企业的经营效率并未得到重视。在私有化过程中，很多国企经理与官员勾结，将企业产权无偿或低价转让，政府、企业官员们利用私有化的天赐良机大发横财，造成国有资产的大量流失，国家至少损失1万亿美元，其中流到国外的资金至少3 000亿美元，使国家的经济实力和生产能力遭到严重破坏。那些在私有化过程中获得企业的人并不关心如何改善经营，扩大生产，提高劳动生产率，使企业得到发展，而是千方百计利用所获得的资产为自己捞好处，甚至转手倒卖。私有化使极少数人暴富，在俄罗斯形成了一个官僚垄断集团，而绝大多数的老百姓却变得一贫如洗，广大工薪阶层的收入下降了50%~70%。国企“大拍卖”后的1996年，4%富人的收入甚至高于80%低收入人口的总和，急速的贫富分化致使社会秩序遭到极大破坏。

鉴于“休克疗法”所带来的灾难性后果，1994年3月切尔诺·梅尔金当选总理后宣布放弃“休克疗法”，但“休克疗法”的破坏作用和后遗症无法在短时间内消除，俄罗斯经济仍处于萧条之中，1998年又陷入严重的金融危机。

【案例分析】

俄罗斯的私有化“浩劫”

据俄罗斯杜马代表、国家杜马私有化结果分析委员会委员弗·利西奇金的披露，俄整个私有化进程杂乱无章，并有外国机构插手。俄罗斯已出售的12.5万家国有企业，平均每家售价仅为1 300美元，其价格之低廉创世界纪录。例如，拥有34 000多名职工的大型国有机器制造企业乌拉尔机械制造厂仅卖了372万美元，拥有35 000多名职工的车里亚宾斯克钢铁厂仅卖了373万美元，拥有10 500多名职工的科夫罗夫军工厂只卖了270万美元，拥有54 300多名职工的车里亚宾斯克拖拉机厂只卖了220万美元，而欧洲国家一个中型面包厂价值就达200万美元。大量国有资产落入黑手党和外国公司手中，俄罗斯因此丧失了一系列部门。俄所出售的国有企业的实际价值超过1万亿美元，但仅卖了72亿美元。至于

向居民无偿赠送的"私有化证券"，政府更是分文未得。据利西奇金援引政府财政部门提供的数字，在1992—1996年的5年间，俄私有化上缴的预算收入合计为8 480亿卢布，仅占预算收入总额的0.15%。利西奇金认为俄私有化是一场前所未有的浩劫，仅1996年一年因私有化使经济遭到破坏而造成的损失就比卫国战争的损失多1.5倍。私有化期间社会财富损失约1.7万亿美元，相当于1996年GDP的4.2倍、第二次世界大战期间损失的2.5倍。

资料来源 利西奇金. "私有化证券"［N］. 俄罗斯论坛报，1998-10-05.

案例思考题：

1. 导致俄罗斯的私有化"浩劫"的主要原因是什么？

2. 俄罗斯的私有化"浩劫"对中国有何启示？

三、俄罗斯的经济发展

1. 普京的政策调整

1999年12月31日，叶利钦总统辞职，2000年初普京当选俄罗斯总统，俄罗斯的经济政策进入新的调整时期。"普京道路"概括起来就是市场经济、民主原则与俄罗斯的现实相结合。普京认为休克疗法所倡导的自由市场经济并不符合俄罗斯的国情，并明确提出建立"有秩序的市场经济"或"社会市场经济"的理念，主张建立国家干预的市场经济或"可控制的市场经济"。这标志着俄罗斯经济转轨的目标从建立自由市场经济体制转向建立一种混合经济体制。这种经济体制既不是高度集中的计划经济，也不是自由放任的市场经济，而是国家调控下的市场经济，强调国家要确保市场秩序，为市场经济的有效运转创造条件。根据2000年总统国情咨文，俄罗斯政府在建立市场经济体制和维护市场经济运行条件方面将主要发挥六大作用：①保护所有权；②保证竞争条件的平等；③保护经营自由；④建立国家统一的经济空间；⑤实施财政和货币政策；⑥实施社会政策。普京实施的各种政策的总体目标是对外政策为国内经济发展服务，稳定经济，强国富民。在宏观经济政策方面，普京从根本上改变了休克疗法所带来的长期的紧缩和抑制需求的政策，转而积极推行扩大内需的政策，降低企业及个人所得税的税率，刺激投资，同时加强税收征管，增加财政收入。在微观经济方面，制定颁布了各种法律法规，逐步整顿与完善市场经济秩序。政局稳定和经济增长是普京追求的两大目标，也构成了普京时代的基本特征。

2. 普京首任内俄罗斯的经济增长

普京实施的各项经济改革措施，为经济发展创造了良好环境。普京在任的8年间，俄罗斯经济增长了70%，居民实际收入增加了1倍，贫困率下降了50%；积累了大量预算盈余，2008年的预算盈余就将近1.2万亿卢布。据俄罗斯经济发展和贸易部的资料，在普京总统第一任期内的2000—2004年，俄GDP增长38.4%，年均增长6.7%，达到5 823亿美元，人均4 000多美元；固定资产投资增长65.6%，年均增长10.6%；外贸总额增长1.2倍，达到2 780亿美元，其中出口增长1倍，达到1 832亿美元；国家预算连年出现盈余，通货膨胀率持续下降，汇率基本稳定且卢布开始升值；居民实际收入增加63.8%，职工实际工资提高106.6%，全国月平均工资达到250美元；平均养老金增加120%，达到68美元；生活在贫困线以下人口比重从1999年的29.1%下降到2004年的17.8%；国家外债总额降至不到1 000亿美元；中央银行黄金外汇储备迅速增长，2004年年底达到1 240多亿美元。在第二任期内，普京继续奉行经济“提速”方针。他在2004年总统国情咨文中再次重申到2010年使GDP翻番的目标，并指出，为实现这一目标，俄罗斯经济需要从中速增长转为快速增长，2004—2010年的GDP年均增长率要达到7.9%。应当说，普京第二任期内的经济继续“提速”方针取得了明显成效，这一时期俄经济增长速度进一步加快。2004—2007年GDP年均增速达7%以上，年人均GDP也增长7%以上，均高于第一任期内的水平。尤其是2007年，俄罗斯GDP增长8.1%，人均GDP接近9 500美元，GDP总量超过1万亿美元，从而迈入全球十大经济体行列。2007年工业总产值同比增长6.3%；农业总产值同比增长3.3%；固定资产投资同比增长21.1%；黄金外汇储备达到4 764亿美元，增长56.8%。俄2007年多项经济指标均达到历史最好水平。

3.“梅普”组合时期俄罗斯经济的发展

2008年5月7日，德米特里-梅德韦杰夫在克里姆林宫正式宣誓就职，成为俄罗斯第三任总统。5月8日，俄杜马以392票赞成、56票反对和零票弃权的表决结果，批准了新总统梅德韦杰夫对普京出任新政府总理的提名。普京顺利出任总理，标志着俄政坛进入“梅普”组合的新时期。“梅普”组合下的俄罗斯经济政策呈现继承与调整并存的特点，强国战略仍然是基本政策目标，强国战略的基础仍然是经济发展。

(1) 俄罗斯经济长期增长的制度基础和市场结构基础进一步完善

梅德韦杰夫继承的是已经基本完成市场化转型的经济和制度遗产，经济运行的基本主导力量已经是市场制度。普京时期国家干预经济的目的是实现国家经济发展战略，对垄断行业和重要战略部门进行约束以及解决制度的局部非效率问题。上述目标在普京时期已基本完成，因此梅德韦杰夫主张减少政府对经济的干预，提高经济的竞争性，继续完善制度和法律体系，提高政治自由度。在梅普体制下，促进竞争和提高经济活力的市场结构基础继续得到改善，经济运行的市场主体自由度进一步扩展。保护国内市场，拉动民间投资需求，鼓励自由竞争，是梅德韦杰夫政策的重点。

(2) 普京时期推动的建立创新经济的主张得到贯彻实施

普京在2008年离任前夕，制定了第一个俄罗斯国家长期发展战略——《至2020年俄罗斯发展战略》，把创新提高到一个关乎俄罗斯复兴和未来发展道路的战略高度。明确了俄罗斯将采取不同于其他新兴市场国家通过模仿性创新发展经济和技术的路径，而是挖掘俄罗斯的科技潜力，走原创性创新和技术强国的道路。普京实现俄罗斯经济腾飞主要是依靠石油美元，而梅德韦杰夫要依靠发展创新经济来提高国家的经济实力，降低对能源出口的依赖。创新经济的实质是在以新创意和新技术为资本建立最为有利的制度的条件下，对教育、基础性和实用性研究的大规模投资，形成国家创新机制，推进以创新为核心的经济发展战略，提高企业管理质量，改进技术和机械设备，发展具有全球竞争力的新经济部门，特别是引领知识经济的高新技术部门。

（3）经济结构和产业结构得到优化

如果世界能源市场继续保持有利于俄罗斯的态势，能源在俄罗斯经济增长中仍将扮演重要角色。但随着国内市场的发展和俄罗斯鼓励创新、鼓励竞争、保护国内制造业政策的实施，制造业和能源原材料加工工业的产出快速增长，有利于摆脱经济发展长期依赖自然资源和主要利用现有生产能力的状况。在GDP的增长上，内需的贡献率增大，外需的贡献率下降；在满足内需上，本国生产的贡献率增大，进口的贡献率下降；在本国生产中，加工工业部门的贡献率增大，原材料部门的贡献率下降；在加工工业部门中，高新技术产业的贡献率增大，传统产业的贡献率下降。2007年俄政府决定建立俄罗斯风险投资公司，把纳米技术、医学、清洁能源、生物技术和信息技术作为风险投资的优先领域，以实现俄经济从原料型向高科技型的转变。

（4）国内市场进一步扩大

为了提高经济增长质量，使经济增长从主要靠外需扩大转为主要靠内需增加，在俄罗斯逐渐加强国内市场保护的情况下，国内市场扩大对俄罗斯国内需求拉动的增速将大于外部需求拉动的增速。

（5）俄罗斯经济的发展目标

2008年初，俄经济发展和贸易部公布了《至2020年俄罗斯联邦社会经济发展构想》（以下简称《构想》），确定了至2020年俄社会经济发展的主要目标，也明确了梅德韦杰夫时期俄罗斯经济发展模式的基本任务。该构想提出，每过5年俄GDP都应该有显著增长，2012年应比2007年增长35%~36%，2017年应比2012年增长37%~39%，2020年应比2017年增长19%~22%，这些指标整体上符合俄经济近年来每年7%~8%的增长速度。根据《构想》，到2020年，俄罗斯将成为世界五大经济强国之一。俄人均GDP将增加到3万美元以上，人均住房面积达到30~35平方米以上。届时，俄居民的生活水平达到发达国家的水平，从而实现小康目标。

俄罗斯的《构想》实施起来并不一帆风顺。《构想》公布的当年就赶上全球性金融危机的爆发。受金融危机的影响，2008年俄罗斯经济增速有所减缓，只比上年增长了5.6%。

2012年5月，普京第三次当选俄罗斯总统并任命梅德韦杰夫为政府总理。在新的任期内，普京提出俄罗斯新经济应是一种多元化经济，除了有现代化能源企业，还要有富有竞争力的高技术和知识型部门。普京主张改进教育质量，培养创新人才，提高科技水平；支持大的基础设施项目，发展新型工业，并继续支持农业；减少国家干预，发挥市场机制作用；改善市场环境，提高投资吸引力；平衡养老体系，制定灵活的税收政策。俄罗斯经济逐渐摆脱全球金融危机的影响，在经历了2009年7.9个百分点的负增长后，2010—2012年分别实现4.3%、4.3%、3.6%的经济扩张。

4. 俄罗斯经济的现状与前景

苏联解体以来，俄罗斯经济经历了跌宕起伏的发展过程。1998年和2008年两次严重的金融危机导致俄罗斯经济增长率大幅下降，2013年年底乌克兰危机的爆发使俄罗斯经济再一次步入严冬。在乌克兰危机、西方经济制裁、国际油价下跌等外部因素的冲击下，俄罗斯经济自2014年开始进入了非常艰难的时期，经济结构不合理等内在因素加之西方制裁和油价低，从2014年11月到2016年6月，俄罗斯的经济一直处于负增长状态，财政收入锐减。2014年，俄罗斯GDP实际增长仅0.6%，2015年出现约3%的负增长。由于石油价格大幅下跌，俄罗斯2015年财政收入为12.5万亿卢布，减少17%，达到15年以来最低点。受西方制裁与国际油价下跌拖累，2014年卢布对美元贬值逾50%，通货膨胀率达10.5%。资本大规模外流，固定资产投资明显减少。

从2016年第三季度起，俄罗斯国内生产总值已实现连续4个季度的正增长。2017年俄罗斯经济企稳向好，经济开始恢复增长。2017年西方继续对俄进行经济制裁，虽然经济发展的外部条件仍未好转，但俄罗斯经济开始止跌回升，国内生产总值增长1.63%，财政收支扭亏为盈，金融市场基本稳定，通胀水平大幅回落，农业继续保持快速增长，交通运输业蓬勃发展。2018年俄罗斯经济仍保持积极趋势，国内生产总值增长加速，达到2.26%，通货膨胀率接近4%，失业率保持在5.5%，实际收入增加2%，投资增长达到2.2%~3.9%。

尽管经济恢复了增长，但由于缺乏必要的改革，俄经济增长仍然相对滞后，人口老龄化程度进一步加深，就业状况虽略有改善，但居民收入水平有所下降，整体贫困状况加剧，俄罗斯经济仍然依赖石油报价，这仍然是不稳定的主要因素。

面对严峻的经济形势，俄罗斯政府出台了一系列政策，加快落实进口替代战略，以摆脱部分工业行业对外部的依赖。俄罗斯舆论普遍认为，西方经济制裁是把双刃剑，给俄罗斯经济既带来前所未有的压力，也提供了一个难得的发展机遇，促使俄罗斯加快进口替代进程。但由于俄罗斯经济结构严重失衡，20多年来一直没有摆脱对能源、原材料部门的依赖，落后、低效的经济增长方式没有改变，向创新经济转变的战略在相当长的时期内难以实现，要取得经济现代化的突破，仍面临长期挑战。

【世界经济之窗】

乌克兰危机

乌克兰危机是由2013年年底乌克兰亲俄派总统亚努科维奇中止和欧洲联盟签署政治和自由贸易协议，欲强化和俄罗斯的关系导致的。2013年11月22日，乌克兰亲欧洲派在基辅展开反政府示威，抗议群众要求政府和欧盟签署协议、亚努科维奇下台、提前举行选举。2014年2月22日，议会罢免了亚努科维奇的总统职务，并宣布提前于同年5月25日举行总统大选。2014年2月22日，“亲欧派”占领了总统府，时任总统亚努科维奇被迫逃离总统府，“亲欧”的前总理季莫申科获释，议会还批准图尔奇诺夫作为临时代理总统。

由于以图尔奇诺夫为代理总统的乌克兰临时政府呈现出明显的“亲欧”倾向，乌克兰民间的“亲俄派”开始示威。俄罗斯随后在俄乌边境进行军演，2月初俄罗斯回应原乌克兰克里米亚自治共和国总理阿克肖诺夫的求援，派遣部队进驻克里米亚。美国则开始与10国商讨制裁俄罗斯，危机自此从乌克兰国内扩展到了国际范围。2014年3月16日，克里米亚举行公投，95%以上的民众要求加入俄罗斯，根据公投结果，3月17日克里米亚宣布从乌克兰独立，并申请加入俄罗斯联邦。3月18日，普京与克里米亚、塞瓦斯托波尔市领导人签署了克里米亚成为俄罗斯的一部分的条约。3月21日，俄罗斯总统普京签署克里米亚共和国及塞瓦斯托波尔市加入俄联邦的总统法令，宣布两地完成了所有入俄法律程序，成立克里米亚联邦区。此举引发西方发达国家对俄罗斯严厉的经济制裁。这一事件必然会在相当长的时间里对俄罗斯经济的发展产生重大影响。

第三节　中东欧国家的经济转型与发展

1989年，由于国内社会经济矛盾的加剧，西方反共势力的鼓励和挑动以及受苏联领导人戈尔巴乔夫倡导的“新思维”的影响，东欧社会主义国家相继发生了巨变。伴随着政治与社会的转轨和原经互会体系的崩溃，旧体制的弊端更加暴露无遗。通货膨胀，外汇枯竭，失业严重，东欧各国的经济都处于崩溃的边缘，彻底变革已势在必行。在此背景下，东欧各国相继开始从传统的计划经济体制向现代市场经济体制过渡。由于东欧各国的情况与俄罗斯不同，又得到西方国家特别是欧盟的大力支持，东欧的转型过程总体上要比俄罗斯平稳。

一、欧盟东扩与中东欧国家的经济转型

经济转型是东欧各国政治与经济矛盾大爆发的必然结果，同时也得到欧盟等西方势力的鼓励与支持。欧盟东扩为促进与规范中东欧各国的经济转型提供了理想的外部条件。

1990年，东欧各国纷纷踏上了其所谓的回归欧洲之路，欧共体也适时迈出了其东扩的步伐，目标是在21世纪初叶将中东欧诸国全部纳入欧共体（欧盟）的政治、经济和法律体系。

1991—1996年，欧共体（欧盟）分别与中东欧10个国家签订了确立双边关系的基本框架协定，称为“欧洲协定”，取代了原有的东西欧贸易协定，确立了中东欧10国的联系国地位。具体国别和签约时间是：匈牙利、波兰（1991年12月），罗马尼亚（1993年2月），保加利亚（1993年3月），斯洛伐克、捷克（1993年10月），爱沙尼亚、拉脱维亚、立陶宛（1995年6月），斯洛文尼亚（1996年6月）。“欧洲协定”是一个包括政治、经济和社会等多方面内容的综合性文件。它的签订标志着欧共体（欧盟）同中东欧国家的经济关系从以援助为主转向以贸易为主，从而构建了欧共体（欧盟）同中东欧国家长期和有序的经济和政治关系。“欧洲协定”带有很强的政治性。它不仅要求联系国承诺进行政治和经济改革，而且要向市场经济和多元化的民主社会过渡。在“欧洲协定”中，欧共体（欧盟）承诺向中东欧国家开放市场，中东欧国家则承诺将其国内市场规则向欧共体（欧盟）规则靠拢。

自“欧洲协定”签订之后，中东欧国家就不断提出加入欧盟的问题。1993年7月，在哥本哈根首脑会议上，欧盟做出明确表示，“凡有此意向的中东欧联系国将成为欧盟成员

国。一旦它们中的某个国家能够满足入盟所需的政治和经济条件并能够承担起成员国的义务即可入盟”。同时就中东欧国家入盟提出了明确的原则和条件：一是“必须有稳定的机制以保证民主、法制、人权和对少数民族的尊重与保护”；二是“可以发挥作用的市场经济的存在，以及可以在欧盟内部应付竞争压力和市场力量的能力”；三是“以履行成员国的义务为先决条件，包括承认政治、经济与货币联盟的目标”。为了达到上述目标，中东欧国家不仅要在政治制度上脱胎换骨，而且要尽快按照欧盟的标准完成从计划经济体制向市场经济体制的过渡。

1995年6月，欧盟委员会发表“白皮书”，就联系国应如何按照欧盟标准规范它们的市场行为和法律体系提出了非常详细的建议和措施，并对中东欧联系国加入欧盟统一大市场必须参照的法律条文作了详细的说明。白皮书涉及经济、社会、环境、能源、交通、农业等23个领域，共438页，目的是便于申请加盟的国家参照修改自己的法律制度和经济运行机制，使其尽快与欧盟的制度相一致。这就使中东欧国家的经济转型有了比较明确的方向。

二、中东欧国家的经济转型

1.中东欧国家的经济转型方式

受各国政治、经济、社会发展水平、历史文化传统等因素的影响，中东欧各国在经济转型方式的选择上各有不同，但基本上可以归结为激进式转型和渐进式转型两种方式。

实行激进式转型以波兰为代表，波兰是最先实行“休克疗法”的东欧国家。波兰政府聘请萨克斯为政府经济顾问，并按照其建议，以一步到位的方式开始向市场经济转轨，迅速实现价格自由化；以强硬的紧缩性财政政策和货币政策控制赤字，抑制通货膨胀，稳定宏观经济；迅速实现国有企业的私有化。

而匈牙利则被认为是东欧国家中实行渐进式转型的典型。匈牙利公开拒绝了萨克斯的“休克疗法”，始终坚持“渐进过渡”的原则，并且明确提出匈牙利的市场经济是一种“福利市场经济”。波兰认为市场经济应以私有制为基础，而匈牙利认为市场经济的建立应以混合所有制为基础，主张所有制形式的多样化。

但多数中东欧国家在转型方式上激进与渐进的界限并不是很清楚，有的国家以激进为主，渐进为辅，而有的国家在渐进的改革中也有些激进的做法，或者是先激进后又转为渐进，无论是激进还是渐进，都没有一个完全统一的模式。总的说来，经历十余年的过渡之后，这些模式之间的差异正在缩小，显示出“殊途同归”的态势。

2.中东欧国家经济转型历程概述

中东欧各国由于采取不同的转型方式，经济转型的进程也不完全一致，但大体上都经历了三个发展阶段：初始阶段、调整阶段和深化阶段。

（1）初始阶段（1989—1992）

在中东欧国家经济转型的最初几年，激进派的主张占上风。多数人对社会经济变革充满了幻想，以为向市场经济过渡并非难事，自由化和私有化将很快使经济走上迅速发展的道路。新掌权的“民主派”普遍认为，为了尽快摆脱新旧两种体制并存所造成的混乱和危机，使新体制起主导作用，必须以最快的速度过渡到新体制，零敲碎打的渐进式改革只会延续现存的结构危机。他们推崇自由主义的市场经济理论，照搬西方的经济模式，多数国家采用了“大爆炸”“休克疗法”的激进方式。这一时期的特点是思想情绪盲目乐观，方针政策杂乱无章，政治斗争和理论争论激烈，而经济形势则每况愈下。

（2）调整阶段（1993—1994）

从1993年开始，中东欧国家的经济转型转入了调整阶段。在严酷的现实面前，抛弃幻想，面对现实的呼声日益上升。主张稳定经济，缓和社会矛盾和实行渐进战略的政治势力得到愈来愈多的社会支持。各国在目标模式和转型战略方面都进行了调整，其实质就是从追求自由市场经济模式转为建立混合经济体制。其主要内容包括：放弃“全面私有化”和“全盘私有化”的目标，放弃政府从经济中“脱身”的方针，加强政府的调控作用，促进宏观经济稳定；注意创造就业岗位和发展就业培训，减少失业人数；加强政府在组织收入再分配方面的作用，缓和贫富差距的拉大等。1993年开始的调整在各国都起到了不同程度的稳定经济形势的作用。至1994年，除了受战乱影响的某些前南斯拉夫国家外，东欧各国开始走出谷底，普遍出现了国内生产总值的正增长。

（3）深化阶段（1995—2004）

1995年，大部分中东欧国家在调整的基础上，开始进入转轨的深化阶段，在政治和经济形势相对稳定的条件下，向以私有制和混合所有制为基础，以市场机制与国家干预相结合并兼顾社会平衡的“社会市场经济”发展。经济转型的重点从自由化和私有化转向以建立完整的市场体系和市场秩序为主的所谓“市场化”方面转移。

2004年1月1日，捷克、爱沙尼亚、匈牙利、拉脱维亚、立陶宛、波兰、斯洛伐克和斯洛文尼亚等8个中东欧国家与塞浦路斯和马耳他一道成为欧盟的新成员。2007年1月1日，罗马尼亚和保加利亚也成功入盟，标志着这些国家的市场经济体制已达到欧盟的标准，大部分中东欧国家从计划经济向市场经济的转型基本完成。

3.中东欧国家经济转型的内容

从计划经济向市场经济的转型涉及经济运行机制、经济管理体制、经济组织结构的改变，涉及政府与经济组织的关系、企业与职工的关系，以及社会收入的分配和利益关系的调整等各个方面，内容十分广泛。在中东欧国家，无论是激进改革还是渐进改革，其基本内容都可以概括为稳定化、自由化、私有化和市场化。

（1）稳定化

稳定化是指宏观经济实现稳定。能否保持宏观经济稳定直接关系到经济转型的成败。在转型之初，中东欧国家普遍面临不同程度的经济危机，生产停滞、外债沉重、预算赤字增加、通货膨胀加剧，如波兰在经济转型前的1989年通货膨胀率高达2 400%。因此，许多中东欧国家都把稳定化列为经济转型的内容之一，具体目标包括克服通货膨胀、降低财政赤字、实现国际收支平衡等。

（2）自由化

自由化具体包括价格的自由化、对外贸易的自由化、实行货币自由兑换等。实施激进转型方式的波兰在1990年1月1日一步到位，全面放开了90%的商品价格，解除了进口的数量限制，实行统一的20%的关税，同时取消了出口的大部分数量限制。以渐进方式为主的匈牙利则逐步实现价格自由化和贸易自由化，自1988年开始放开价格，到1992年有90%的商品价格放开。1990年匈牙利78%的进口已放开，1991年90%的进口不受任何限制，1992年完全放开进口。捷克从1991年元旦起放开物价，到该年年底只有10%的商品由政府定价。

（3）私有化

简单地说就是把原国有企业转变为私人企业，具体包括把第二次世界大战后"非法"没收的私人企业和资产重新归还原主，通过出售国有企业，使整个企业或企业的部分产权归私人所有，把原国有企业承包给个人或集体经营，以及实行股份化等。同样实行"休克疗法"，与俄罗斯相比，波兰实行的私有化不但井然有序，而且有系统的法规作保障。1990年7月至1993年4月，波兰先后制定并通过了《国营企业私有化法》、《设立所有制改造部法》以及《国民投资基金会及其私有化法》等相关法规，确定了经济转型的基本路线和方向，为全面向市场经济过渡奠定了基础。波兰国有企业私有化以直接出售和无偿分配为主。而匈牙利在私有化过程中则以直接向国内外的出价者出售国有企业的方式来实现其私有化。经过10多年的改造，中东欧各国的所有制结构均发生了重大改变。根据1999年的统计，斯洛伐克和匈牙利的私有成分在GDP中所占的比重已达到80%以上，捷克、保加利亚和波兰达到70%以上，其他中东欧国家私有成分的比重也在55%~65%。

（4）市场化

市场化主要是指建立和完善市场体系和市场机制。1990年，中东欧各国在政治体制民主化和国有经济私有化的过程中，逐步实现了经济体制的市场化，即资源配置和供求关系通过市场实现，商品价格和利润分配由市场决定。同时采取措施建立和完善金融市场，按国际惯例建立银行、保险、证券、拍卖行等市场组织，实行银行私有化，允许外国银行进入；整顿原有的国家银行，将中央银行与商业银行的职能分开，建立二级银行体系；建立适应市场经济的宏观调控体系和法律制度；创办证券市场，建立资本市场，波兰、捷克、匈牙利相继建立了证券市场，华沙证交所成为中东欧最大的交易所。在财政、税收、企业运作等方面也都进行了与市场经济相适应的改革措施。经过20年左右的经济转型，中东欧国家已逐渐形成其独特的以私有制和股份制为基础，各种所有制并存，市场调节与国家计划调节相结合，经济效益与社会公正兼顾的经济发展形式。

三、中东欧国家的经济发展

在历史上，中东欧国家与苏联的经济体制和经济模式十分相似。在转型之初，同样因为在短缺经济下放开物价，因而导致严重的通货膨胀和生产的下降。1989—1992年，罗马尼亚、保加利亚、阿尔巴尼亚等东南欧国家的国内生产总值下降约40%，捷克、匈牙利、波兰三个中欧国家分别下降21%、18.4%和17.7%。1989—1992年的年均通货膨胀率一般都在50%以上，个别国家和个别年份有的高达100%~500%，如1990年波兰通货膨胀率达585.8%，1991年保加利亚通货膨胀率达333.5%，罗马尼亚达161.1%。各国的失业率一般都在10%~20%。随着经济形势的恶化，人民生活水平急剧下降，表现之一就是贫困阶层迅速扩大。按收入低于平均工资45%为贫困线的划分标准来统计，波兰有33%的人生活在贫困线以下，保加利亚为62.7%，罗马尼亚为51%。

与俄罗斯不同，中东欧国家经济波动持续的时间一般都比较短。波兰、匈牙利、捷克、斯洛文尼亚较快进入稳定与发展的良性循环。波兰经济是最先走出谷底的。1990年和1991年，波兰国内生产总值分别下降了4.9%和2.7%，而1992年比上一年增长3.3%，捷克、罗马尼亚、斯洛文尼亚等国的生产在1993年也停止下降。1994年起，除个别国家外，绝大多数中东欧国家都开始复苏，实现了经济的正增长。1995年中东欧各国的形势普遍好转，经济平均增长率达5.2%。1996年波兰的国内生产总值首次超过转型前的1989年水平；斯洛文尼亚也基本恢复到转型前的水平；斯洛伐克、捷克、匈牙利接近改革前水平。1997年波兰经济继续强劲增长，增长率达7.09%，匈牙利也取得4.57%的增长率。但1996年前后这些国家的通货膨胀率仍保持在较高水平，1996年和1997年，保加利亚消费价格平均上涨123%和1 061.2%，波兰为19.9%和14.9%，罗马尼亚为38.8%和154.8%。

进入21世纪以来，特别是在2004年中东欧国家陆续成为欧盟的成员国以后，这些国家普遍进入相对稳定的经济增长期。2004—2007年，保加利亚、爱沙尼亚、拉脱维亚、立陶宛等国都保持6%以上的经济增长速度，其他国家的GDP增长也都基本保持在4%以上。受全球性金融危机的影响，2008年中东欧国家的经济增长有所放缓，拉脱维亚、爱沙尼亚甚至出现负增长，但多数国家仍保持3%以上的增长速度，保加利亚、罗马尼亚、斯洛伐克等国的增长速度仍高达6%以上。

近年来中东欧国家经济发展仍保持稳定，2016—2017年中东欧国家保持平稳增长，但欧洲经济的不确定性、英国退出欧盟、全球经济增长缓慢，以及申根区内的有关货物和人员自由流动的潜在限制性障碍，会对中东欧国家经济增长产生一定影响。2018年，大部分中东欧国家实现经济稳定增长，平均增速达到3.6%。在16国中，经济增长幅度最大的是波兰，达到5.1%。这是波兰从1993年以来连续第26年保持经济增长，也是2012年以来增速最快的一年。从整体上看，转轨经济体已成为世界经济发展的一支重要力量。

四、中东欧国家与中国的经贸关系

按照目前中国政府和学术界的理解和划分，中东欧地区包括16个自20世纪80年代末90年代初开始制度全面转型的国家。中东欧16国均致力于欧洲一体化进程，都把积极发展同欧美等西方国家和地区的关系作为本国对外政策的优先方向，同时注重与俄罗斯、中国、印度等国的务实合作，不断加强同中亚、拉美、非洲国家的交流合作。

中东欧国家是最早承认并与中华人民共和国建立外交关系的一批国家，与我国有着长期的友好传统，在政治、军事、经贸、文化、科技、教育、青年、体育、新闻等各个领域都与我国有着广泛深入的合作。2012年至今，中国-中东欧国家领导人定期举行会晤，规划中国-中东欧国家未来合作重点方向和领域，引领和组织推进各个领域合作，取得了一系列丰硕的成果。特别是习近平主席发出"一带一路"倡议以来，中国-中东欧合作更是提升到了一个前所未有的高度。中国与中东欧国家经贸关系保持迅猛发展的良好势头，呈现合作领域扩大、层次日趋多元、成果逐步显现的态势。中国与中东欧16国贸易额从2012年的521亿美元增至2017年的679.8亿美元，增长30%。2018年，中国与中东欧国家进出口总额增至822.3亿美元，同比增长21%。其中，中方进口230.3亿美元，同比增长24.6%；出口592亿美元，同比增长19.6%。在中国-中东欧国家贸易额持续攀升的同时，双方贸易结构更趋均衡，双向投资持续增长。截至2018年年底，中国与16国双向投资总额已近120亿美元。中国与中东欧国家合作机制不断建立健全，中国-中东欧国家领导人定期会晤机制、16+1国家协调员会议及地方领导人会议的定期召开对深化中国-中东欧国家合作、促进中欧全面战略伙伴关系全面均衡发展发挥着重要作用。随着"一带一路"倡议在中东欧地区落地生根，各国合作愿望更加迫切，发展势头更加强劲。

【世界经济之窗】

从华盛顿共识到北京共识

1989年，陷于债务危机的拉美国家急需进行国内经济改革。1990年，由美国国际经济研究所出面，在华盛顿召开了一个讨论20世纪80年代中后期以来拉美经济调整和改革的研讨会。国际经济研究所所长、曾任职世界银行的经济学家约翰·威廉姆森根据与会学者的意见，执笔写了《华盛顿共识》(Washington Consensus)，系统提出指导拉美经济改革的各项主张。该共识包括十个方面：①加强财政纪律，压缩财政赤字，降低通货膨胀率，稳定宏观经济形势；②把政府开支的重点转向经济效益高的领域和有利于改善收入分配的领域（如文教卫生和基础设施）；③开展税制改革，降低边际税率，扩大税基；④实施利率市场化；⑤采用一种具有竞争力的汇率制度；⑥实施贸易自由化，开放市场；⑦放松对外资的限制；⑧对国有企业实施私有化；⑨放松政府的管制；⑩保护私人财产权。由于这些思想秉承了亚当·斯密自由竞争的经济思想，与西方自由主义传统一脉相承，后来人们将这些观点称为"新自由主义的政策宣言"。20世纪80年代末90年代初，东欧剧变后，这些国家新上台的政府决策人员全盘接受"华盛顿共识"，并以此在俄罗斯等国家推行以"休克疗法"为代表的经济转型，其内容在实践中被进一步浓缩为"三化"，即私有化、自由化和稳定化。随着经济全球化的畅行，"华盛顿共识"形成广泛社会影响，直至演变成为国际组织的意识形态、"市场原教旨主义"的核心信条。

随着"华盛顿共识"的片面性越来越为发展中国家的实践所证实，特别是"休克疗法"使俄罗斯经济坠入深谷，以美国经济学家斯蒂格利茨为代表的一批西方学者提出了"后华盛顿共识"，对"华盛顿共识"的"市场原教旨主义"进行了批判。"后华盛顿共识"强调与发展相关的制度因素，认为发展不仅是经济增长，而且是社会的全面改造，因此"后华盛顿共识"不仅关注增长，还关注贫困、收入分配、环境可持续性等问题。它还从信息不对称出发，指出市场力量不能自动实现资源的最优配置，承认政府在促进发展中的积极作用。“后华盛顿共识”从发展中国家的事实出发，指出了“华盛顿共识”的局限性，切中要害，因而得到了许多发展中国家的认同。俄罗斯等国在20世纪90年代中期对经济转型目标从自由市场经济向混合经济的调整也印证了其合理性。

“北京共识”，也称“中国模式”，是由美国高盛公司高级顾问乔舒亚·雷默（Joshua Ramo）提出的。其定义是：坚决进行革新和试验（如中国经济特区）；积极维护国家主权和利益（如中国台湾问题）；不断积累具有不对称力量的工具（如4 000亿美元外汇储备）。其目标是：在保持独立性的同时实现增长。在雷默看来，建立在“北京共识”基础上的中国经验具有普世价值，不少可供其他发展中国家参考，可算是一些落后国家如何寻求经济增长和改善人民生活的模式。“北京共识”的提出，可以看作对“中国经验”的一种表述，它强调了实现市场经济转轨这一目标的可能途径，或者说可供借鉴的制度变迁经验，即如何在一个历史、文化迥异的国家发育出市场经济赖以运行的制度体系。“北京共识”的提出，势必将全世界对中国转轨的关注引向一个新高潮。

资料来源　赵晓. 中国经验及其普世意义［N］. 文汇报，2004-06-14.

第四节　中国的经济转型与发展

中国的经济转型也称为经济体制改革，走的是一条典型的具有中国特色的渐进式的道路。中国的经济体制改革之初，并没有明确的目标，只是要改掉传统体制的弊端。市场化取向的目标是在改革的过程中逐步明确的。40多年的改革历程，经历了一个在传统体制内进行改革的量变过程，并最终放弃传统的计划经济体制，建立社会主义市场经济体制的质变过程。尽管我国一直沿用“改革”的提法，但如果细分，前者是经济体制的改革，后者则应属于经济转型的范畴。

一、中国的经济体制改革探索

中国的经济体制改革始于1978年12月召开的党的十一届三中全会。在整个20世纪80年代，中国的经济体制改革经历了一个理论上不断创新，实践中不断推出市场化改革措施的探索过程。从理论突破的角度来看，这一时期的改革大体可以分为四个阶段：

1.计划经济为主、市场调节为辅阶段（1979—1984）

党的十一届三中全会之后，针对传统计划经济体制的弊端，一些理论工作者提出应更多地发挥价值规律的作用，随后中共十二大确认了“计划经济为主、市场调节为辅”的原则。在此期间，以家庭联产承包责任制为主要内容的农村改革率先启动，主要农产品产量持续快速增长，农产品商品化率迅速提高，国家逐步放开了城乡集市贸易和个体经营，至1984年，全国城乡个体户已达930.4万户。这一时期的改革，本着“完善计划价格体制”的思路，改革的重点是调整价格结构。从1979年3月起到1983年年底，有计划地对部分商品价格进行调整，包括提高粮、油料、生猪等18种主要农产品收购价格，提高肉类、蔬菜等8种主要副食品销售价格，全面调整纺织品价格，提高一部分重要原材料和燃料价格等。同时，逐步放开了小商品价格，对部分工业产品实行浮动价格。随着乡镇企业的崛起，商品分销渠道的市场化得到发展，一些商品专业批发市场应运而生。

2.有计划的商品经济阶段（1984—1987）

1984年10月20日，中国共产党十二届三中全会在北京举行，会议一致通过《中共中央关于经济体制改革的决定》。该决定认为：改革计划体制，首先要突破把计划经济同商品经济对立起来的传统观念，明确认识社会主义计划经济必须自觉依据和运用价值规律，是在公有制基础上的有计划的商品经济。这就为打破计划经济体制创造了条件。经济体制改革重心也从农村转入城市。价格体制改革的方式从以调为主转为以放为主。从1984年1月1日起，机械产品首先试行按质论价、分等定价的新政策，生产资料价格实行“双轨制”，1985年大规模放开农业副产品价格，1986年8月下旬开始放开自行车、电冰箱等7种工业消费品价格，11月开始又放开包括日用杂品等24个大类749种小商品的价格，1987年下半年开始放开百货、文化小商品价格等。商品价格体系、价格管理体制和价格形成机制改革取得明显进展，出现了政府定价、政府指导价和市场价格等多种价格形式。

3.“国家调节市场，市场引导企业”阶段（1987—1989）

1987年9月，党的十三大报告中明确提出“加强建立和培育社会主义市场体系”的概念，同时提出“国家调节市场，市场引导企业”的改革路径。1987年9月11日，国务院发布了《中华人民共和国价格管理条例》，明确规定国家现行的3种价格形式，即国家定价、国家指导价和市场调节价，并规定企业在价格管理方面享有的权利，赋予企业对一部分产品的定价权。生产资料也作为商品开始进入市场，生产要素市场开始启动，资本、土地、劳动力、技术、信息等要素市场相继起步和迅速发展。作为市场主体的企业的市场化也获得进展，从扩大企业自主权、推行承包制到试行股份制，从乡镇企业崛起到国有企业改革，作为市场经济基础的微观经济主体开始走向成熟，市场体系的框架开始显现。但此时市场体系建设仍有明显的局限性，市场的发育仍受到计划经济体制的制约。

4.计划经济与市场调节相结合阶段（1989—1992）

“双轨制”带来的“寻租”现象和腐败行为的滋生，加上放开价格过程中出现了1984年和1988年的两次严重通货膨胀及与之相伴随的其他社会问题和经济问题，引发了80年代末社会上对改革到底是“计划取向”还是“市场取向”的争论，市场化改革进入了“不进则退”的关键时期。1989年，邓小平同志明确指出：我们要继续坚持计划经济与市场调节相结合，这个不能改。这就进一步明确了改革的“市场取向”，使改革的成果得以巩固，也为市场的进一步发育奠定了基础。1990年11月26日，经中国人民银行批准，中国第一家证券交易所——上海证券交易所成立；1990年12月25日，深圳证券交易所成立，这标志着中国证券市场的发育和向现代化资本市场的迈进。

二、中国经济转型目标的确立

1992年10月召开的中国共产党第十四次全国代表大会明确提出中国经济体制改革的

目标是建立社会主义市场经济体制。中国在经历了10多年市场化改革之后，终于跳出了计划经济的牢笼，带着十余年市场化改革的成果，以十分稳健的方式进入由传统计划经济向市场经济转型的新阶段。1993年在全国人大八届一次会议上，“社会主义市场经济体制”被写进《宪法》修正案，以法律的形式确定下来。

1993年11月召开的中共十四届三中全会通过了《中共中央关于建立社会主义市场经济体制若干问题的决定》，提出了社会主义市场经济的总体规划和基本框架，主要内容包括：①坚持以公有制为主体，多种经济共同发展的方针，建立适应市场经济要求，产权清晰、权责明确、政企分开、管理科学的现代企业制度。②建立全国统一开放的市场体系，实现城乡市场紧密结合，国内市场与国际市场相互衔接，促进资源的优化配置。③转变政府管理经济的职能，建立以间接手段为主的完善的宏观调控体系，保证国民经济的健康运行。④建立以按劳分配为主体，效率优先，兼顾公平的收入分配制度，鼓励一部分地区一部分人先富起来，走共同富裕的道路。⑤建立多层次的社会保障制度，为城乡居民提供同国情相适应的社会保障，促进经济发展和社会稳定。

三、中国经济转型的特点

中国经济体制改革与经济转型的内容十分丰富，绝非俄罗斯与中东欧国家经济转型的市场化、稳定化、自由化、私有化等内容所能涵盖。但我们不妨从这几个方面把中国的经济转型与俄罗斯和中东欧国家作一比较，看一看中国经济转型的特点。

1.社会主义制度下的市场化

中国从20世纪70年代末开始对原有的计划经济体制进行改革时起，大部分改革措施实际上都是“市场化”取向的，“市场化”同样也是中国经济体制改革与经济转型的一项基本内容。但中国的经济转型与俄罗斯和中东欧各国相比最根本的区别在于，俄罗斯与中东欧国家在从计划经济向市场经济过渡的同时，都彻底放弃了社会主义制度，而中国的经济转型是在不改变社会主义基本政治制度的前提下进行的。中国在40多年的经济体制改革过程中做到了坚持社会主义制度与市场化取向的完美统一。中国从计划经济向市场经济的转型，改变的是原有体制中经济基础与上层建筑不适合生产力发展的具体运行机制部分，它是社会主义制度的进一步完善。市场经济本身并没有制度性质上的区别，但市场经济本身又不可避免地会带有本国制度的特征。坚持社会主义制度决定了中国市场经济的基本特征。

2.宏观控制下的稳定化

稳定化是经济转型取得成功、国民经济得到发展的重要前提。中国在改革与转型的过程中，始终强调“稳定压倒一切”。俄罗斯的激进式转型之所以不成功，主要原因之一就是脱离本国国情，不切实际地把自由市场经济体制作为转型的目标模式，没有摆正市场机制与国家干预之间的关系，“稳定化”只能成为一句空话。而中国在推出市场化取向的改革措施的同时，也把借鉴发达市场经济国家政府成功的宏观调控手段作为改革的主要内容，使中国经济在转型过程中不仅没有出现俄罗斯那样的经济灾难，而且始终保持高速稳定增长。针对1984年和1992年出现的严重通货膨胀，通过宏观调控成功实现了“软着陆”。在市场机制不断完善的同时，中国的宏观调控体制也日趋成熟。

3.渐进模式下的自由化

尽管中国从来没有把自由市场经济作为目标模式，但放开价格，放弃对进出口的国家垄断经营，实现对外贸易的自由化和货币的可自由兑换一直是中国经济体制改革的重要内容。只是中国在上述领域的自由化不是采用休克疗法，一步到位，而是采取渐进式、分阶段、统筹兼顾、循序渐进，既积极又稳步的方式推进改革和市场体系建设。从20世纪80年代初开始，中国的经济体制改革以逐步放开价格作为改革的突破口，在改革的每一个阶段，都有与放开价格相关的政策措施出台。经过40多年的努力，目前我国由市场自由定价的商品已占95%以上。从1979年开始对外汇管理体制进行改革到1996年实现人民币在经常项目下的可自由兑换，中国用了17年的时间，目前正在积极稳妥地向资本项目可自由兑换并最终使人民币成为一种国际货币的目标推进。中国以渐进的方式进行外贸体制的改革，经过20多年的努力，成为世界贸易组织的成员。实践证明中国的渐进式改革方式是成功的。

4.公有制主导下的私有化

党的十一届三中全会后，中国开始着手对国有企业进行市场取向的改革，但与俄罗斯和中东欧国家不同，中国并没有对国有企业实行大规模的私有化，而是通过改制和改组，转换国有企业的经营机制，通过股份制或合资等方式，允许私人资本包括外国资本进入国有企业，同时采取有力措施，大力促进私营经济的发展，形成了以公有制为主体、多种所有制形式共同发展的基本经济制度。

中国在改革过程中对所有制的改革一直十分谨慎。1979—1996年对国有企业实行放权让利，1987—1991年推行企业承包制，都是以体制不变为特征。1992年，随着社会主义市场经济体制目标的确立，中国的企业改革进入制度创新的新阶段，对国有企业进行股份制和公司制改造，目标是建立“产权清晰、权责明确、政企分开、管理科学”的现代企业制度，使企业成为自主经营、自我发展、自我约束、自负盈亏的市场主体。1997年9月召开的党的十五大提出，公有制为主体、多种所有制共同发展，是我国社会主义初级阶段的一项基本经济制度。从1997年开始，本着“抓大放小”的原则，对国有企业实施战略性重组，促进跨行业、跨地区、跨所有制的企业集团的形成。随着国有企业的战略性重组，2007年国有及国有控股企业数量从1998年的64 737家减少到20 680家，但工业总产值从33 621亿元增至119 685.65亿元。与此同时，中国的私营经济得到长足的发展，私营工业企业从1998年的10 667家增加到177 080家，总产值从2 082.87亿元增至94 023.28亿元。2007年全国登记的个体工商户为2 741.5万户，各类私营企业551.3万家，分别比1992年增长0.8倍和39.1倍。与俄罗斯和中东欧国家的“私有化”不同，中国的经济转型实现了国有经济和私营经济的共同发展。

四、中国的经济发展

经过40多年的经济体制改革和市场体系的建设，中国经济取得了举世瞩目的成就，在世界经济中的地位和影响力明显提升，主要表现在：

1.经济总量迅速扩大

从1978年到2008年的30年间，中国经济年均增长9.8%左右，远高于同期世界经济平均3%左右的增长速度。受2008年以来全球经济不景气的影响，中国经济增速有所放缓，但一直保持6.5%以上的较高增长率。根据国际货币基金组织统计，中国国内生产总值由1980年的3 038亿美元增至2018年的133 681亿美元，增长了44倍，经济总量由世界第十跃居世界第二，仅次于美国。1980年中国的GDP总量仅相当于美国的10.61%，到2018年中国的GDP总量已达到美国的64.96%。中国人均GDP由1980年的308美元上升至2018年的9 580美元，2019年又迈上10 000美元的新台阶。按照世界银行的划分标准，20世纪80年代中期前，中国一直属于低收入国家行列；其后开始步入中等收入国家之列；经过进入21世纪以来近20年的努力，中国已经从中低等收入国家进入中高等收入国家行列。对于中国这样一个经济发展起点低、人口基数庞大的国家，能够取得这样的进步，是一个奇迹。中国经济的崛起和经济实力的提高，势必导致世界经济格局的变化，打破美、日、欧发达国家和地区在世界经济中三分天下的格局，促进世界经济向多极化发展，并有助于建立新的国际经济秩序。

2.对外贸易超常发展

改革开放前，中国基本上处在半封闭状态，对外贸易规模较小，1978年，我国进出口总额只有211亿美元。

2012年中国进出口贸易总额从1978年的211亿美元猛增到38 667.6亿美元，增长了182倍。其中，出口总额从100亿美元增加到20 489.35亿美元，增长了204倍，成为世界第一出口大国；进口总额从111亿美元增加到18 178.26亿美元，增长了163倍。进出口贸易总额居世界位次由改革开放初期的第32位跃升到第2位，仅次于美国。出口结构明显改善，工业制成品出口额占出口总额的比重已达到95%。2012年，中国机电产品出口额为11 794.2亿美元，占出口总额的57.6%。改革开放以来，中国的贸易伙伴已达220多个，贸易市场多元化格局逐步形成，成为名副其实的贸易大国。根据中国海关总署公布的数据，2018年，中国外贸进出口总值30.51万亿元人民币，比2017年增长9.7%。其中，出口16.42万亿元人民币，增长7.1%；进口14.09万亿元人民币，增长12.9%；贸易顺差2.33万亿元人民币，收窄18.3%。按美元计，中国2018年外贸进出口总值4.62万亿美元，增长12.6%，再创历史新高。其中，出口2.48万亿美元，增长9.9%，出口增速创2011年以来新高；进口2.14万亿美元，增长15.8%，首次突破2万亿美元，年度进出口总值再上新台阶；贸易顺差3 517.6亿美元，收窄16.2%，为2013年以来最低。2018年，中国对前三大贸易伙伴欧盟、美国和东盟进出口分别增长7.9%、5.7%和11.2%，三者合计占中国进出口总值的41.2%。同期，中国对“一带一路”沿线国家进出口增长13.3%，高出全国整体增速3.6个百分点，中国与“一带一路”沿线国家的贸易合作潜力正在持续释放，成为拉动中国外贸发展的新动力。2019年，中国货物贸易进出口总值31.54万亿元人民币，比2018年增长3.4%。其中，出口17.23万亿元人民币，增长5%；进口14.31万亿元人民币，增长1.6%；贸易顺差2.92万亿元人民币，扩大25.4%，中国外贸发展呈现了总体平稳、稳中提质的态势。

3.国际投资地位日益重要

改革开放之初，中国的利用外资几乎是空白，对外投资更是无从谈起。1978年以来，为了弥补国内资金、技术、设备、管理以及人才方面的不足，中国对吸引外商投资给予各种优惠政策，加上中国经济持续高速增长，市场潜力不断扩大，利用外资环境不断改善，使中国成为国际投资者最为青睐的投资场所之一。1983年以前，中国年利用外资额不足10亿美元，2012年达到1 210.8亿美元，仅次于美国，居世界第2位。1978—2018年，中国累计实际使用外资2.1万亿美元；自1992年以来，中国利用外资已连续27年位居发展中国家首位。2018年1—12月，全国新设外资企业超过6万家，增长69.8%，实际使用外资1 350亿美元，增长3%，其中来自发达经济体的投资较快增长，英国、德国、韩国、日本、美国对华投资分别增长了150.1%、79.3%、24.1%、13.6%、7.7%。利用外资结构持续优化，制造业利用外资占比升至30.6%，高技术制造业利用外资增长35.1%，合同外资5 000万美元以上的大项目近1 700个，增长23.3%。随着中国出口贸易顺差的不断扩大和外资的大量流入，外汇储备迅速增加。1978年，中国外汇储备仅1.67亿美元，到2012年年底，外汇储备余额已达3.31万亿美元，2014年6月底达到3.99万亿美元的最高峰，2019年10月末，中国外汇储备3.11万亿美元，是世界上外汇储备规模最大的国家。根据美国财政部公布的数据，截至2019年9月末，中国（不含港、澳、台）共计持有美国国债11 458亿美元，仅次于日本，是美国第二大债权国。

随着“走出去”战略的实施，中国对外投资从无到有，发展迅速。根据商务部统计，从2003年到2012年，中国非金融类对外直接投资从28.5亿美元增长到772.2亿美元，10年间增长27倍。2018年中国对外直接投资1 430.4亿美元，是世界第二大对外投资国。2018年年末，中国对外直接投资存量达1.98万亿美元，是2002年年末存量的66.3倍，在全球分国家地区的对外直接投资存量排名由第25位升至第3位，仅次于美国和荷兰。中国在全球外国直接投资中的影响力不断扩大，流量占全球比重连续3年超过一成，2018年占14.1%，较上年提升3个百分点；2018年年底存量占6.4%，较上年提升0.5个百分点，皆创历史新高。从双向投资情况看，2018年中国对外直接投资与吸引外资基本持平。从利用外资和对外投资两个方面看，中国在国际投资领域都已居于重要地位。

4.在各种多边和双边国际合作中的影响力日益扩大

中国1971年恢复在联合国的合法地位，但直到20世纪80年代初，中国在主要国际经济组织中的席位一直被中国台湾所占据。伴随着改革开放和向市场经济的转型，中国在国际经济组织中的作用不断扩大。

（1）在国际经济组织中的地位和话语权不断提升。1980年，中国恢复了在国际货币基金组织和世界银行的合法地位，同时将中国在基金组织中的份额从5.5亿特别提款权增加到18亿特别提款权。经过多次调整，2009年中国在国际货币基金组织中的份额已达到

80.901亿特别提款权，占总份额的3.72%，在基金组织中的份额从1980年时的第16位上升到第6位。2001年12月11日中国正式成为世界贸易组织（WTO）的成员。WTO被称为“经济联合国”，中国加入WTO标志着中国已经融入经济全球化的历史潮流，拥有了参与制定国际贸易规则的权利。中国提议筹建的亚洲基础设施投资银行（AIIB）已于2015年年底正式成立，这体现出中国正尝试在外交战略中发挥资本在国际金融中的力量，补充当前亚洲开发银行（ADB）在亚太地区的投融资与国际援助职能，促进亚洲的“活力与增长”，为人民币国际化提供制度保障，并以此进一步推动国际货币基金组织（IMF）和世界银行（WB）的改革。

【世界经济之窗】

亚洲基础设施投资银行

亚洲基础设施投资银行（Asian Infrastructure Investment Bank，AIIB，简称亚投行）是一个政府间性质的亚洲区域多边开发机构，重点支持基础设施建设，2015年12月25日正式成立，总部设在北京，法定资本1 000亿美元。

2013年10月2日，习近平主席提出筹建倡议，2014年10月24日，包括中国、印度、新加坡等在内的21个首批意向创始成员国的财长和授权代表在北京签约，共同决定成立亚洲基础设施投资银行。

2015年4月15日，法国、德国、意大利、韩国、俄罗斯、澳大利亚、挪威、南非、波兰等国先后同意加入亚洲基础设施投资银行，使亚投行意向创始成员国达到57个国家。截至2015年12月25日亚投行正式成立时，57个国家已全部签署了政府间协议。亚投行57个意向创始成员国中亚洲34国，欧洲18国，大洋洲2国，南美洲1国，非洲2国，涵盖了除美国之外的主要西方国家以及除日本之外的主要东方国家。

2016年1月16—18日，亚投行开业仪式暨理事会和董事会成立大会在北京举行。曾担任中国财政部副部长的金立群成为中国牵头成立的亚投行的第一任行长。2016年2月，亚洲基础设施投资银行公布了5位副行长的人选，他们分别来自英国、韩国、印度、德国、印度尼西亚5个国家。

从首倡到开业，亚投行走过了836天时间，得到了世界各国的广泛响应和赞誉。作为首个由中国倡议设立的多边金融机构，亚投行将弥补亚洲发展中国家在基础设施投资领域存在的巨大缺口，减少亚洲区内资金外流，提高亚洲资本的利用效率及对区域发展的贡献水平。基础设施投资是经济增长的基础，在各类商业投资中潜力巨大，增长带动力强。亚投行的建立将为亚洲域内外国家提供新的发展机遇。

资料来源　根据多家媒体相关报道编写。

（2）区域经济合作取得进展。中国自1991年以来始终积极参与APEC的活动，在APEC基本原则的制定、促进贸易投资自由化和经济技术合作等方面发挥着重要作用。在中国的倡导下，2001年6月上海合作组织宣告成立。中国在亚欧会议上提出的“相互尊重、平等相待；求同存异、彼此借鉴；增进了解、建立信任；互惠互利、优势互补；面向未来，共同发展”五项原则已被亚欧国家所接受。

（3）自由贸易区建设进入新的发展阶段。中国从2000年开始建设自由贸易区。党的十七大报告首次提出“实施自由贸易区战略”，把建设自由贸易区提到战略高度，自由贸易区建设得到迅速发展。截至2018年7月，中国已经与24个国家和地区签订了16个自由贸易协定，自贸伙伴遍及亚洲、大洋洲、南美洲和欧洲。这些协定分别是我国与东盟、韩国、澳大利亚、新加坡、巴基斯坦、冰岛、瑞士、智利、秘鲁、哥斯达黎加、新西兰、毛里求斯、马尔代夫的自贸协定，中国内地与中国香港、中国澳门的《更紧密经贸关系的安排》（CEPA），以及中国大陆与中国台湾的《海峡两岸经济合作框架协议》（ECFA）。目前，正在进行的自贸区谈判有13个，包括《区域经济伙伴关系协定》、中日韩自贸协定、中国-挪威自贸协定、中国-以色列自贸协定、中国-斯里兰卡自贸协定、中国-摩尔多瓦自贸协定、中国-巴拿马自贸协定、中国-新加坡自贸协定的升级等相关的谈判。此外，中国还在与加拿大、哥伦比亚、斐济、蒙古国、尼泊尔、孟加拉国、巴布亚新几内亚等国家和地区开展自贸协定联合可行性研究或升级联合研究。自由贸易区已成为中国对外开放的重要形式。

（4）“一带一路”影响深远。

2013年9月至10月间，中国国家主席习近平在访问哈萨克斯坦和印度尼西亚时，先后提出共建“丝绸之路经济带”和21世纪“海上丝绸之路”的倡议构想。此后不久，中国政府将“一带一路”正式纳入国家发展议程。“一带一路”倡议是中国顺应世界经济格局变化和经济全球化趋势而采取的重大举措，一经提出就得到相关国家和国内企业的高度重视和热烈响应。截至2019年9月，中国已与136个国家、30个国际组织签署195份共建“一带一路”合作文件，参与方已远远超出历史上的“一带一路”范畴。共建“一带一路”理念和主张还写入了联合国、二十国集团、亚太经合组织等重要国际组织或机制的有关文件中。

2013—2018年，中国与“一带一路”沿线国家货物贸易进出口总额超过6万亿美元，年均增长率高于同期中国对外贸易增速，占中国货物贸易总额的比重达到27.4%。中国企业对沿线国家直接投资超过900亿美元，在沿线国家完成对外承包工程营业额超过4 000亿美元。

随着时间的推移，共建“一带一路”将进一步彰显出强大的生命力和创造力，不断向高质量、高标准、高水平发展，为建设一个持久和平、普遍安全、共同繁荣、开放包容、清洁美丽的世界，最终实现构建人类命运共同体的美好愿景做出更大贡献。

本章小结

经济转型是指从传统的以计划手段配置资源的计划经济向以市场手段配置资源的市场经济的转变，是一种经济制度和经济运行机制的变革。20世纪80年代末90年代初开始从中央计划经济向“市场导向型经济”过渡的主要经济体，也称为“转轨经济”、“转型国家”或“转轨国家”。按照速度标准划分，可以把转型的方式分为激进式转型和渐进式转型。俄罗斯和波兰等中东欧国家所采取的激进式转型方式也被称为“休克疗法”。俄罗斯与中东欧国家激进改革方案的基本内容可概括为稳定化、市场化、私有化和自由化。无论是最初以激进的方式追求建立自由市场经济的俄罗斯和中东欧国家，还是以渐进的方式建立社会主义市场经济的中国，通过曲折的转型过程，最终都已从传统的计划经济体制过渡到一种符合本国国情的混合型市场经济模式。

关键术语

经济转型　转型经济　休克疗法

复习思考题

1.传统的高度集中的计划经济体制有何利弊？

2.简述激进式转型与渐进式转型的主要特征。

3.试述叶利钦执政期间的“休克疗法”激进式改革的主要内容及其效果。

4.欧盟就中东欧国家入盟提出了哪些原则和条件？

5.与俄罗斯和中东欧国家相比，中国的经济转型有何特点？

6.中国从俄罗斯和中东欧国家经济转型中应该吸取哪些经验教训？

相关数据资料

主要转型国家国内生产总值年增长率（1990—2019部分年份）（%）

国家	1990	1991	1992	1993	1994	1995	2000	2005	2010	2015	2016	2017	2018	2019
中国	3.89	9.30	14.20	13.90	13.00	10.92	8.52	11.37	10.56	6.9	6.73	6.76	6.57	6.14
俄罗斯	n/a	n/a	n/a	-8.70	-12.70	-4.10	10.05	6.38	4.50	-2.31	0.33	1.63	2.26	1.08
保加利亚	-9.10	-10.76	-8.43	-11.63	-3.67	-1.60	5.01	7.12	1.32	3.47	3.94	3.81	3.08	3.70
捷克	n/a	n/a	n/a	n/a	n/a	n/a	4.27	6.53	2.27	5.31	2.45	4.35	2.96	2.45
爱沙尼亚	n/a	n/a	n/a	n/a	-1.64	2.16	10.11	9.49	2.71	1.85	2.63	5.75	4.76	3.20
匈牙利	-3.50	-11.89	-3.06	-0.58	2.95	2.54	4.21	4.39	0.66	3.54	2.28	4.14	4.94	4.60
拉脱维亚	n/a	n/a	n/a	-11.40	2.20	-2.08	5.40	10.70	-3.94	2.97	2.06	4.64	4.77	2.84
立陶宛	n/a	n/a	n/a	n/a	n/a	n/a	3.83	7.73	1.64	2.02	2.35	4.14	3.49	3.41
波兰	-7.17	-7.01	2.03	4.29	5.24	6.73	4.26	3.49	3.61	3.84	3.06	4.94	5.15	4.03
罗马尼亚	-5.61	-12.93	-8.77	1.53	3.94	7.14	2.92	4.67	-3.90	3.87	4.80	6.99	4.10	4.00
斯洛伐克	n/a	n/a	n/a	n/a	6.21	7.87	1.21	6.75	5.04	4.18	3.13	3.19	4.11	2.60
斯洛文尼亚	n/a	n/a	n/a	2.80	5.30	4.10	3.67	3.80	1.34	2.21	3.12	4.83	4.12	2.94

注：2019年数据为IMF估计值。

资料来源　IMF World Economic Outlook 数据库（2019年10月）。

主要转型国家人均GDP情况（1990—2019部分年份）

单位：美元

国家	1990	1995	2000	2005	2010	2015	2016	2017	2018	2019
中国	348	608	959	1 766	4 524	8 167	8 116	8 677	9 580	10 099
俄罗斯	n/a	2 269	1 904	5 719	11 447	9 262	8 723	10 751	11 289	11 163
保加利亚	2 254	1 511	1 614	3 839	6 744	7 017	7 496	8 275	9 314	9 518
捷克	n/a	5 784	5 998	13 362	19 831	17 729	18 485	20 410	23 113	23 214
爱沙尼亚	n/a	2 718	4 090	10 420	14 818	17 531	18 245	20 381	23 330	23 524
匈牙利	3 312	4 491	4 628	11 194	13 074	12 487	12 823	14 273	16 484	17 463
拉脱维亚	n/a	2 163	3 334	7 534	11 223	13 588	14 072	15 654	18 033	18 172
立陶宛	n/a	1 846	3 297	7 869	12 006	14 299	14 989	16 845	18 994	19 267
波兰	1 626	3 605	4 476	8 020	12 602	12 566	12 428	13 872	15 426	14 902
罗马尼亚	1 642	1 563	1 662	4 604	8 191	8 950	9 539	10 762	12 270	12 483
斯洛伐克	n/a	3 697	3 833	9 129	16 634	16 198	16 565	17 629	19 579	19 548
斯洛文尼亚	n/a	10 748	10 259	18 152	23 570	20 899	21 640	23 498	26 146	26 170

注：2019年数据为IMF估计值。

资料来源　IMF World Economic Outlook数据库（2019年10月）。

主要参考文献

世界经济教科书

[1] 殷功利，汪艳. 世界经济概论［M］. 合肥：中国科学技术大学出版社，2016.

[2] 葛剑雄，等. 改变世界经济地理的“一带一路”［M］. 上海：上海交通大学出版社，2015.

[3] 庄起善. 世界经济新论［M］. 2版. 上海：复旦大学出版社，2008.

[4] 张曙霄，吴丹. 世界经济概论［M］. 2版.北京：经济科学出版社，2008.

[5] 李秉强. 世界经济概论［M］. 大连：大连理工大学出版社，2007.

[6] 钟昌标. 世界经济［M］. 北京：中国人民大学出版社，2011.

[7] 徐松. 世界经济概论［M］. 2版. 北京：机械工业出版社，2012.

[8] 池元吉，李晓. 世界经济概论［M］. 4版. 北京：高等教育出版社，2019.

[9] 陈漓高，赵晓晨，杨新房. 世界经济概论［M］. 4版. 北京：首都经济贸易大学出版社，2011.

[10] 王娟，崔朝东. 世界经济概论［M］. 北京：中国统计出版社，2004.

[11] 张伯里. 世界经济学［M］. 北京：中共中央党校出版社，2004.

[12] 季铸. 世界经济导论［M］. 北京：人民出版社，2003.

[13] 张志敏，徐学慎，李林玥.世界经济概论［M］. 北京：中国人民大学出版社，2019.

其他相关著作

[14] 张明，郑联盛. 华尔街的没落［M］. 北京：中国财政经济出版社，2009.

[15] 谢世清. 东亚金融危机的根源与启示［M］. 北京：中国金融出版社，2009.

[16] 张诉方. 跨国公司与跨国经营［M］. 北京：经济管理出版社，2009.

[17] 王志乐. 静悄悄的革命——从跨国公司走向全球公司［M］. 北京：中国经济出版社，2008.

[18] 景维民，孙景宇. 经济转型的阶段性演进与评估［M］. 北京：经济科学出版社，2008.

[19] 吴光炳. 转型经济学 [M]. 北京：北京大学出版社，2008.

[20] 景维民，孙景宇. 转型经济学 [M]. 北京：经济管理出版社，2008.

[21] 中华人民共和国商务部. 中国服务贸易发展报告 [M]. 北京：中国商务出版社，2008.

[22] 李瑞琴. 区域经济一体化对世界多边自由贸易进程的影响 [M]. 北京：中国财政经济出版社，2008.

[23] 郭焱，周雷，郭彬. 跨国公司管理理论与案例分析 [M]. 北京：中国经济出版社，2007.

[24] 张宇燕，等. 全球化与中国发展 [M]. 北京：社会科学文献出版社，2007.

[25] 宋玉华，等. 世界经济周期理论与实证研究 [M]. 北京：商务印书馆，2007.

[26] 赵景峰. 经济全球化的马克思主义经济学分析 [M]. 北京：人民出版社，2006.

[27] 陈漓高，郑邵阳，齐俊妍. 全球化条件下的区域经济一体化 [M]. 北京：中国财政经济出版社，2006.

[28] 基尔平. 国际关系政治经济学 [M]. 杨宇光，等，译. 上海：上海人民出版社，2006.

[29] 阙澄宇，邓立立. 国际金融 [M]. 大连：东北财经大学出版社，2006.

[30] 俞可平，等. 中国模式与北京共识 [M]. 北京：社会科学文献出版社，2006.

[31] 薛荣久. 国际贸易 [M]. 北京：对外经济贸易大学出版社，2006.

[32] 李琮. 经济全球化新论 [M]. 北京：中国社会科学出版社，2005.

[33] 田青. 国际经济一体化理论与实证研究 [M]. 北京：中国经济出版社，2005.

[34] 巫宁耕. 世界经济格局变动中的发展中国家经济 [M]. 北京：北京大学出版社，2005.

[35] 格罗斯曼. 利益集团与贸易政策 [M]. 李增刚，译. 北京：中国人民大学出版社，2005.

[36] 马君潞，陈平，范小云. 国际金融 [M]. 北京：科学出版社，2005.

[37] 冯绍雷，相蓝欣. 俄罗斯经济转型 [M]. 上海：上海人民出版社，2005.

[38] 郭连成. 俄罗斯经济转轨与转轨时期经济论 [M]. 北京：商务印书馆，2005.

[39] 高德步，等. 世界经济通史 [M]. 北京：高等教育出版社，2005.

[40] 许新. 重塑超级大国 [M]. 南京：江苏人民出版社，2004.

[41] 杜广强. 当代世界经济与政治教学案例 [M]. 北京：中国人民大学出版社，2004.

[42] 帕斯特. 走向北美共同体 [M]. 商务部美大司，译. 北京：中国商务出版社，2004.

[43] 郭宝宏. 经济全球化与发展中国家的发展 [M]. 北京：经济管理出版社，2003.

[44] 海闻，林德特，王新奎. 国际贸易 [M]. 上海：上海人民出版社，2003.

[45] 孔田平. 东欧经济改革之路 [M]. 广州：广东人民出版社，2003.

相关论文

[46] 张明，付立春．次贷危机的扩散传导机制研究 [J]．世界经济，2009（8）．

[47] 周宇．试论国际金融体系改革 [J]．世界经济研究，2009（5）．

[48] 雷良海，魏遥．美国次贷危机的传导机制 [J]．世界经济研究，2009（1）．

[49] 戚文海．俄罗斯对梅德韦杰夫时期俄罗斯经济发展模式的分析与预测 [J]．俄罗斯中亚东欧市场，2008（9）．

[50] 宋泓．新一轮谈判遭遇暂时挫折 [J]．国际贸易，2008（8）．

[51] 郭连成．普京时代俄罗斯转轨经济论析 [J]．俄罗斯中亚东欧研究，2008（5）．

[52] 徐坡岭，韩爽．梅普组合下俄罗斯经济增长与政策趋势分析 [J]．俄罗斯研究，2008（3）．

[53] 武长海．2007年美国对华贸易政策和贸易壁垒新发展 [J]．国际贸易，2008（2）．

[54] 余永定．亚洲金融危机10周年和中国经济 [J]．国际金融研究，2007（8）．

[55] 宋玉华，高莉．世界经济周期的贸易传导机制 [J]．世界经济研究，2007（3）．

[56] 梁江波．国际平价条件传导机制与金融危机 [J]．世界经济与政治论坛，2006（3）．

[57] 陈继勇，刘威．知识经济的发展与世界经济格局的演变 [J]．经济评论，2006（3）．

[58] 汪琦．对外直接投资对投资国的产业结构调整效应及其传导机制 [J]．国际贸易问题，2004（5）．

世界经济研究常用网站

1.世界贸易组织官方网站：http：//www.wto.org
2.世界银行网站：http：//web.worldbank.org
3.国际货币基金组织：http：//www.imf.org
4.联合国网站：http：//www.un.org/en
5.联合国贸发会议：http：//www.unctad.org
6.欧盟官方网站：http：//europa.eu/index_en.htm
7.经济合作与发展组织：http：//www.oecd.org
8.美国商务部：http：//www.commerce.gov
9.中华人民共和国统计局：http：//www.stats.gov.cn
10.中国人民银行：http：//www.pbc.gov.cn
11.中华人民共和国商务部：http：//www.mofcom.gov.cn
12.中华人民共和国海关总署：http：//www.customs.gov.cn